ISBN 978-0-260-24011-8
PIBN 10369007

et de

SON ŒUVRE

par

THÉODORE DURET

Avec un catalogue des Peintures et des Pastels

NOUVELLE ÉDITION

PARIS
BERNHEIM-JEUNE & Cie, Éditeurs
MDCCCCXIX

ANNÉES DE JEUNESSE

Edouard Manet naquit à Paris le 23 janvier 1832, au N° 5 de la rue des Petits-Augustins, aujourd'hui rue Bonaparte et fut baptisé, le 2 février de la même année, en l'église St-Germain-des-Prés. Il devait être l'aîné de trois frères. Leur père, magistrat, avait de la fortune. Il appartenait à cette bourgeoisie, qui s'épanouissait et atteignait à la domination sous le règne de Louis-Philippe. Leur mére, née Fournier, appartenait à la même classe de vieille et riche bourgeoisie. Son père, agent diplomatique, avait pris part aux négociations ayant porté le maréchal Bernadotte au trône de Suède. Elle avait un frère dans l'armée, qui devait devenir colonel.

La bourgeoisie avant la révolution de 1848, qui lui a enlevé le pouvoir, et la survenue du suffrage universel, qui l'a plus ou moins mêlée avec le peuple, formait une véritable classe distincte. Aprés avoir combattu et renversé la noblesse, elle s'était elle-même triée et mise à part. Au milieu d'elle, les familles qui se consacraient au barreau et à la magistrature gardaient des traditions et des habitudes propres, venues des anciens parlements. Elles avaient une culture d'esprit particulière, une instruction classique soignée, le culte de la rhétorique qui prévalait au Palais. Dans ce milieu, les hommes qui s'élevaient aux postes de la magistrature prenaient une sorte d'ascendant et s'assuraient une considération certaine. La magistrature à cette époque exerçait comme un sacerdoce. Elle gardait la dignité de sa fonction, elle jouissait au dehors d'un respect général. Le père d'Edouard Manet, juge au tribunal de la Seine, personnifiait toutes les particularités de sa classe, la bourgeoisie, et, dans sa classe, de son monde spécial, la magistrature.

Manet est donc né dans une condition sociale qu'on peut appeler élevée, il a grandi dans un milieu de vieilles traditions. Les traits de mœurs et de caractère, dus à la naissance, devaient persister chez lui toute la vie, parallèlement à ses propensions d'artiste. Il resterait essentiellement un homme du monde, d'une politesse parfaite, d'un grand raffinement de manières, se plaisant en société, aimant à fréquenter les salons, où sa verve et son esprit de saillie le distinguaient et le faisaient goûter.

Il fallait que chez un homme d'une telle manière d'être, l'impulsion vers la vie artistique fût grande, pour que les penchants de l'artiste finissent par l'emporter sur tous les autres. En effet, on peut dire de Manet que la nature l'avait réellement créé pour être peintre, qu'elle l'avait doué d'une vision et de sensations telles, qu'il ne pouvait trouver l'emploi de sa vie qu'en s'adonnant à la peinture. Dans ces circonstances, la vocation devait se révéler chez lui de très bonne heure et le mettre sûrement en désaccord avec sa famille.

La carrière qui l'attendait, dans la pensée des siens, était celle du barreau, de la magistrature ou des fonctions publiques. Il recevrait l'enseignement classique qui, à cette époque de monopole universitaire, se donnait dans les collèges de l'Etat, il y prendrait le grade de bachelier ès lettres, ferait ensuite son droit et passerait ses examens, qui lui conféreraient la qualité d'avocat. C'était la voie toute naturelle que devait suivre son frère le plus jeune, Gustave, qui, après être devenu avocat, sans exercer assidûment sa profession, devait se servir de ses avantages de culture pour s'ouvrir une carrière à côté, d'abord comme conseiller municipal de Paris, puis comme fonctionnaire de l'Etat, inspecteur général des prisons.

Mais Manet n'éprouva aucune envie de suivre la carrière où son frère devait s'engager. Il avait été confié dans sa première jeunesse à l'abbé Poiloup, qui tenait une institution à Vaugirard. Puis il avait été mis, pour continuer ses études, au collège Rollin. Son oncle, le colonel Fournier, le frère de sa mère, faisait des dessins dans ses loisirs et c'est auprès de lui que tout jeune garçon, il a d'abord senti naître le goût du dessin et de la peinture, que les circonstances développent ensuite jusqu'à en faire une irrésistible passion. Toujours est-il que vers les seize ans, il avait senti l'appel de la vocation d'une manière si puissante, qu'il exprima sa volonté d'embrasser la carrière d'artiste.

Un fils aîné à cette époque venant, dans une famille de vieilles traditions bourgeoises, annoncer pareille détermination y portait le désespoir. Un artiste ne pouvait être qu'un déclassé, qu'un dévoyé. On entreprit donc de l'amener à d'autres desseins. Comme il arrive en cas de vocation contrariée, Manet entre alors en révolte ouverte. Il se cabre tellement qu'il devient impossible à ses parents de le maintenir dans la voie qu'ils voulaient lui imposer. Mais consentir aux désirs du jeune homme ne pouvait venir à leur pensée et, puisqu'il se refusait à étudier le droit et qu'eux-mêmes, lui fermaient la carrière de l'art, pour sortir de l'impasse et par coup de tête, il déclara qu'il serait marin. Ses parents préférèrent le voir partir, plutôt que de le laisser entrer dans un atelier. Son père le conduisit au Havre, où il s'embarqua comme novice, sur un navire de commerce, *La Guadeloupe,* faisant voile pour Rio de Janeiro.

Il alla ainsi au Brésil et en revint, sans autre aventure qu'une occasion qu'il eut d'exercer, pour la première fois, son talent de peintre. La cargaison du navire comprenait des fromages de Hollande, dont l'eau de mer avait terni la couleur. Le capitaine, qui connaissait

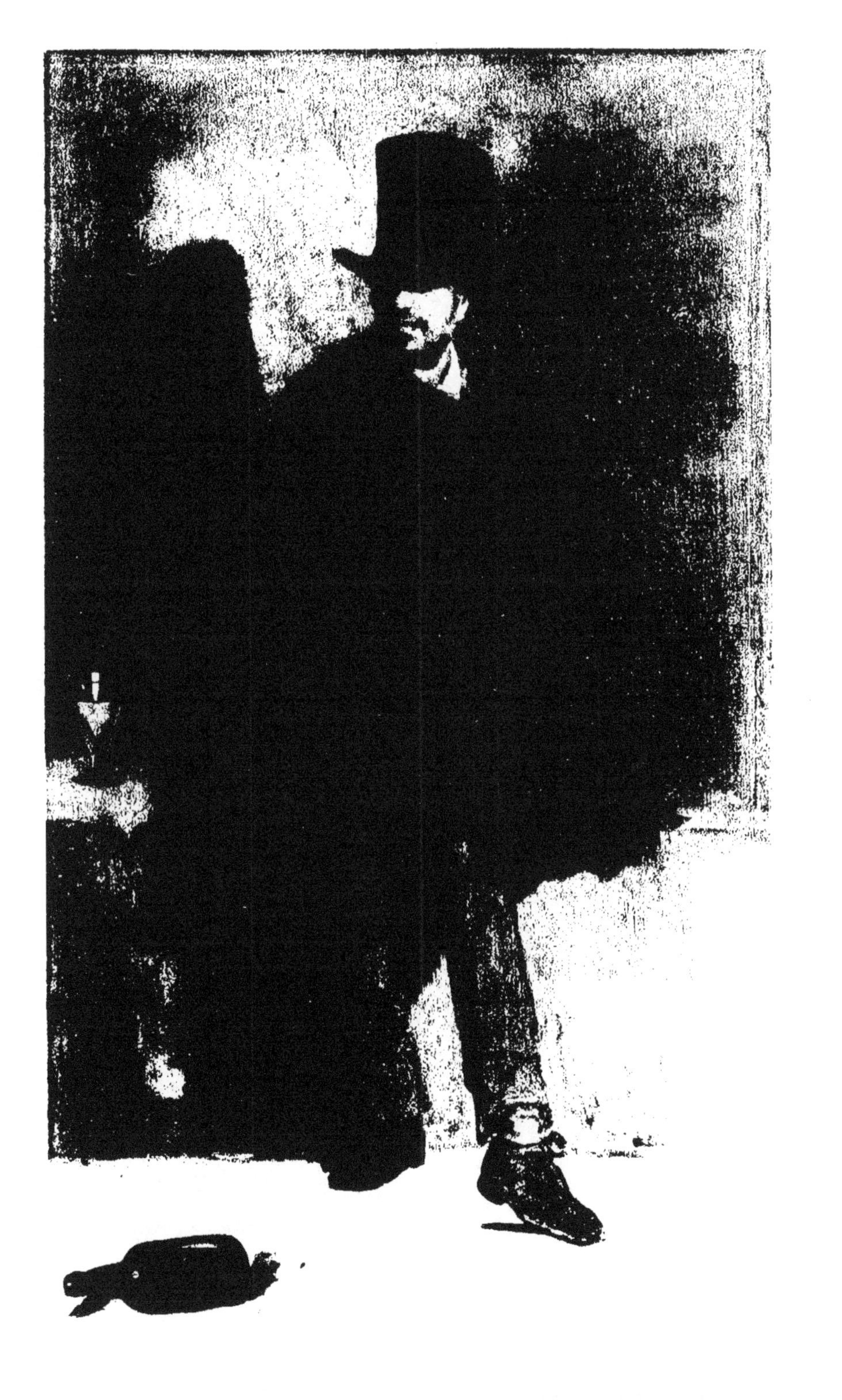

les dispositions de son novice, le choisit de préférence à tous autres pour les remettre en état. Et Manet aimait à raconter que, muni d'un pinceau et d'un pot de couleur convenable, il les avait en effet peints de manière à donner pleine satisfaction.

Lorsqu'il fut revenu du Brésil, ses parents qui avaient pensé que le voyage l'assouplirait et qu'ils pourraient au retour l'amener à leurs idées, le trouvérent tout aussi rebelle qu'auparavant. Ils se résignérent alors à l'inévitable, en lui laissant embrasser la carrière d'artiste.

II.

DANS L'ATELIER DE COUTURE

Manet ayant vaincu la résistance de sa famille et obtenu de suivre sa vocation, choisit, d'accord avec son père, Thomas Couture pour maitre et entra dans son atelier.

Personne comme peintre n'a plus étudié que Manet pour acquérir le métier. On comprendra donc qu'enfin entré dans un atelier, il se soit mis à travailler et qu'il ait au commencement cherché à utiliser l'enseignement à y recevoir. Mais doué d'un tempérament personnel, soumis à ce travail des natures originales qui cherchent à s'ouvrir leurs voies, l'effort même auquel il se livrait, pour dégager son talent, ne pouvait manquer d'en faire un élève fort peu soumis et en heurt continuel avec son maître, car le maître et l'élève étaient de caractères fort différents. M. Antonin Proust, qui après avoir été l'ami de Manet au collège Rollin était devenu son camarade d'atelier chez M. Couture, a raconté dans la *Revue blanche* les rapports entre le maître et l'élève, qui ne sont qu'une longue suite de heurts, de fâcheries suivies de raccommodement mais qui, venant d'une divergence fondamentale, ne pouvalent manquer de se reproduire jusqu'à la brouille définitive. En effet le jeune homme que Couture avait reçu dans son atelier était destiné, plus que tout autre, à saper l'art fait de traditions dont il était un des apôtres. C'était le loup auquel, en prenant Manet, il avait ouvert les portes de la bergerie. Les deux hommes ne pouvaient donc éviter la rupture irrémédiable, puisque ce que l'un défendait l'autre d'instinct le combattait et, à mesure que son jugement se fortifierait et prendrait conscience de soi, devait s'appliquer à le détruire.

Couture au moment, où vers 1850, Manet entrait dans son atelier était un artiste renommé. Il tenait une place parmi les soutiens de la peinture d'histoire, considérée alors comme formant le fond de ce que l'on appelait le grand art. Son esthétique était faite du respect de certaines traditions, du culte de règles fixes et de l'observance de procédés transmis. Il croyait, avec la majorité des artistes de son temps, en l'excellence d'un idéal fixe, opposé à ce que l'on appelait avec horreur le réalisme. Certains sujets seuls étaient alors crus dignes de l'art; les scènes de l'antiquité, la représentation des grecs et des romains jouissaient des préférences, comme nobles par elles-mêmes. Les hommes du temps présent, avec leurs redingotes et leurs vêtements usuels, étaient au contraire à fuir, comme n'offrant que des motifs réalistes, anti-artistiques. Les sujets religieux faisaient encore partie du grand art, cependant le nu en était *et pricipium et fons.* Puis, à un rang moins élevé mais encore acceptable, venaient les compositions tirées des pays que l'imagination entourait d'un prestige supérieur, l'Orient par exemple. Un paysage d'Egypte était par lui-même digne de l'art, un artiste épris de l'idéal pouvait peindre les sables du désert, mais il fut tombé dans le réalisme et se fut abaissé, en peignant un pâturage de Normandie avec des vaches et des pommiers. Couture se tenait avec ferveur dans les traditions de ce grand art. Il s'était mis surtout en vue par un tableau de très grandes dimensions, exposé au Salon de 1847, où il avait obtenu un succès éclatant : les *Romains de la Décadence.* En l'étudiant on peut se rendre compte de ce que valait le grand art, tel que Couture et les contemporains le cultivaient.

Les Romains de la Décadence ! Voilà certes un sujet qui prête à l'imagination et peut exercer la pensée. Mais Couture n'a conçu la décadence romaine, qui a été en réalité la transformation d'une société passant d'un état à un autre, que sous la forme d'un affaiblissement physique. Ses Romains de la Décadence sont des êtres étiolés, consumés par l'orgie. Acceptons, après tout, cette donnée, un artiste n'est pas obligé de se rendre un compte philosophique de l'histoire. Cependant ce que nous ne pouvons lui passer, ce qui nous empêche d'admirer son œuvre, c'est que ses Romains ne sont en aucune façon des hommes antiques, soit qu'on veuille rétablir, par l'étude précise des monuments figurés, le type exact des vieux Romains, soit que, par la puissance de l'imagination, on cherche à évoquer, pour représenter l'antiquité, des formes différentes de celles de notre temps.

Nicolas Poussin s'est livré à un travail de ce genre, dans son *Enlèvement des Sabines.* Il a réalisé, lui, une évocation du passé. Il a créé des hommes d'une certaine manière d'être, qui ne sont peut-être pas tels que l'étaient les vieux Romains, pourtant qui sont dus à une conception originale et nous transportent dans un monde imaginé, différent du nôtre. Mais les Romains de Couture n'offrent rien de semblable, ils ne révèlent aucun travail de reconstitution, ce sont des hommes très modernes, de simples modèles, que l'artiste a fait poser et dont il a reproduit les traits, sans pouvoir les transformer. Et alors ils sont disposés selon les principes légués et les conventions acceptées : un groupe central en pleine lumière, puis des groupes accessoires à droite et à gauche, tel personnage s'équilibrant avec son pendant ou l'un faisant repoussoir à l'autre, les ombres et les lumières factices et artificielles. Aucun lien ne tient les personnages ensemble dans une action commune, ils restent séparés, on sent l'effort qui les a placés à côté les uns des autres. Nulle émotion ne se dégage donc de cette toile énorme.

Si on retourne à l'*Enlèvement des Sabines,* on voit au contraire que Poussin a su faire concourir chaque être à un effet d'ensemble. La foule en mouvement remue d'un soufle : aussi la vie, l'intérêt, l'effroi naissent-ils de l'action. Les personnages petits linéairement donnent une vraie sensation de force et d'ampleur, qui manque aux êtres dont Couture a vainement agrandi les proportions. C'est-à-dire que pour faire de la vraie peinture d'histoire, il faut être d'un certain temps, que pour recréer effectivement l'antiquité, il faut vivre comme au XVIIe siècle, à une époque où la pensée se meut naturellement dans une sphère de traditions littéraires et, par surcroît, avoir du génie comme Nicolas Poussin. Mais lorsque, toutes les conditions changées, on veut perpétuer l'invention initiale par des procédés d'école, on n'obtient que des œuvres pauvres où manquent le souffle et la vie. Tout l'effort de Couture n'a pu l'amener au but. Sa toile, dans son genre, est évidemment meilleure que d'autres. Il a fallu après tout du talent pour agencer, même imparfaitement, une aussi vaste composition, l'homme qui l'a exécutée y montre, on ne saurait le nier, certaines qualités de peintre. Mais toute la sueur et toute la peine n'ont pu réaliser, en dehors du temps voulu et en l'absence du génie évocateur, la vision cherchée du monde antique.

L'art fait de traditions dont Couture était un des représentants était arrivé à la décrépitude; l'étude de ses œuvres et de celles des contemporains en révèle l'épuisement. Au moment où Manet apparaissait, il y avait donc conflit entre les artistes en renom, décidés à continuer une tradition épuisée, et ces élèves, cherchant inconsciemment la vie et aspirant à créer des formes d'art, appropriées aux besoins nouveaux. Couture était de ceux qui voulaient maintenir indéfiniment les formules du passé. Manet était au premier rang des jeunes, travaillés par l'esprit novateur. Les heurts et les froissements survenus entre le maître et l'élève n'étaient donc que la manifestation, sous forme de conflit personnel, de la lutte plus profonde qui s'engageait entre des formes de pensée dissemblables et des conceptions d'art antagonistes.

On voit en effet, par les souvenirs de M. Antonin Proust, que Manet se prend d'une répulsion de plus en plus vive pour le genre que son maître cultive et qu'il veut lui transmettre, la peinture d'histoire, et qu'alors il se porte, à mesure qu'il prend conscience de son talent, vers l'observation de la vie réelle. Couture qui découvre que son élève lui échappe, pour aller vers ce que lui-même abhorre et qualifie du nom méprisant de réalisme, croit lui fermer tout grand avenir, en lui disant un jour : « Allez, mon garçon ! vous ne serez jamais que le Daumier de votre temps. » Prétendre ravaler quelqu'un parce qu'on en fait un Daumier, cause aujourd'hui de l'étonnement. C'est que les temps sont changés! Daumier méprisé par les partisans de la peinture d'histoire dominant de son vivant, est définitivement admiré comme un grand artiste. Couture, entêté dans l'ornière d'une forme d'art décrépite, est au contraire maintenant dédaigné et son œuvre tombe dans l'oubli.

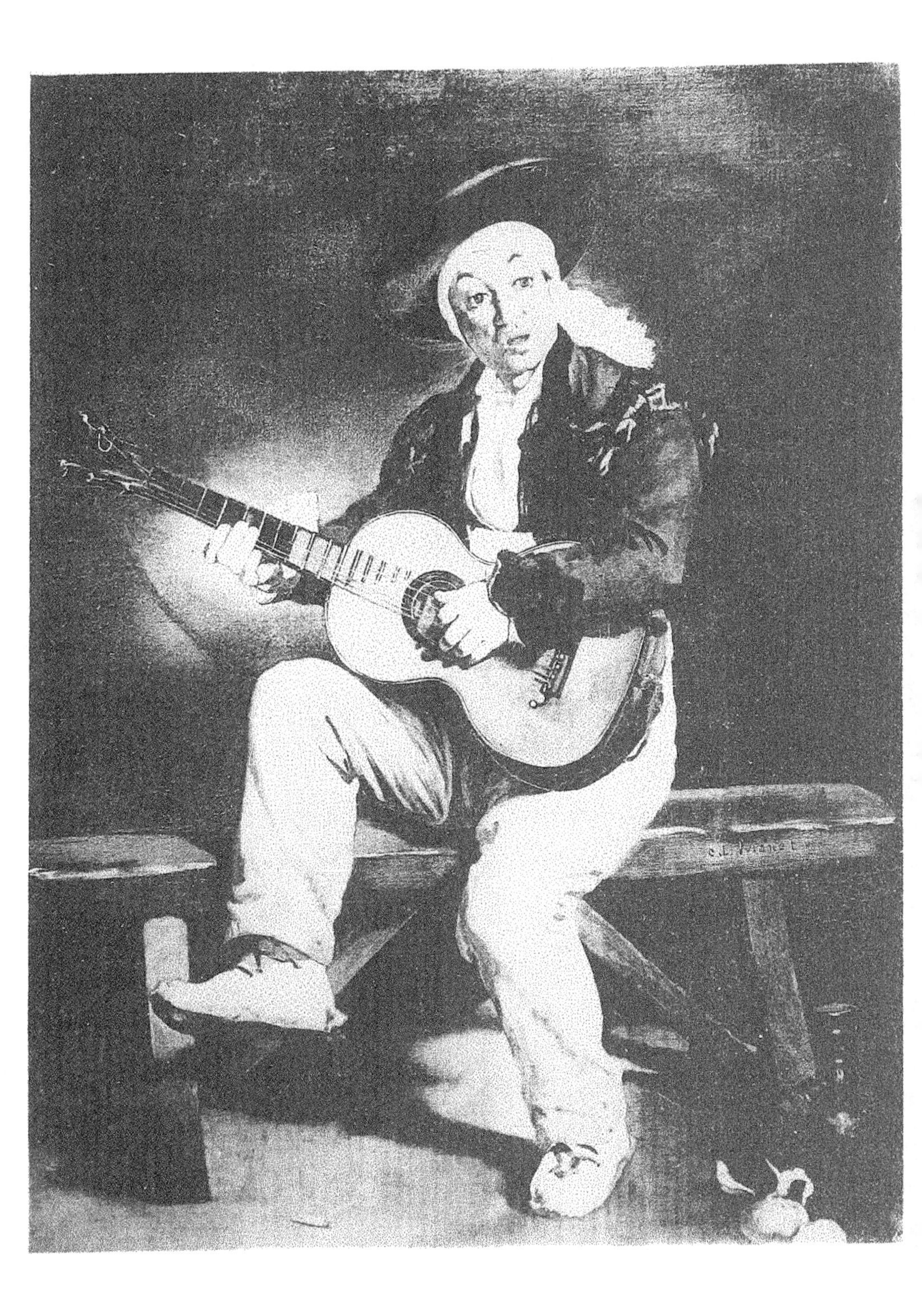

Cette répulsion, qui se développe chez Manet, pour l'art de la tradition se manifeste surtout par le mépris qu'il témoigne aux modèles posant dans l'atelier et à l'étude du nu, telle qu'elle était alors conduite. Le culte de l'antique, comme on le comprenait dans la première moitié du XIXe siècle, parmi les peintres, avait amené la recherche de modèles spéciaux. On leur demandait des formes pleines. Les hommes en particulier devaient avoir une poitrine large et bombée, un torse puissant, des membres musclés. Les individus doués des qualités requises, qui posaient alors dans les ateliers, s'étaient habitués à prendre des attitudes prétendues expressives et héroïques, mais toujours tendues et conventionnelles, d'où l'imprévu était banni. Manet porté vers le naturel et épris de recherches, s'irritait de ces poses d'un type fixe et toujours les mêmes. Aussi faisait-il très mauvais ménage avec les modèles. Il cherchait à en obtenir des poses contraires à leurs habitudes, auxquelles ils se refusaient. Les modèles connus, qui avaient vu les morceaux faits d'après leurs torses conduire certains élèves à l'Ecole de Rome, alors la suprême récompense, et qui, dans leur orgueil, s'attribuaient presque une part du succès, se révoltaient de voir un tout jeune homme ne leur témoigner aucun respect. Il paraît que, fatigué de l'éternelle étude du nu, Manet aurait essayé de draper et même d'habiller les modèles, ce qui aurait causé parmi eux une véritable indignation.

Manet en quittant définitivement Couture, vers 1856 (1), était donc très mal avec lui et en révolte ouverte contre son enseignement. Il avait pris en horreur la peinture d'histoire et celle du nu d'après les modèles professionnels.

(1) Un reçu conservé, daté de février 1856, montre qu'à cette époque Couture percevait encore la cotisation d'atelier de Manet.

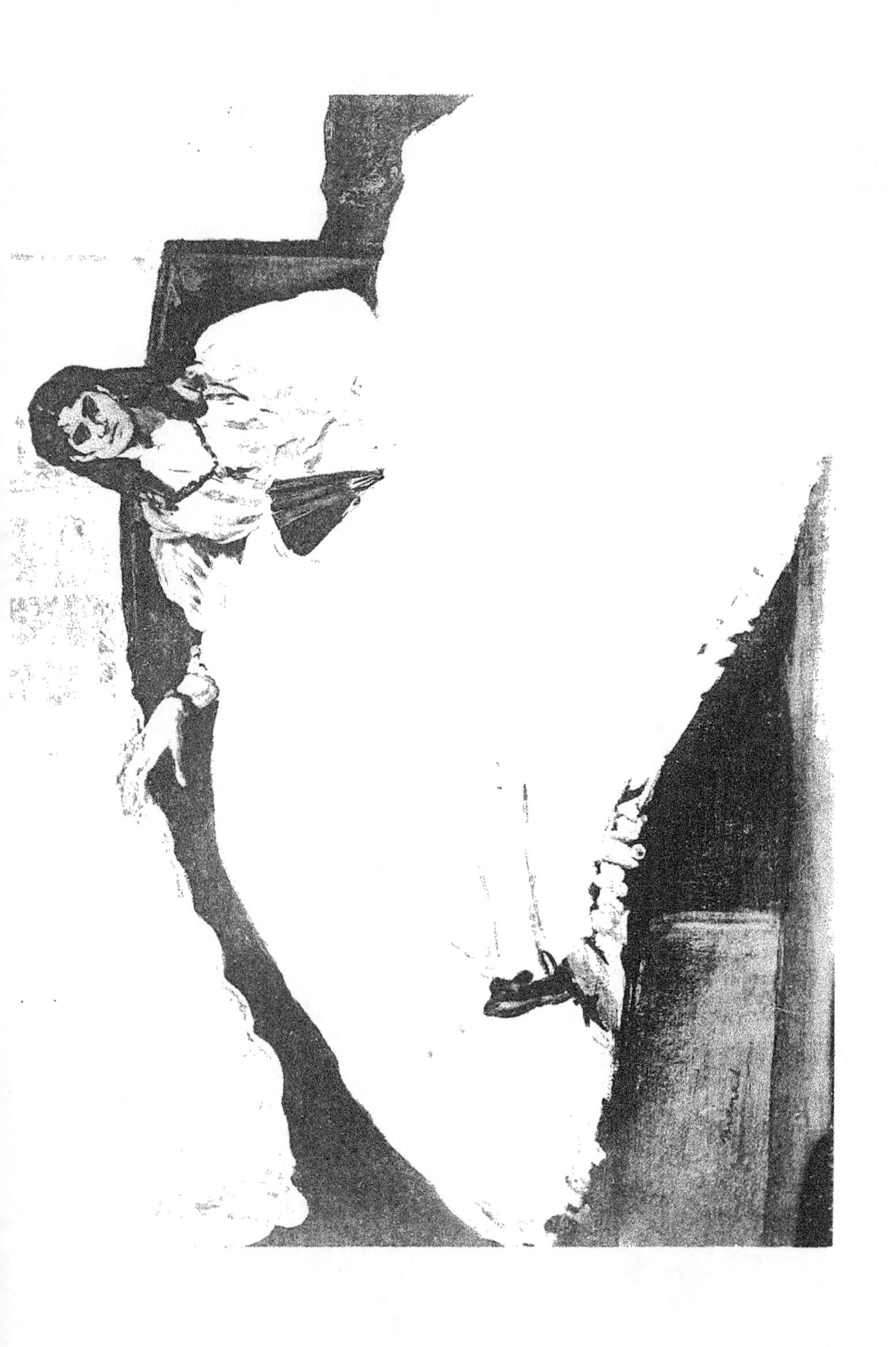

III.

LES PREMIÈRES ŒUVRES

Manet livré à lui-même alla, s'établir dans un atelier de la rue Lavoisier. Qu'allait-il faire? Un point était clair à ses yeux. Il délaisserait la tradition académique, les procédés conventionnels, le prétendu idéal classique, dont il avait pris l'aversion dans l'atelier de Couture, pour peindre la vie autour de lui. Ses modéles ne seraient plus des êtres spéciaux, professionnels, ils les choisirait parmi les hommes et les femmes variés d'aspect, que la multiplicité des types humains peut offrir. Cependant entre cette première vue abstraite et une réalisation, il y avait toute la distance qui sépare une conception sans lignes arrêtées, de la création fixée dans des formes précises. Il était à ce point de départ des novateurs qui se sentent tourmentés par le démon de l'invention, mais qui, devant tirer de leur fond des œuvres neuves, entrent dans cette période de recherches où il leur faut se découvrir eux-mêmes.

Il continua à s'instruire, à regarder, à travailler. Il fréquenta le Louvre et fit des voyages à l'étranger. Il visita la Hollande, où il s'éprit de Franz Hals, et l'Allemagne, pour voir les musées de Dresde et de Munich.

Puis il alla en Italie, attiré surtout par les Vénitiens. A cette époque appartiennent des copies faites de la façon la plus serrée. Il copia un Rembrandt à Munich et rapporta de Florence une tête de Filippo Lippi. Il copia aussi au Louvre les *Petits cavaliers* de Velasquez, la *Vierge au lapin blanc* du Titien et le *Portrait du Tintoret* par lui-même. Il avait une admiration toute particulière pour ce dernier maître lorsqu'il allait au Louvre il ne manquait point de s'arrêter devant son portrait, qu'il déclarait un des plus beaux du monde.

En même temps, il commençait à peindre d'après l'esthétique qu'il s'était faite, en prenant ses modèles dans le monde vivant autour de lui. Une de ses premières œuvres originales a été l'*Enfant aux cerises* : un jeune garçon coiffé d'une toque rouge tient devant lui une corbeille de cerises. Une œuvre plus importante, de la même époque, fut le *Buveur d'absinthe,* en 1859. Le buveur de grandeur naturelle, coiffé d'un chapeau à haute forme, assis, enveloppé d'un manteau couleur brune, est d'aspect lugubre. Il donne bien l'idée de la ruine physique et morale où peut conduire l'abus de l'absinthe. Ce tableau est certes caractéristique, mais

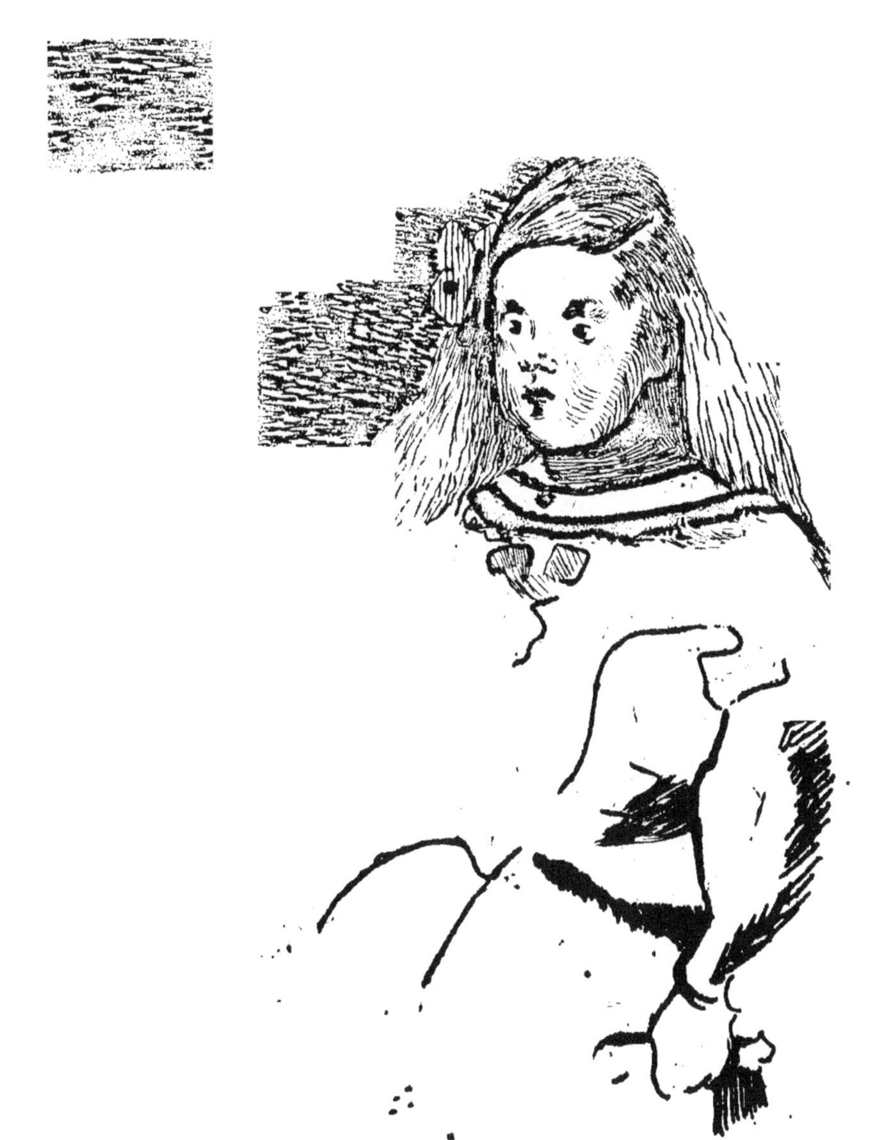

s'il révèle la personnalité de son auteur, il ne la montre cependant pas encore dégagée de tout alliage. Il fait souvenir de l'atelier par où le peintre a passé. Il n'est que la continuation plus accentuée des morceaux produits chez Couture, qui, par leur franchise et leur qualité de palette, avaient excité l'approbation des autres élèves, mais qui, tout en étant déjà puissants, gardaient cependant la marque du lieu d'origine. Car il n'est pas dans la nature des choses que le jeune homme entrant dans la vie, quelle que soit son originalité propre, puisse ne pas prendre d'abord l'empreinte du lieu où il survient et du maître dont il reçoit les premières leçons.

Postérieure au *Buveur d'absinthe* est la *Nymphe surprise*. Elle se replie sur elle même, en se couvrant en partie d'une draperie. C'est un beau morceau de nu, mais où l'on sent encore le travail de l'homme qui se cherche. On y découvre l'influence des Vénitiens. Le titre aussi, mythologique, qui apparaît comme une exception dans la nomenclature de ses tableaux, montre qu'à ce moment Manet a vécu parmi les artistes de la Renaissance et que, dans son admiration, il a emprunté à leur vocabulaire.

S'il avait admiré les Vénitiens, il devait aussi s'éprendre des Espagnols, Velasquez, le Greco et Goya. A cette époque des débuts se placent donc ses premiers motifs espagnols. Il ne faut cependant pas croire que les tableaux où il a introduit des personnages espagnols lui aient été inspirés surtout par la fréquentation de

Velasquez et de Goya. S'il était allé tout de suite visiter les musées de Hollande et d'Allemagne et étudier les Italiens chez eux, il ne devait aller voir les Espagnols à Madrid qu'en 1865, alors que sa personnalité serait pleinement développée. Les premiers tableaux consacrés à des sujets espagnols lui ont été suggérés par la vue de chanteurs et de danseurs, venus en troupe à Paris. Séduit par leur originalité, il avait ressenti l'envie de les peindre.

Parmi les premiers tableaux exécutés dans ces dispositions se trouve le *Ballet espagnol,* une toile où les personnages sont alignés les uns à côté des autres, debout ou assis. Là se révèle le don de Manet de peindre en pleine lumière et d'associer sans heurt les tons les plus variés. Puis il peint, parmi ses sujets espagnols, le *Matador saluant* et la danseuse *Lola de Valence.* Les fleurs multicolores du jupon, le voile blanc et le fichu bleu, qui entourent la tête et les épaules de la jeune femme, sont rendus avec une extrême franchise. Le visage et les yeux si vivants présentent, comme un type étrange, cette sorte de sauvagerie raffinée apportée et laissée sur le rivage de Valence par les arabes.

Manet n'avait à ce moment, où il était encore inconnu, que le poète Baudelaire pour le fréquenter dans son atelier, le comprendre et l'apprécier. Baudelaire qui se piquait d'audace, qui faisait de la critique d'art, qu'il voulait tenir en dehors des voies battues, avait découvert en Manet l'homme hardi, capable d'innover. Il l'encourageait donc et défendait ses œuvres les plus attaquées. Il ressentit une grande admiration pour Lola de Valence peinte et il composa en son honneur le quatrain suivant :

> Entre tant de beautés que partout on peut voir,
> Je comprends bien, amis, que le désir balance;
> Mais on voit scintiller dans Lola de Valence
> Le charme inattendu d'un bijou rose et noir.

Baudelaire était très lié avec une créole, Jeanne Duval — vraisemblablement une quarteronne — qu'on disait être sa maîtresse. Manet en a fait le portrait. Il l'a représentée assise, étendue sur un canapé.

Cependant à cette époque le Salon était le lieu obligé, où tout artiste devait se produire. L'entrée au Salon marquait le moment où le débutant sorti de la période d'études se sentait assez sûr de lui pour appeler le public à juger ses œuvres. Manet chercha, pour la première fois, à y pénétrer, en 1859, avec le *Buveur d'absinthe*. Le jury d'examen le refusa. Les Salons n'avaient lieu alors que tous les deux ans. Ils ne devaient devenir annuels qu'à partir de 1863, Il n'y en eut donc point en 1860 et Manet ne put revenir à la charge qu'en 1861. Il présenta cette année-là, à l'examen du jury, les *Portraits de Mr et Mme M.* (son père et sa mère) et l'*Espagnol jouant de la guitare*, connu aussi comme le *Guitarero* et aussi comme le *Chanteur espagnol*. Les deux tableaux cette fois-ci furent admis. L'année 1861 marque ainsi le moment où Manet entre, pour la première fois, en contact avec le public. Les portraits de son père et de sa mère, en buste, réunis sur une même toile, sont peints dans cette manière un peu dure d'opposition de noirs et de blancs, à laquelle il s'abandonne dans certains de ses tableaux de début, par exemple l'*Angelina* de la collection Caillebotte, au Musée du Luxembourg. On y voit apparaître en outre ce goût, qu'il devait dégager, de peindre les natures mortes. La mère tient une corbeille où sont placés des pelotons de laine multicolores, qui cependant s'harmonisent avec l'ensemble. Ces portraits de dimensions réduites, n'attiraient pas beaucoup les regards et c'était l'autre œuvre, plus importante, où un chanteur espagnol était peint de grandeur naturelle, qui devait recueillir le succès.

Le chanteur avait été pris dans cette troupe de musiciens et de danseurs qui lui fournissait aussi le *Ballet espagnol* et *Lola de Valence.* Il avait donc le mérite d'être un véritable Espagnol. Il offrait un de ces êtres cherchés dans la vie et hors des modèles d'atelier, vers lesquels Manet se sentait, en opposition à l'enseignement de Couture, définitivement porté. Il est assis sur un banc vert, coiffé d'un sombrero, la tête par dessous enveloppée d'un mouchoir, veste noire, pantalon gris et espadrilles de lisière. Il chante en pinçant de sa guitare. Théophile Gautier, dans sa critique hebdomadaire du *Moniteur universel* a dit de lui : « Comme il braille de bon courage en raclant le jambon ! » Ce qui est à la fois vrai et imagé. Le *Chanteur espagnol,*

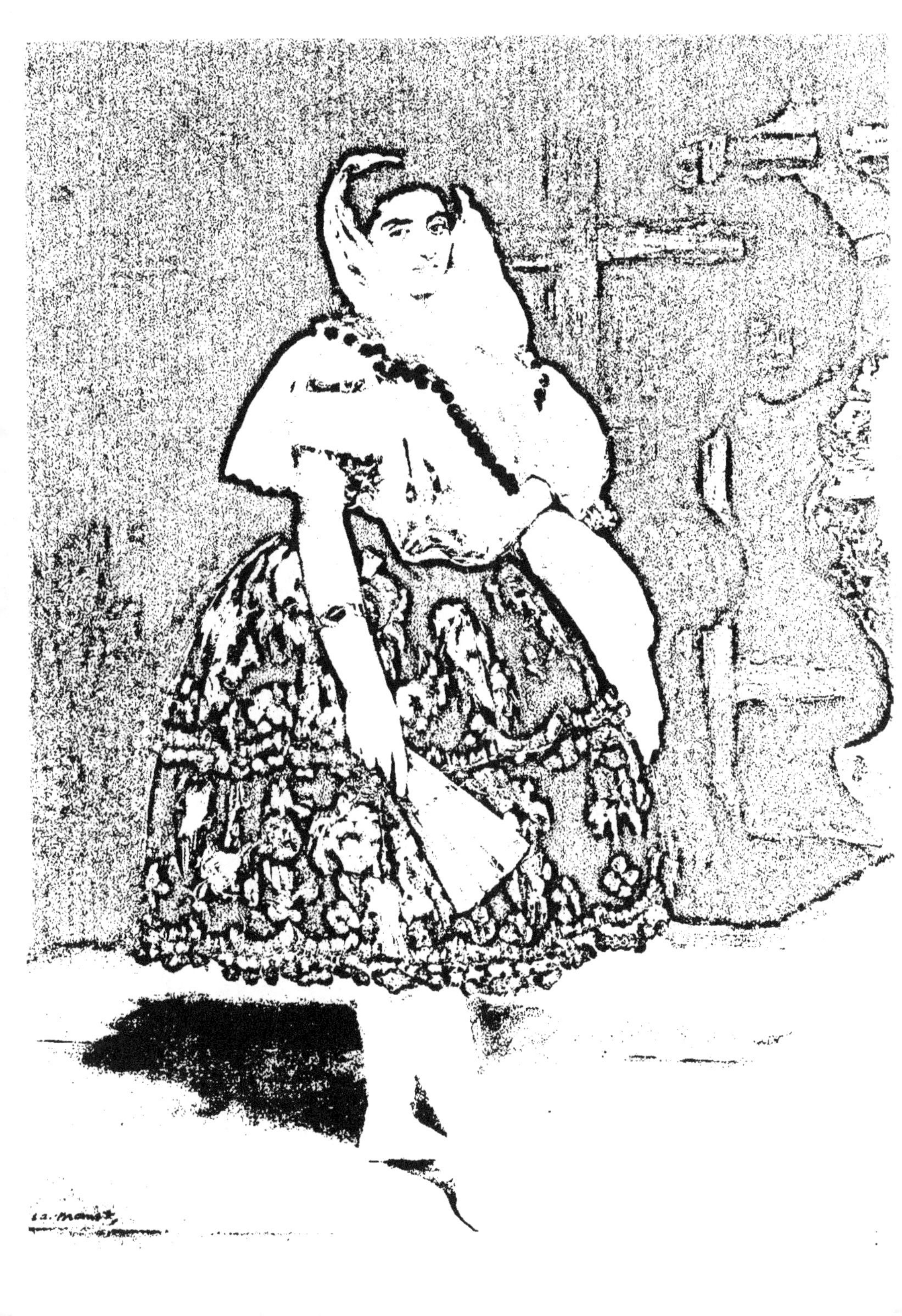

appartenant à la période d'essai, marque un pas en avant. Il laisse voir la poussée profonde qui se produit chez l'artiste et va le conduire bientôt à l'épanouissement complet de son originalité. Il est beaucoup plus dégagé des procédés d'école que le *Buveur d'absinthe*, présenté au Salon de 1859. Il est peint d'une manière plus franche et plus personnelle.

En somme c'était une œuvre où se montraient déjà les traits particuliers de l'artiste. Cependant cette même originalité, qui devait bientôt après, développée tout à fait, soulever de si violentes tempêtes, n'en n'occasionna point à cette première apparition. Le tableau était peint dans une gamme de tons gris et noirs, qui ne heurtait pas trop l'œil des spectateurs. Quoique conçu dans la donnée réaliste qu'on abhorrait alors, il demeurait hors de la réalité ambiante, puisque le modèle, en sa qualité d'Espagnol, portait un costume à part, qu'on pouvait juger fantaisiste, si bien que l'œuvre du débutant, sans attirer particulièrement les regards du public, fut remarquée des peintres et de certains critiques. Le jury lui décerna une mention honorable et Théophile Gautier put conclure, en en parlant : « Il y a beaucoup de talent dans cette figure de grandeur naturelle, peinte en pleine pâte, d'une brosse vaillante et d'une couleur vraie. »

En 1862 il ne devait pas y avoir de Salon et ce n'est qu'en 1863 que Manet put se présenter de nouveau, pour être encore une fois refusé. Mais n'anticipons pas. Avant d'arriver à cette péripétie, qui devait être décisive dans sa vie et le lancer en pleine carrière, il nous faut jeter un dernier regard sur ses œuvres de début. Parmi, se remarque la *Musique aux Tuileries* de l'année 1861. A cette époque le château des Tuileries, où l'Empereur tenait sa cour, était un centre de vie luxueuse, qui s'étendait au jardin. La musique qu'on y faisait deux fois par semaine attirait une foule mondaine et élégante. Le tableau de Manet a donc pour nous l'avantage de représenter les mœurs et les costumes d'une époque disparue. Il est encore rendu plus intéressant par les portraits qu'on y voit, le sien et ceux de contemporains, connus ou célèbres, tels que Baudelaire et Théophile Gautier. Manet aprés avoir peint un sujet mondain dans la *Musique aux Tuileries,* en peignait un de l'ordre populaire dans la *Chanteuse des rues.* Le tableau est exécuté dans une tonalité générale de gris, où le gris de la robe forme la note dominante. La chanteuse debout tient sa guitare sous le bras et mange des cerises. L'ensemble aurait pu rester vulgaire, mais l'artiste a su l'embellir par la qualité de la peinture en soi.

Il peignit encore à ce moment l'*Enfant à l'épée.* Un jeune garçon, debout et en marche, tient dans ses bras une lourde épée. Cette toile, dans une gamme sobre, devait être une des premières qui serait goûtée. Elle a pris place au Metropolitan Museum de New-York. Avant de peindre l'*Enfant à l'épée,* il avait peint le *Gamin au chien,* un tableau très réussi, où un jeune garçon est également le personnage.

De l'année 1862 est le *Vieux musicien*, l'œuvre la plus importante, par les dimensions, de sa période des débuts. Le vieux musicien, au centre de la toile, sert de raison première à l'existence de l'ensemble. Il est assis en plein air, son violon d'une main, l'archet de l'autre, prêt à jouer. Les personnages autour attendent pour l'écouter. D'abord, à gauche, une petite fille debout et de profil, un poupon dans ses bras. Manet aimait beaucoup cette figure, il l'a reproduite à part, en eau-forte. A côté sont placés deux jeunes garçons, de face. Puis, dans le fond, apparaît repris le *Buveur d'absinthe*. Enfin, à droite, à moitié coupé par le cadre, se voit un Oriental, avec turban et longue robe. La réunion de ces personnages surprend d'abord par sa fantaisie. Je ne sache pas que Manet ait eu d'autre intention, en peignant ce tableau, que d'y mettre des êtres divers, qui lui plaisaient et dont il voulait conserver l'image.

En cherchant à dégager l'idée qu'on peut se former de Manet pendant ces années de début, on voit un homme qui, porté d'instinct vers des voies originales, se soustrait à l'esthétique dominante et aux règles fixes, observées dans les ateliers. Il cherche à dégager sa personnalité, alors, l'esprit en éveil et les yeux ouverts, il multiplie les études et regarde de divers côtés. Dans ses voyages, il va vers les vieux maîtres, pour lesquels il se sent de l'affinité, Franz Hals en Hollande, les Vénitiens en Italie. Il étudie Velasquez et Goya d'après les tableaux qui s'offrent d'eux en France. Dans ces conditions, ses premières œuvres portent la marque d'influences et de reflets divers. Il y a celles du tout jeune homme qui, produites dans l'atelier de Couture ou aussitôt après la sortie, se rapprochent du premier maître. D'autres laissent voir la fréquentation des Vénitiens ou une manière de parenté avec les maîtres espagnols. Cependant les formes d'emprunt ne sont, en définitive, que de surface. Elles ne pénètrent pas suffisamment les œuvres pour qu'on puisse trouver entre elles de caractères réellement dissemblables. Au contraire, en les rangeant chronologiquement, on voit une personnalité bien caractérisée, qui se montre dès la première, se retrouve ensuite dans toutes les autres et se développe d'une manière constante.

On se sent surtout tout de suite en présence d'un homme que la nature a doué, dans le grand sens du mot. L'instinct qui avait poussé Manet à vouloir être peintre ne l'avait pas trompé. En y cédant, il ne faisait qu'obéir à la voix mystérieuse de la nature qui, en créant certains êtres pour accomplir certaines besognes, leur donne la faculté de se reconnaître et la force de vaincre les résistances à rencontrer. Tout ce que Manet a exécuté, du jour où il a mis de la couleur sur une toile, était œuvre de peintre. Ses productions du début ont déjà l'intensité de vie, la valeur de facture, le mérite de matière, l'éclat de lumière, qui constituent les qualités picturales et permettent seules de réaliser, par le pinceau, des créations puissantes et durables.

IV.

LE DÉJEUNER SUR L'HERBE

En 1863 Manet avait trente et un ans. Le travail auquel il se livrait, pour se frayer sa voie, se découvrir lui-même, qui l'avait conduit à produire des œuvres de plus en plus personnelles, mène alors à la réussite cherchée dans une création où le novateur se trouve enfin complet, le *Déjeuner sur l'herbe.*

Ce tableau, peint au commencement de 1863, qui, par ses dimensions, dépassait toutes ses œuvres antérieures et sur lequel il avait compté pour attirer l'attention, présenté au Salon, fut refusé par le jury d'examen. Manet se voyait donc, en 1863, comme en 1859, condamné par le jury. Mais cette année-là les refus multipliés vinrent frapper un nombre inaccoutumé de jeunes artistes. Les réclamations qui s'élevèrent de tous côtés, les influences variées que les victimes mirent en œuvre, amenèrent une intervention de l'Empereur. L'administration des Beaux-Arts continua à trouver bonnes les éliminations du jury, mais sur ordre de l'Empereur Napoléon III, il fut permis aux refusés de se montrer au public. On leur accorda au Palais de l'Industrie, le lieu même où se tenait le Salon, un emplacement pour exposer leurs tableaux. A côté du Salon officiel l'année 1863 devait ainsi, par exception, en connaître un autre, que l'on appela des Refusés. Ce salon est resté célèbre. On y voyait Braquemont, Cals, Cazin, Chintreuil, Fantin-Latour, Harpignies, Jongkind, Jean-Paul Laurens, Legros, Manet, Pissarro, Vollon, Whistler. Le *Déjeuner sur l'herbe* (1), par ses proportions, y tenait une grande place, de telle sorte qu'il devait être presque aussi vu, que s'il eût été placé au Salon officiel. Il attira en effet l'attention, mais d'une façon violente, en soulevant une clameur de réprobation. C'est qu'il différait réellement, comme facture et comme choix du sujet, de tout ce que la tradition tenait alors pour bon et pour digne de louanges.

Avec ce tableau apparaissait une manière de peindre en dehors de la manière courante, due à une vision propre et originale. On se trouvait en face d'un nouveau venu, qui juxtaposait les tons divers sans transition, ce que personne n'eût imaginé de faire à cette époque. On voyait un homme venant renier la pratique reçue. Il supprimait la combinaison alors universellement

(1) Le *Dejeuner sur l'herbe*, dans le catalogue du Salon annexe ou des refusés de 1863, est appelé le *Bain* d'après la femme qui, au second plan, se tient dans l'eau. Mais le tableau fut alors partout désigné sous le titre : le *Déjeuner sur l'herbe*, qui a définitivement prévalu.

respectée de l'ombre et de la lumière, conçues comme des oppositions fixes, pour la remplacer par des oppositions de tons variables. Ce que l'on enseignait dans les ateliers, que les peintres pratiquaient, était que pour établir les plans, modeler les contours, faire valoir certaines parties, il fallait se servir de combinaisons d'ombre et de lumière. On pensait surtout que plusieurs tons vifs ne pouvaient être mis, côte à côte, sans transition et que le passage des parties claires aux autres devait se faire par gradations, de façon à ce que des ombres vinssent adoucir les heurts et fondre l'ensemble.

Voici où cette technique générale dans les ateliers avait conduit. Comme rien n'est plus rare que l'artiste qui peut réellement peindre dans la lumière, mettre de la vraie clarté sur une toile, quels que soient les procédés et les moyens, cette technique d'opposition constante d'ombre et de soi-disant lumière avait amené la production d'œuvres d'où, en réalité, toute lumière avait disparu et où l'ombre subsistait seule. Les parties prétendues en clair, sans vigueur, ne se dégageaient plus sur le noir des ombres. Presque tous les tableaux du temps se présentaient à l'état sombre. L'éclat des tons clairs, des couleurs joyeuses, la sensation du plein air et de la nature riante en avaient disparu. Le public s'était habitué à cette forme éteinte de la peinture. Il s'y complaisait. Il n'en demandait pas d'autre. Il ne soupçonnait même pas qu'il pût y en avoir d'autre.

Tout à coup le *Déjeuner sur l'herbe* lui mettait sous les yeux une œuvre peinte d'après des procédés différents. Il n'y avait plus à proprement parler d'ombre dans le tableau. L'éternel mariage de la lumière avec l'ombre, tenues pour choses fixes, ne s'y retrouvait pas. La surface entière était, en quelque sorte, peinte en clair, tout l'ensemble était coloré. Les parties que les autres eussent mises dans l'ombre laissaient voir des tons moins clairs, cependant toujours colorés et en valeur. Aussi ce *Déjeuner sur l'herbe* venait-il faire comme une énorme tache. Il donnait la sensation de quelque chose d'outré. Il heurtait la vision. Il produisait sur les yeux du public l'effet de la pleine lumière sur les yeux du hibou. On n'y découvrait que du bariolage. Le mot avait été dit par un des critiques les plus autosisés du temps, Paul Mantz, qui dans la *Gazette des Beaux-Arts* ayant parlé des œuvres de Manet, à l'occasion d'une exposition particulière tenue chez Martinet, sur le boulevard des Italiens, quelques semaines avant l'ouverture du Salon, les avait réprouvées comme « des tableaux qui, dans leur bariolage rouge, bleu, jaune et noir, sont la caricature de la couleur et non la couleur elle-même. » Ce jugement correspondait pleinement à la sensation du public, mis au Salon des refusés devant l'œuvre de Manet. Pour lui il n'y avait là qu'une débauche de couleur.

Si le *Déjeuner sur l'herbe* heurtait par son système de coloris et les procédés de facture, il soulevait une indignation encore plus grande, s'il se peut, par le choix du sujet et la façon dont les personnages étaient traités. A cette époque, en effet, il n'y avait pas seulement une manière de peindre et d'observer les règles traditionnelles, que le public après les artistes avait acceptée et qu'il jugeait seule bonne. Il existait également toute une esthétique, seule admise dans les ateliers et à laquelle le public aussi s'était rangé. On honorait ce qu'on appelait l'idéal. On concevait le grand art comme tenu dans une sphère jugée élevée, embrassant la peinture d'histoire, la peinture religieuse, la représentation de l'antiquité classique et de la mythologie. C'était seulement à cette forme d'art, qui paraissait épurée et d'un caractère noble, que tous, artistes, critiques et public s'intéressaient. On s'inquiétait à chaque Salon de son niveau, on se demandait si elle était en décadence ou en progrès. Les artistes qui y brillaient, les débutants qui s'y produisaient et promettaient de remplacer les vieux maîtres, attiraient les yeux de tous. A eux allaient les encouragements, les louanges, les récompenses. Ce grand art était devenu l'objet d'un culte national. C'était un honneur pour la France de le perpétuer. Elle y montrait sa supériorité sur les autres nations qui, dans les voies de l'art compris de la sorte, lui étaient inférieures et demeuraient en arrière. Ainsi l'amour des traditions, la poursuite de ce qu'on appelait l'idéal, le souci de la gloire nationale, se combinaient pour faire de l'art transmis l'objet d'un respect unanime.

Or Manet, par le choix et le traitement de son sujet, venait attaquer tous les sentiments que les autres respectaient; il venait renier le grand art, honneur de la nation. Sur une toile de ces dimensions qu'on réservait seulement aux motifs soit-disant à idéaliser, il peignait, lui, une scène de réalisme, un *Déjeuner sur l'herbe.* Les personnages de grandeur naturelle, répudiant toute pose héroïque, étaient assis ou couchés sous des arbres, en train de festoyer. Même, à côté d'eux, s'étalaient, dans un absolu abandon, un tas d'accessoires, des petits pains, une corbeille de fruits, un chapeau de paille, des vêtements de femme multicolores. Et comment les personnages étaient-ils vêtus? Les deux hommes représentés ne portaient aucun de ces costumes anciens ou étrangers qui, par leur dissemblance d'avec les habits en usage, eussent au moins permis au public de reconnaître une recherche du pittoresque et une manière d'embellissement, telles que Manet les avait lui-même pratiquées dans son *Chanteur espagnol.* Non, cette fois, on était en présence de gens en costume bourgeois, d'une coupe commune, pris chez le tailleur du coin. C'est-à-dire que, pour le public, il y avait là comme une sorte de défi, une véritable provocation, la montre audacieuse de ce que tous honnissaient alors sous le nom de grossier réalisme.

Comme si ce n'était assez de ces causes pour soulever l'indignation contre le tableau, la pudeur s'y voyait encore, au jugement du public, offensée. Manet y avait en effet groupé, au premier plan, deux hommes vêtus avec une femme nue, assise, repliée sur elle-même et mis encore, au second plan, une femme au bain. Manet qui sortait de l'atelier de Couture, où tout l'enseignement avait porté sur la peinture du nu, qui voyait tout autour de lui le nu honoré, comme constituant l'essence même du grand art, n'avait pas encore pu s'en déprendre lui-même et, tout en voulant peindre une scène de la vie réelle, il y avait introduit une femme nue. La blancheur des chairs lui fournissait un de ces contrastes tels qu'ils les aimait, avec les hommes en costumes noirs, et mettait une note claire, tranchée au milieu de la toile. L'idée d'associer ainsi, dans une scène de plein air, une femme nue avec des hommes vêtus lui était venue de sa fréquentation des Vénitiens. C'est le *Concert* de Giorgione, au Musée du Louvre, où deux femmes nues se tiennent avec deux hommes habillés dans un paysage, qui lui avait suggéré sa combinaison, et c'est de très bonne foi que, lorsqu'il fut violemment attaqué, il demandait pourquoi on blâmait chez lui ce qu'on ne pensait point à reprocher à Giorgione. Mais aux yeux de ceux qui avaient pu fréquenter le Louvre, entre le nu de Manet et celui des Vénitiens, il y avait des abîmes. L'un était tenu pour idéalisé, par conséquent pour chaste, l'autre était du pur réalisme et, comme tel, offensait la pudeur. Cette femme nue vint donc s'ajouter, comme un surcroît, aux autres éléments de réprobation que présentait ce *Déjeuner sur l'herbe.*

Le tableau excita une immense raillerie. Il devint l'œuvre, à sa manière, la plus célèbre des deux Salons. Il procura à son auteur une notoriété éclatante. Manet fut du coup le peintre dont on parla le plus dans Paris. Il avait compté sur cette toile, pour obtenir la renommée. Il y avait réussi et beaucoup plus qu'il n'eût osé l'espérer; son nom était sur toutes les lèvres. Mais le genre de réputation qui lui venait n'était cependant pas celui après lequel il avait soupiré. Il avait pensé que son originalité de forme et de fond, se produisant dans une grande œuvre, lui attirerait, avec les regards du public, la reconnaissance du talent qu'il se sentait, qu'on verrait en lui un maître à ses débuts, qu'on le saluerait comme un novateur, qu'il entrerait ainsi dans la voie du succès et de la faveur publique. Ce qui lui venait était un renom de révolté, d'excentrique. Il passait à l'état de réprouvé.

Il s'établissait ainsi entre le public et lui une séparation profonde, qui devait le maintenir toute sa vie dans une bataille sans fin.

On a maintenant eu le temps d'examiner le *Déjeuner sur l'herbe,* qui a été la première cause du soulèvement contre lequel Manet a lutté toute sa vie. On a eu le temps de l'examiner et on a reconnu que Manet, en l'exécutant, s'était appuyé, pour le groupement et la pose des personnages, sur une composition de Raphaël, par l'intermédiaire d'une gravure de Marc Antoine, restée dans le moment ignorée, et, pour la combinaision d'hommes vêtus et de femmes nues, sur un tableau de Giorgione, le *Concert,* que tout le monde pouvait voir au Louvre.

C'est M. Pauli, actuellement conservateur du Musée de Hambourg, qui est venu un jour surprendre les artistes, en leur révélant la parenté du tableau de Manet avec une gravure de Marc Antoine, *Le jugement de Pâris*. Marc Antoine a reproduit là une composition de Raphaël, que celui-ci aurait prise lui-même à un bas-relief antique aujourd'hui détruit. A l'angle droit de la gravure se trouvent trois personnages, deux fleuves et une naïade, groupés de telle façon qu'il est impossible de ne pas reconnaître qu'ils ont servi à Manet, pour disposer ses trois personnages du *Déjeuner sur l'herbe*.

Je ne sache pas que Manet, se défendant lorsqu'il fut attaqué, ait pensé à révéler l'emprunt de son groupement fait en réalité à Raphaël. Mais il a constamment appelé à l'exemple de Giorgione comme l'ayant conduit à mettre ensemble, dans le tableau, des hommes vêtus et des femmes nues.

En somme ce *Déjeuner sur l'herbe*, qui s'appuie sur le double précédent de Raphaël et de Giorgione, montre que Manet, accusé d'ignorance, avait dans ses années d'apprentissage appris tout ce qu'on peut apprendre et connu tout ce que la tradition peut donner; mais qu'il faisait de la science acquise l'usage qu'en font les originaux et les inventeurs, qui utilisent les acquisitions des siècles, en les transformant, de telle sorte qu'ils leur donnent un caractère propre et une figure de nouveauté.

V.

L'OLYMPIA

Manet envoya au Salon de 1864 deux tableaux, les *Anges au tombeau du Christ* et *Episode d'un combat de taureaux,* qui furent reçus. Ils étaient plus ou moins dans la manière déjà vue, aussi ne donnèrent-ils lieu à aucun jugement particulier. Ils laissèrent leur auteur, auprès du public, dans l'état de condamnation où l'avait mis le *Déjeuner sur l'herbe.*

En 1865 il envoya une œuvre sur laquelle il comptait, pour frapper une seconde fois l'attention et se produire de nouveau, dans tout le développement de sa personnalité, l'*Olympia,* à laquelle il avait joint un *Jésus insulté par les soldats.* L'*Olympia* avait été peinte en 1863, la même année que le *Déjeuner sur l'herbe* après, comme une sorte de complément. Depuis que par ses rigueurs, en 1863, le jury d'admission au Salon s'était attiré de l'Empereur une remontrance, par la faveur accordée aux artistes refusés d'exposer non loin des autres, il se montrait moins draconien. Relâché dans sa sévérité, il admettait maintenant des œuvres qu'il eût autrefois condamnées. C'est ce qui explique que Manet, repoussé aux Salons de 1859 et de 1863, ait pu faire accepter en 1865 l'*Olympia* et le *Jésus insulté*, où il se produisait sous la forme la plus personnelle.

Les deux tableaux au Salon ameutèrent immédiatement le public. La tempête de railleries et d'insultes que le *Déjeuner sur l'herbe* avait soulevée se déchaîna de nouveau, pour aller sans cesse grandissant. Les particularités qui chez Manet avaient paru monstrueuses, avaient en 1863, pris par surprise. Le public avait pu se demander s'il n'y avait pas là, après tout, l'outrance voulue d'un débutant désireux d'attirer l'attention. Mais voilà que deux ans après, cette fois dans le lieu solennel du Salon officiel, le même Manet réapparaissait, avec la même physionomie, remettant ses mêmes procédés sous les yeux du public. Les traits insolites qu'on avait d'abord contemplés avec répulsion dans le *Déjeuner sur l'herbe*, on les retrouvait accentués dans l'*Olympia*.

Le tableau était peint dans une note lumineuse générale. En contraste avec les œuvres sombres de l'époque, il ressortait comme une tache offensant les yeux. Les plans étaient établis sans repoussoir ou enveloppe d'ombre, clair sur clair; les couleurs les plus tranchées se trouvaient juxtaposées, sans demi-tons ou adoucissements. Certes dans tout le Salon, seul Manet peignait

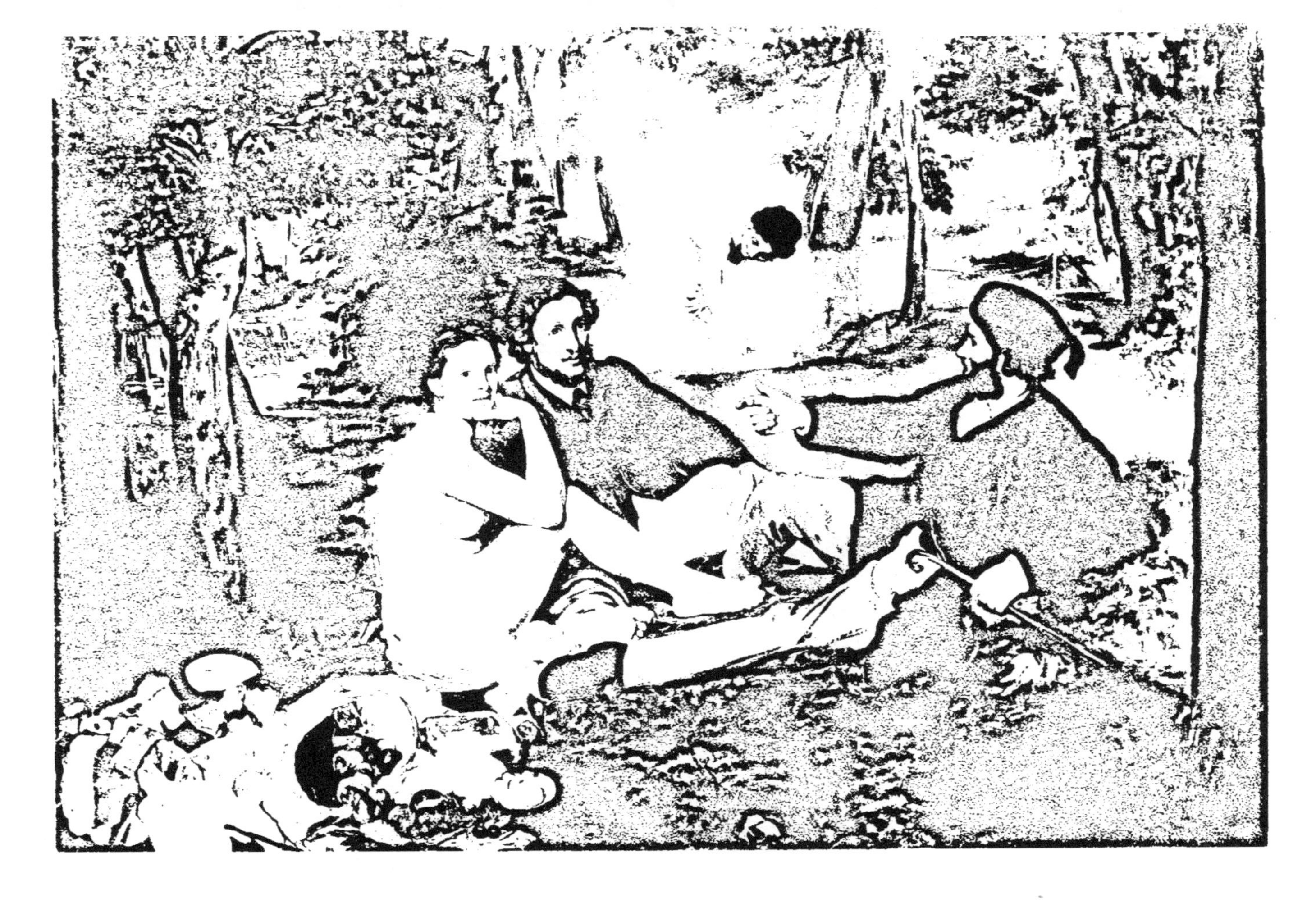

VIII. — LE DEJEUNER SUR L'HERBE

de la sorte et comme personne ne pouvait penser qu'un débutant, un nouveau venu, différent de tous les autres, des maîtres connus et respectés, pût avoir raison contre eux, on le condamnait sans rémission, on le rabaissait unanimement à la position d'outrancier, de révolté, d'ignorant, de barbare. Les connaisseurs ou prétendus tels ne trouvaient aucune expression assez forte, pour rendre le mépris que ses procédés leur inspiraient.

C'était là l'opinion sur la forme, sur le fond elle était au moins aussi sévère. Olympia, le sujet du tableau, était peinte nue, étendue sur un lit, le bras droit sur un coussin. Son corps reposait sur une sorte de châle de l'Inde à tons jaunes, semé de légères fleurs. Derrière le lit, une négresse apportait à sa maîtresse un énorme bouquet, où l'audace des tons clairs juxtaposés se donnait libre cours. L'ensemble était complété par un chat noir, placé sur le lit et faisant le gros dos. C'est-à-dire qu'on avait un nu pris dans la vie, conçu et traité de cette façon toute moderne que Manet avait adoptée définitivement, mais aussi un nu, aux yeux du public, offensant la pudeur et heurtant toute la tradition respectée du grand art. Si donc avec le *Déjeuner sur l'herbe* il avait déjà soulevé tout le monde contre lui, en portant atteinte au grand art de la tradition, avec l'*Olympia* il amenait un soulèvement encore plus grand, car il récidivait son attentat. Il l'aggravait, en manquant au respect que tous voulaient conserver pour ce qui faisait l'essence même du grand art, ce qui en constituait la part la plus élevée, le nu, déclaré idéalisé et maintenu dans des formes épurées.

Le nu, comme on en concevait alors l'application, était employé au rendu de la fable, de la mythologie et de l'histoire antique. Il donnait lieu à la production de tableaux laborieux. Lorsqu'il s'agissait des formes féminines, ses apôtres s'abstenaient plus particulièrement de toute étude réelle de la vie, pour se tenir à des contours venus, par imitation ininterrompue, de la Renaissance italienne. Il faut aussi se représenter qu'à cette époque, dans les musées, ce que l'on appelait la troisième manière de Raphaël et les œuvres de Guido Reni et des Carraches occupaient la première place et étaient regardées comme offrant le summum de l'art italien, à son apogée. Dans un temps où l'on entretenait de pareilles idées sur l'école qui avait servi de point de départ au grand art traditionnel national dont on était fier, n'importe quel pastiche ou quelle répétition des formes admises pouvait satisfaire le sens esthétique. Un point essentiel, auquel on ne faillait pas, était d'emprunter les appellations à la nomenclature mythologique et le nombre des Vénus, des nymphes, des divinités grecques et romaines peintes, en France, dans les deux premiers tiers du XIXe siècle est incalculable.

Voilà que dans ce monde des déesses aux formes conventionnelles, Manet introduisait une parisienne moderne, une Olympia étendue sur un lit. Du reste il n'avait rien fait pour amoindrir le choc que son œuvre devait causer, il avait au contraire choisi un modèle à peindre d'un type aussi éloigné que possible du type admis et traditionnel. On sent ici l'homme qui, dans sa lutte pour se découvrir, avait pris en telle aversion les formes répétées par les autres, qu'il leur en opposait de tout à fait différentes. *Olympia* offrait l'image d'une jeune femme maigrelette, les jambes un peu osseuses, les épaules carrées. Quand on la regarde aujourd'hui on la trouve aussi chaste que n'importe quelle nymphe mythologique, son corps fluet et singulier plaît par sa saveur, la tête est dessinée avec la précision d'un Holbein. Mais en 1865 personne n'était dans des dispositions à juger l'œuvre et à voir ce que l'artiste y avait mis. Olympia faisait simplement l'effet d'une créature venue on ne sait d'où, pour s'introduire dans la société des déesses. Le public indigné se soulevait contre l'intruse et la malheureuse a été l'objet d'autant de railleries, que le peintre même auquel elle devait le jour.

Mais ce qui paraît maintenant étonnant, ce qu'on ne voudrait croire, si le fait n'était certain, c'est qu'un être tout à fait épisodique, dû à une fantaisie d'artiste, le chat noir, devenait lui aussi le sujet d'invectives particulières, s'ajoutant, pour faire repousser l'œuvre, à toutes les autres. Manet qui aimait beaucoup les chats avait introduit un chat dans le tableau, par fantaisie, pour le pittoresque et aussi pour avoir un ton noir tranché qui rehaussât, par le contraste, les tons blancs et roses dominant par ailleurs. Il a, à d'autres reprises, peint des chats : dans son tableau de la *Jeune femme couchée en costume espagnol*, où il a mis un petit chat gris, qui joue sur le plancher avec une orange, puis encore dans son *Déjeuner* du Salon de 1865, où un chat noir se pelotonne, en bas, devant la servante tenant la cafetière. Il a aussi, pour annoncer le livre des *Chats* de Champfleury, fait une gouache et une lithographie, où une chatte blanche et un chat noir s'ébattent sur les toits. Le chat de l'*Olympia* eût donc pu être accepté, comme une de ces fantaisies dont les artistes sont coutumiers. Mais le public était tellement irrité contre Manet qu'il ne voulait rien lui passer. On se demande ce qui serait advenu de tant de tableaux où les artistes ont introduit des détails fantaisistes ou risqués, si les princes, autrefois les seuls patrons de l'art, s'étaient montrés, à la Renaissance et depuis, aussi incapables de compréhension que les parisiens de 1865.

On ne saurait penser à l'indignation soulevée par le chat de l'*Olympia*, sans se reporter au *Couronnement de Marie de Médicis*. Là Rubens a pris une bien autre licence. Il a mis deux chiens de chasse sur le devant du tableau, dans la cathédrale, contre le maître-autel, où évêques et cardinaux officient. Henri IV au fond est relégué dans une galerie, tout juste visible, pendant que les deux bêtes se prélassent sur le premier plan, comme d'importants personnages. Ce sont ses propres chiens qu'Henri IV aura donné à peindre et qui auront été mis là, pour lui montrer des amis. Si un roi de France avait trouvé bon que des chiens fussent introduits dans une cathédrale, au couronnement de la reine, les bourgeois parisiens trouvaient eux fort mauvais qu'un chat fût placé sur le lit d'une femme. Le chat noir de l'*Olympia* fut connu et honni de toute la ville. La caricature s'en empara et son gros dos et sa longue queue ont longtemps fourni matière aux rires et aux lazzis.

Les deux tableaux de Manet attiraient les visiteurs au Salon par une sorte de fascination violente, comme le rouge les taureaux ou le miroir les alouettes. Tout le monde allait les voir. Devant eux il y avait foule ou plutôt attroupement. Ce n'étaient point en effet de paisibles spectateurs regardant comme d'habitude, avec plus ou moins d'intérêt, des œuvres dignes, à un titre quelconque, d'attention C'étaient des gens qui exprimaient à haute voix leur horreur et éprouvaient le besoin de se communiquer les uns les autres leur colère, comme il arrive sur la place publique, lorsqu'au moment des grandes émotions les passants s'attroupent et vocifèrent ensemble. Pas une parole d'approbation ou de simple tolérance ne s'élevait. L'hostilité était générale. Les uns riaient, haussaient les épaules et ne voyaient surtout là sujet qu'à un méprisant dédain, mais d'autres s'indignaient, montraient le poing et eussent voulu crever les toiles. Il fallut les protéger, des gardiens furent préposés à leur surveillance.

Manet éprouvait le sort commun aux peintres originaux du siècle venus rompre, avant lui, avec la routine et la tradition. Tous les autres, tous les grands, avaient eu également à subir la méconnaissance. C'est ainsi qu'on avait, au commencement du siècle, tenu dans l'ombre Ingres, soupçonné de subir l'influence des primitifs italiens, alors méprisés. Puis on avait injurié Delacroix qui, disait-on, se livrait à des débauches de couleur et violait toutes les lois du dessin. Puis on avait ri des deux grands paysagistes Rousseau et Corot, apportant des formules nouvelles. Enfin, on avait vilipendé Courbet accusé de bassesse, qui cherchait dans la vie, autour de lui, les motifs de ses tableaux. Manet, apparu en dernier, semblait condenser sur lui, encore accrues, les attaques qu'avaient eu à subir tous les autres.

Un changement s'était en effet opéré dans les années précédant sa venue. Le public qui s'intéressait aux choses d'art et prétendait juger les peintres s'était énormément accru. Jusqu'alors la peinture ne s'était adressée qu'à un public restreint, composé d'artistes, de connaisseurs, de gens de lettres et de gens du monde. Les Salons ne s'étaient tenus qu'à d'assez longs intervalles, dans des locaux étroits, comme le Salon carré du Louvre. Les tableaux exposés étaient peu nombreux et le nombre des visiteurs limité. Dans ces conditions la survenue des novateurs n'avait ému qu'un public restreint; les luttes entres les écoles n'avaient point touché directement le grand public. Elles ne l'avaient atteint que de seconde main, comme bruit venu de loin. Mais depuis que l'immense palais construit, en 1855, aux Champs-Elysées, pour une exposition universelle avait été affecté à la tenue des Salons, depuis qu'à partir de 1863 ils étaient devenus annuels, que le nombre des œuvres exposées s'était énormément accru, le grand public, le peuple entier était entré en contact direct avec les peintres et prétendait maintenant prononcer sur eux. Or il s'est trouvé que le peuple dans son ensemble, débutant comme juge des œuvres d'art, s'est montré plus épris du convenu, de la tradition, plus hostile aux novateurs, que le monde restreint qui avait été l'arbitre auparavant. Et Manet, le premier grand peintre original apparu, depuis que les foules étaient venues s'entasser aux Salons, a dû subir une opposition, des mépris, des outrages dépassant tout ce que les autres, ses devanciers avaient connu.

La clameur que soulevaient l'*Olympia* et le *Jésus insulté,* s'ajoutant au bruit précédemment fait par le *Déjeuner sur l'herbe,* vint donner à Manet une notoriété telle qu'aucun peintre n'en avait encore possédée. La caricature sous toutes les formes, les journaux de toute opinion s'étant mis avec persistance à s'occuper de lui et de ses tableaux, il acquit bientôt un renom universel. Degas pouvait dire, sans exagérer, qu'il était aussi connu que Garibaldi. Lorsqu'il sortait dans la rue, les passants se retournaient pour le regarder. Quand il entrait dans un lieu public, son arrivée causait une rumeur, et on se le désignait de l'un à l'autre comme une bête curieuse. Un débutant avait pu d'abord éprouver du contentement à se voir ainsi remarqué, mais l'attention publique, par la forme qu'elle avait décidément prise, avait bientôt détruit, chez celui qui en était l'objet, la satisfaction qu'elle avait d'abord procurée. L'homme ainsi mis particulièrement en vue n'arrivait à cette distinction que parce qu'on ne le considérait que comme un être hors de la saine raison, que comme un barbare, venant saccager le domaine de l'art et fouler aux pieds les traditions, parties de la gloire nationale. Personne ne daignait discuter ses œuvres pour y chercher ce qu'il avait voulu y mettre, pas une voix en crédit ne s'élevait qui reconnût sa puissance de novateur et la réputation éclatante qu'il acquérait ne se produisait que pour faire de lui un paria.

Lorsque le Salon fut fermé, au mois d'août, désireux de se soustraire momentanément aux persécutions, il prit le chemin de Madrid, qu'il projetait depuis longtemps de visiter. Ce fut là que je fis sa connaissance, d'une façon si singulière et qui peint si bien son caractère impulsif, que je crois devoir raconter l'aventure.

Je revenais du Portugal, que j'avais traversé en partie à cheval, et étais arrivé le matin même de Badajoz, après avoir fait quarante heures de diligence. On venait d'ouvrir à Madrid un nouvel hôtel, à la Puerta del Sol, sur le modèle des grands hôtels européens, chose auparavant inconnue en Espagne. J'arrivais épuisé de fatigue et mourant littéralement de faim. Aussi le nouvel hôtel où j'étais descendu m'était-il apparu comme un lieu de délices, un véritable Eden. Le déjeuner, devant lequel je m'étais assis, m'avait tout de suite fait l'effet d'un festin de Lucullus. Je mangeais

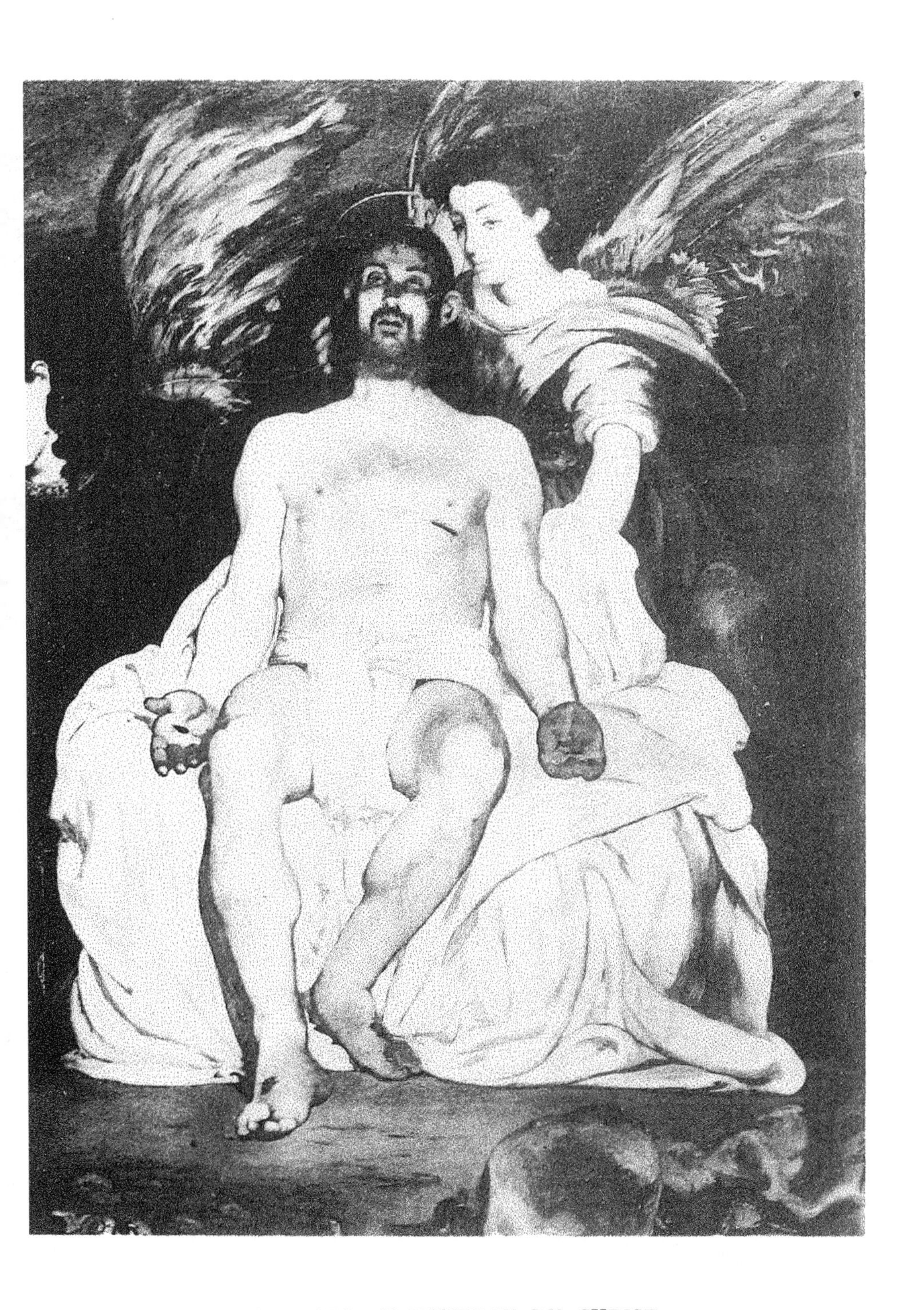

IX. — LES ANGES AU TOMBEAU DU CHRIST

avec volupté. La salle était vide. Seul un monsieur, à une certaine distance, se trouvait assis comme moi à la grande table. Il jugeait lui la cuisine exécrable. Il commandait, à chaque instant, quelque nouveau plat, qu'il refusait ensuite irrité, comme immangeable. Chaque fois qu'il renvoyait le garçon, je le faisais au contraire revenir et, dans mon appétit famélique, reprenais indifféremment de tous les plats. Je n'avais du reste prêté aucune attention à ce voisin si difficile, lorsque sur une nouvelle demande que je fis au garçon d'un plat qu'il avait refusé, il se leva brusquement et, se plaçant près de ma chaise, m'apostropha avec colère : « Ah! ça Monsieur, c'est pour me narguer, pour vous f... de moi que vous prétendez trouver bonne cette horrible cuisine et que chaque fois que je renvoie le garçon, vous le faites revenir?» Le profond étonnement que je laissai voir, à cette attaque imprévue, montra tout de suite à mon agresseur qu'il avait dû se méprendre sur le mobile de ma conduite, car déjà radouci, il me dit : « Vous me connaissez sans doute, vous savez qui je suis?» Encore plus étonné, je lui répondis : « Je ne sais qui vous êtes. Comment vous connaitrais-je ? J'arrive, à l'instant, du Portugal, où j'ai souffert de la faim, et la cuisine de cet hôtel me semble véritablement excellente ». « Ah! vous arrivez du Portugal, dit-il, eh bien ! moi je viens de Paris. » Là se trouvait l'explication de notre différence de jugement sur la cuisine, qui prenait tout de suite un caractère comique. Aussi mon homme se mit-il à rire de son emportement. Il me fit alors ses excuses. Nous rapprochâmes nos chaises et finîmes de déjeuner ensemble.

Après il se nomma. Il m'avoua qu'il avait cru découvrir en moi quelqu'un qui, l'ayant reconnu, avait voulu lui faire une mauvaise plaisanterie. L'idée de trouver à Madrid un recommencement de ces persécutions qu'il avait pensé fuir en quittant Paris l'avait tout de suite exaspéré. La connaissance ainsi commencée se changea bientôt en intimité. Nous visitâmes ensemble Madrid. Nous allions naturellement, tous les jours, faire une longue station devant les Velasquez au musée du Prado. A cette époque Madrid avait conservé son vieil aspect pittoresque. La calle de Sevilla, au centre de la ville, était encore remplie de cafés dans d'anciennes maisons, qui servaient de rendez-vous aux gens de la tauromachie, toreros, afficionados, et aux danseuses. On tirait de grandes toiles, d'une maison à l'autre, aux étages supérieurs et la rue jouissait de l'ombre et d'une fraîcheur relative dans l'après-midi. Elle devint notre séjour préféré. Nous assistâmes aux courses de taureaux et Manet y prit des croquis qui devaient lui servir à les peindre. Nous allâmes aussi à Tolède, voir la cathédrale et les tableaux du Greco.

Je n'ai pas besoin de dire combien Manet, qui avait si longtemps rêvé de l'Espagne, était satisfait de ce qu'il y voyait. Une chose gâtait cependant son plaisir, c'était la difficulté qu'il avait dès la première heure éprouvée et qui avait précisément amené notre rencontre, de se plier à la manière de vivre du lieu. Il ne pouvait s'y faire. Il éprouvait une répulsion invincible à l'odeur des plats qu'on lui apportait. C'était un Parisien qui, en définitive, ne se trouvait bien qu'à Paris. Au bout d'une dizaine de jours, réellement affamé et dépérissant, il dut repartir. Nous revînmes ensemble. On demandait à cette époque les passeports aux voyageurs et, à la gare d'Hendaye, le préposé aux passeports se mit à le considérer avec étonnement. Il s'arrangea pour faire venir sa femme et sa famille, afin qu'elles le vissent aussi. Les autres voyageurs, ayant bientôt su qui il était, se mirent également à le regarder. Ils se montraient tous très étonnés de voir ce peintre, dont la réputation de monstruosité artistique leur était parvenue, se présenter à eux sous les traits d'un homme du monde fort correct et fort poli.

Rentré à Paris, il se remit au travail. Il avait à cette époque quitté son premier atelier de la rue Lavoisier et, après être resté quelque temps dans un autre, rue de la Victoire, en avait définitivement pris un, qu'il devait garder des années, rue Guyot, aux Batignolles, derrière le parc Monceau.

Il s'était marié en 1863 avec Mlle Suzanne Leenhoff, une Hollandaise, née à Delft. Elle appartenait à une famille adonnée aux arts. Un de ses frères, Ferdinand Leenhoff, était sculpteur et graveur. Elle était elle-même pianiste et, quoique ne jouant que dans l'intimité, elle cultivait son art assidûment. Manet devait trouver en elle une personne avec des goûts d'artiste, capable de le comprendre et, de ce côté, lui venaient l'encouragement et l'appui, qui le réconfortaient et lui permettaient de supporter les attaques du dehors. Son père était mort, en 1862, laissant à ses trois fils une fortune à se partager, qui les mettait dans l'aisance. Manet se trouvait ainsi dans une position privilégiée, parmi les artistes. Il pouvait vivre sans vendre de tableaux, que personne, dans ces premiers temps, n'eût voulu acheter à n'importe quel prix et il disposait de ressources suffisantes, pour parer aux dépenses d'atelier et de modèles qu'exigeait la poursuite de son art.

Après avoir habité sa femme et lui sur le boulevard des Batignolles, ils vinrent vivre avec Mme Manet mère, rue de Saint-Pétersbourg. Leur appartement conservait le mobilier paternel, de cette forme froide et rigide, adoptée sous le règne de Louis-Philippe. On n'y découvrait point de bibelots et d'objets curieux, à peine deux ou trois tableaux sur les murs, les portraits de son père et de sa mère peints par lui et son portrait peint par Fantin-Latour. Sa mère laissait voir cette distinction de manières des femmes du monde, qui ont tenu un salon. Les assidus, membres de la famille, étaient les deux frères, Eugène et Gustave. Depuis la mort du père, le conseil et le guide de tous se trouvait être un vieux cousin, M. de Jouy, avocat fort estimé. Manet devait peindre son portrait en 1879.

Manet ne tranchait point, en apparence, sur son milieu. Rien en lui ne décelait spécialement l'artiste. Il était on ne peut plus correct dans sa tenue. C'est même en partie à son exemple qu'est dû le change-

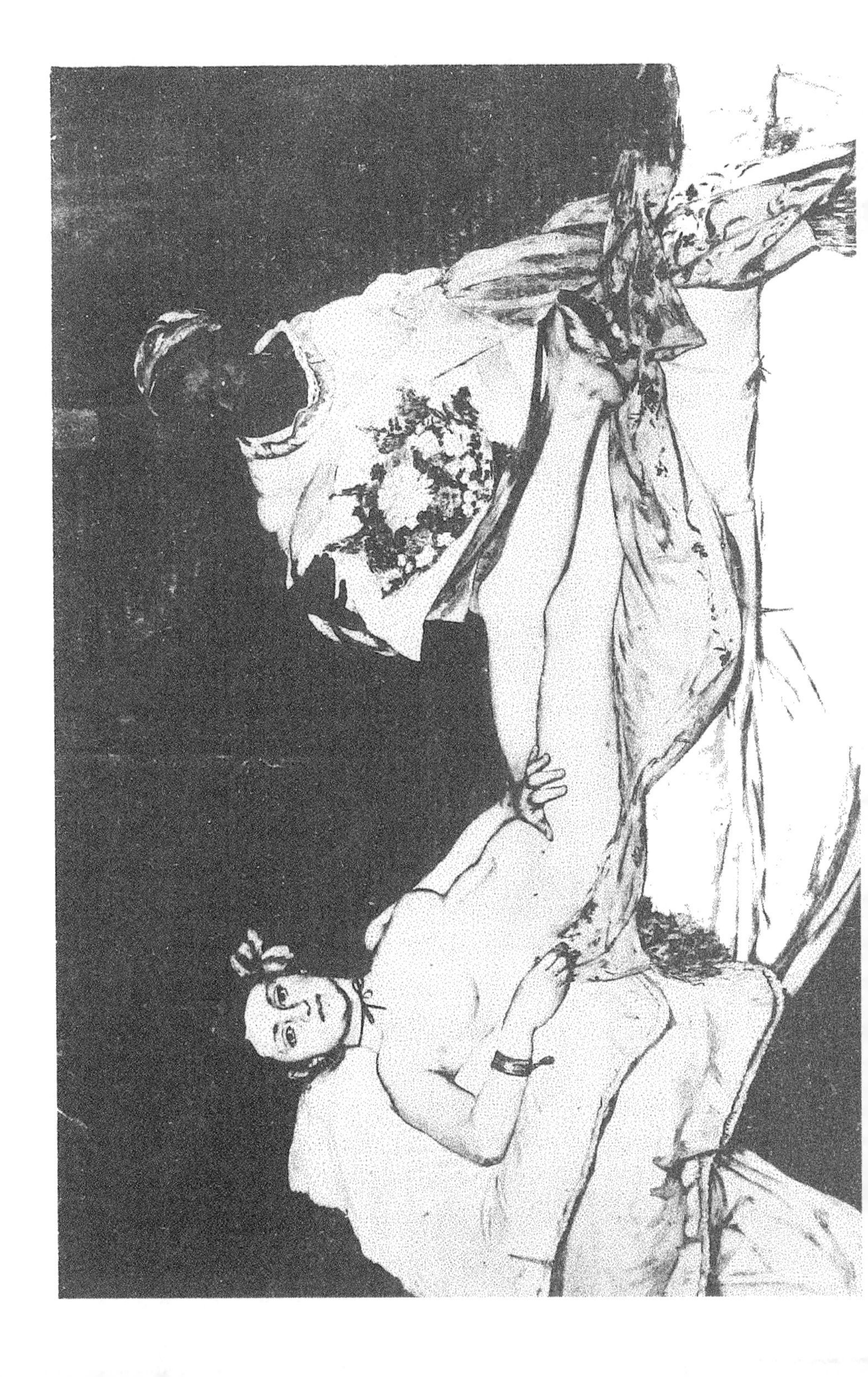

ment qui a conduit les artistes à répudier le genre fantaisiste qu'ils affectaient autrefois, pour prendre la rectitude de vêtement et de tenue des gens du monde.

Rien n'était plus singulier que le contraste existant entre Manet, tel qu'il se présentait, et son rôle d'artiste rénovateur, ennemi des traditions suivies et de l'esthétique alors respectée. Cet homme, contre lequel on se soulevait, dont on voulait faire un barbare peignant avec sauvagerie des scènes d'un bas réalisme, que la caricature, la raillerie, l'indignation de la foule poursuivaient comme une sorte de déclassé, était issu d'une famille distinguée, il vivait simplement avec sa femme et sa mère et devait conserver, toute sa vie, les manières raffinées du monde spécial auquel il appartenait.

VI.

L'EXPOSITION PARTICULIÈRE DE 1867

En 1866, Manet présenta au Salon deux tableaux, *le Fifre* et *l'Acteur tragique*. Ils furent refusés par le jury.

Ce refus se produisait comme conséquence de l'indignation soulevée par les œuvres exposées l'année précédente. Le jury, en 1865, encore sous le coup de la rebuffade que son excessive rigueur lui avait attirée, en 1863, de l'Empereur, par l'établissement du Salon des refusés, avait bien pu se montrer coulant, en recevant l'*Olympia* et le *Jésus insulté*, mais maintenant, soutenu par l'opinion qui s'élevait unanime contre Manet, il devait revenir à son ancienne rigueur. C'est ce qu'il faisait en repoussant, on peut dire les yeux fermés, les deux œuvres qui lui étaient soumises. Elles étaient en effet de celles que des juges non prévenus n'eussent pu qu'accepter, en y reconnaissant des qualités de facture de premier ordre, alors surtout que le choix et la disposition des sujets ne prêtaient point à la critique, par une nouveauté bien grande. Il s'agissait de deux personnages en pied, sur fonds neutres.

Le Fifre, un tout jeune soldat, joue de son instrument. Il vit et ses yeux pétillent. Il est peint en pleine lumière. Le pantalon rouge, le baudrier blanc, les galons jaunes du bonnet de police, le bleu de la veste juxtaposés, sans ombre ni transition, présentent un ensemble d'une harmonie étonnante. Seul, un homme particulièrement doué a pu créer, avec des moyens aussi simples, une œuvre d'une telle valeur picturale. Mais aux yeux de la moyenne des peintres du temps, habitués comme le public aux ombres opaques et aux tons éteints, ce magnifique morceau de peinture heurtait la vue. Il semblait criard et violent.

L'Acteur tragique, digne de ce nom, sombre et farouche, se tenait debout, vêtu de noir. C'était l'acteur Rouvière dans le rôle de *Hamlet*. Il n'y avait point ici de couleurs diverses juxtaposées, comme dans *le Fifre*; le ton noir général des vêtements, en accord avec le gris du fond, eût dû faire accepter le tableau à des gens qui aimaient les ensembles fondus. Mais Manet, pour obtenir son effet tragique, avait peint les traits d'une brosse hardie, par touches puissantes, et il est présumable que c'est cette manière, considérée comme brutale, qui a dû servir de prétexte au jury pour sa condamnation.

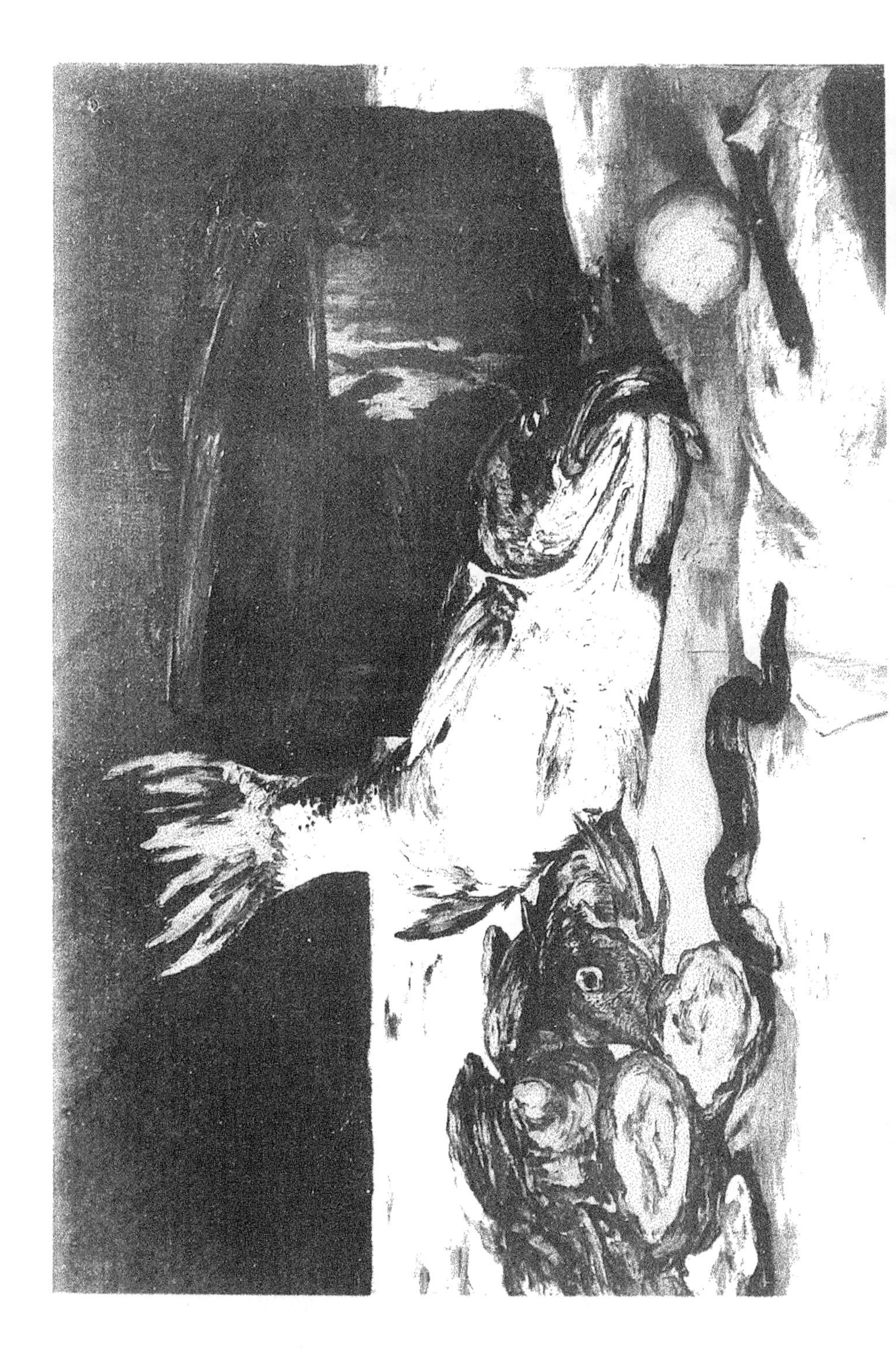

Manet voyait donc le jury revenir envers lui à cette inimitié de parti pris qui, pendant les premières années où il avait voulu se produire, l'avait tenu écarté. Il subissait de nouveau l'ostracisme. D'ailleurs il ne pouvait s'attendre à trouver au dehors la moindre commisération. Dans l'état de soulèvement où le *Déjeuner sur l'herbe* et *l'Olympia* avaient mis le public contre lui, il se voyait repoussé partout. Les artistes influents, les critiques, les connaisseurs, la presse entière le flétrissaient. Il avait pensé atteindre à la renommée, par la production d'œuvres où il avait mis toute son originalité, il était en effet parvenu à une renommée extraordinaire de condamné. Il était tombé dans un abîme de réprobation. Il avait perdu, par surcroit, son unique défenseur fidèle de la première heure Baudelaire, entré l'esprit éteint dans une maison de santé. Il se trouvait donc maintenant seul, son abandon paraissait irrévocable.

Cependant à ce moment même, son originalité et son apport de nouveauté avaient agi sur plusieurs. Le besoin d'émancipation, qui se manifestait chez lui, ne pouvait être un fait isolé, il devait aussi exister chez d'autres et alors le bruit éclatant dont il était cause, en le mettant en vue, ne pouvait manquer de lui amener ceux-là. Cette obscure germination qui se produit partout, qui fait que les choses neuves, croyances, doctrines, formes sociales, formes artistiques, commencent d'abord à se manifester difficilement chez des individus isolés ou dans de petits groupes, pour s'étendre ensuite peu à peu, devait se produire aussi en faveur de l'esthétique qu'il venait inaugurer. A l'heure même où il semblait à jamais repoussé de tous, il avait ainsi conquis, par affinité, un certain nombre de jeunes gens, qui allaient lui venir comme défenseurs, comme disciples ou comme spectateurs bienveillants.

Il y avait alors à Paris deux jeunes hommes, liés par une amitié d'enfance : Cézanne et Emile Zola. Le premier voulait être peintre et débutait dans son art, le second s'était déjà produit brillamment dans la littérature. Tous les deux dédaignaient les chemins battus. Aussi, ayant tout de suite remarqué l'œuvre de Manet, avaient-ils ressenti pour l'auteur cette sympathie de jeunes gens vaillants, entraînés d'instinct à se ranger à côté d'un homme jeune comme eux, attaqué brutalement. Leur sympathie devait se traduire en actes. Elle devait conduire le peintre à adopter, après un certain temps, la technique inaugurée par Manet et, en effet, Cézanne qui, au début, avait d'abord subi l'influence romantique de Delacroix, puis l'influence réaliste de Courbet, devait se fixer définitivement à la peinture des tons clairs, en pleine lumière et en plein air. Et elle portait Zola, l'écrivain, à se servir immédiatement de sa plume, pour se faire, auprès du public, le défenseur du novateur attaqué.

M. de Villemessant dirigeait alors l'*Evénement*. C'était, avant la création du *Figaro* quotidien, le premier journal paraissant tous les jours, qui fût survenu avec un caractère littéraire, rédigé par des écrivains d'opinions libres et diverses. Aussi était-il très en faveur sur le Boulevard et parmi les gens de lettres, les gens du monde et des théâtres. Zola avait été chargé par M. de Villemessant, qui recherchait les nouveaux venus, d'y rendre compte du Salon de 1866. Il s'était tout de suite signalé par l'éclat de son style et le tour donné à sa critique. Ses articles étaient donc fort lus, lorsque dans l'un, publié le 4 mai, on avait vu poindre avec étonnement une théorie, qui ne tendait à rien moins qu'à placer Manet parmi les maîtres. Cet article n'était qu'une préparation. En effet, le 7 mai, il en paraissait un autre très étudié, du meilleur style de l'auteur, consacré à un éloge enthousiaste de Manet et de ses œuvres. Zola, prenant en main la cause de l'artiste que le jury de cette année même repoussait du Salon, le déclarait, lui, grand peintre, prédisait à ses tableaux une place au Louvre et de plus abîmait à ses pieds les peintres de la tradition, alors au pinacle et adulés du peuple.

L'article de Zola produisit sur le public du Boulevard et de la rue la même indignation que les tableaux de Manet avaient produite sur celui du Salon. On n'en pouvait croire ses yeux ! Dans un journal littéraire, patronné par les raffinés, lire l'éloge de ce réprouvé de Manet, voir qualifier d'œuvres de maitre des créations jugées barbares, d'un affreux réalisme, qui avaient fait rire la ville entière ! Le soulèvement fut universel. M. de Villemessant s'entendit dire que s'il ne se séparait de son critique d'art, les lecteurs se sépareraient de son journal. Il prit d'abord un moyen terme, en chargeant un second rédacteur de louer les artistes que le premier avait attaqués. Une telle demi-mesure ne pouvait suffire. On voulait que Zola se tût et lui-même, satisfait du coup porté et se refusant à toute concession, interrompit brusquement son Salon et quitta le journal.

Son départ fut accueilli comme la juste réparation d'un acte inqualifiable. Il avait agi de la façon la plus désintéressée, en prenant en main la cause de Manet, avec lequel il n'avait eu jusqu'alors aucune relation. Son acte lui avait été inspiré par une sincère admiration et c'était par vaillance, par puissance de tempérament, qu'il avait rompu de front avec l'opinion et pris le public comme à la gorge. Mais on ne voulut point croire qu'il en fût ainsi; on lui prêta les mobiles les plus bas. Il fut en butte aux pires accusations. Son courage lui valut de passer pour un homme de mauvaise foi, manquant de respect à tout ce qui était respectable.

Quelque temps après, M. Arsène Houssaye, qui dirigeait une revue d'art et de littérature, la *Revue du XIXe Siècle,* où il voulait donner place à des articles sensationnels, demanda à Zola une étude spéciale sur Manet. Elle parut dans le numéro de janvier 1867. Zola cette fois-ci avait abandonné la partie d'attaque contre les peintres de la tradition, entrée dans les articles de l'*Evénement,* qui avait soulevé une si grande colère. Son étude consacrée exclusivement à Manet, relue aujourd'hui, ne paraît contenir que des vérités très simples. Mais au moment où elle parut, elle fit l'effet de paradoxes. Il s'étendait sur l'*Olympia*, il la louait sans réserve. Cela suffisait pour que l'on jugeât qu'il devait être au fond de mauvaise foi, ne pensant pas un mot de ce qu'il écrivait. Olympia et son chat noir avaient suscité une telle réprobation, que la moindre défense en paraissait monstrueuse. Non content de la publicité que ses articles avaient reçue dans l'*Evénement* et dans la *Revue du XIXe Siècle* Zola, pour leur assurer la durée, les reproduisit en brochures. Après cette obstination dans ce que l'on prenait pour une erreur perverse, il fut décidément considéré comme un homme dangereux et la presse entière resta fermée à sa critique d'art.

Manet sur le moment ne se trouva avoir rien gagné au plaidoyer de Zola, puisque le public, dans sa colère, les mettait tous les deux au même rang de réprouvés. Mais cette défense retentissante ne l'avait pas moins sorti de l'isolement absolu où il s'était trouvé. Elle allait encourager à venir vers lui les jeunes gens qui, déjà se sentant certaines affinités et cherchant des voies nouvelles, le prendraient pour porte-drapeau. Il n'était plus seul. Zola était venu comme le premier d'un groupe de combattants, qui allait se recruter.

Manet s'était vu interdire le Salon de 1866. En 1867 devait se tenir une exposition universelle où, à côté des produits de l'industrie, on ferait une place aux œuvres d'art. Cette exposition dépassait en importance le Salon annuel. Les artistes de toutes nations, mis à côté les uns des autres et destinés à être jugés, outre le public parisien, par des spectateurs du monde entier, devaient éprouver un intérêt particulier à s'y montrer. Manet essaya donc de s'y faire recevoir. Mais le jury appelé à désigner les œuvres admissibles le repoussa. En 1867 comme en 1866 il allait ainsi être étouffé. Il ne lui restait plus, dans cette extrémité, qu'à se produire quand même, en recourant à une exposition particulière.

Il avait du reste déjà pratiqué une exposition de cette sorte au commencement de 1863. Elle avait eu lieu sur le Boulevard des Italiens, dans un local que l'on appelait *Chez Martinet,* du nom du propriétaire, un homme d'initiative, qui soutenait les jeunes artistes inconnus ou discutés et prenait leurs tableaux pour les mettre sous les yeux du public. Manet avait groupé chez lui quatorze toiles. Cet ensemble n'avait eu d'ailleurs aucun succès. Les visiteurs n'y avaient vu que du « bariolage », selon l'expression employée à cette occasion par Paul Mantz, dans la *Gazette des Beaux-Arts.* On peut même dire que cette exposition, en indisposant les esprits, avait contribué au refus que le jury du Salon faisait quelques semaines après du *Déjeuner sur l'herbe.*

Mais Manet ne devait jamais se laisser rebuter; sa persistance à vouloir exposer en tout lieu et à montrer ses tableaux en toute circonstance, devait être inébranlable. Il était convaincu que le public, par habitude, arriverait à se familiariser avec ses formes et ses procédés et qu'après s'en être d'abord offensé, il finirait par les trouver bonnes. Il avait raison au fond, seulement ce changement qu'il attendait tous les jours, comme un accident heureux, susceptible de le favoriser à chaque nouvelle exposition, ne devait réellement avoir lieu qu'après une très longue bataille, continuée pendant des années et ne serait obtenu que par ses œuvres accumulées en entier. Toujours est-il qu'avec la détermination de se montrer en toutes circonstances, il ne pouvait se résigner à perdre l'occasion d'une exposition universelle, qui s'offrait en 1867, en se laissant étouffer par le refus du jury. Il se résolut donc à montrer l'ensemble de ses œuvres et, à cet effet, il fit élever une construction en bois, une sorte de baraque, prés du pont de l'Alma. Il avait obtenu l'autorisation de la placer sur une contre-allée de l'avenue, qui longe les Champs-Elysées, sur le bord de l'eau. L'autorisation d'en élever une semblable avait été accordée à Courbet. Placés l'un près de l'autre, ils allaient ainsi tous les deux soumettre leurs œuvres au public, dans un local particulier.

L'exposition au pont de l'Alma s'ouvrit en mai 1867. Elle comptait cinquante numéros, à peu près toute l'œuvre de l'artiste. C'était un magnifique ensemble de tableaux, qui sont pour la plupart maintenant entrés dans les musées ou ont pris place dans les grandes collections d'Europe ou d'Amérique. Mais le public ne voulut y voir qu'une réunion de choses grossières. Il y retrouvait surtout le *Déjeuner sur l'herbe* et *l'Olympia*, qui l'avaient si profondément offensé, et le temps écoulé depuis leur apparition était trop court pour qu'il pût être amené à modifier son opinion. On ne faisait du reste aucun tri entre les œuvres, on les condamnait en bloc, comme conçues et exécutées en dehors de toutes les règles du beau. La presse, la caricature s'acharnèrent de nouveau contre Manet et son exposition ne recueillit que railleries et réprobation.

Si on eût été à même de juger avec indépendance et capable de regarder sans prévention, on eût cependant pu se laisser éclairer par la préface du catalogue des œuvres exposées. On eût pu reconnaître, en la lisant, que cette outrecuidance qu'on attribuait à Manet d'homme jaloux de renverser toutes les règles, pour peindre d'une manière non encore essayée, n'existait que dans l'imagination des détracteurs. Il avait en effet inséré, en tête de son catalogue, sous le titre de *Motifs d'une exposition particulière,* un appel au public. On y trouve une vue si juste sur le caractère de son art, que nous le reproduisons en entier :

« Depuis 1861 M. Manet expose ou tente d'exposer.

« Cette année il s'est décidé à montrer directement au public l'ensemble de ses travaux.

« A ses débuts, au Salon, M. Manet obtenait une mention. Mais ensuite il s'est vu trop souvent écarté

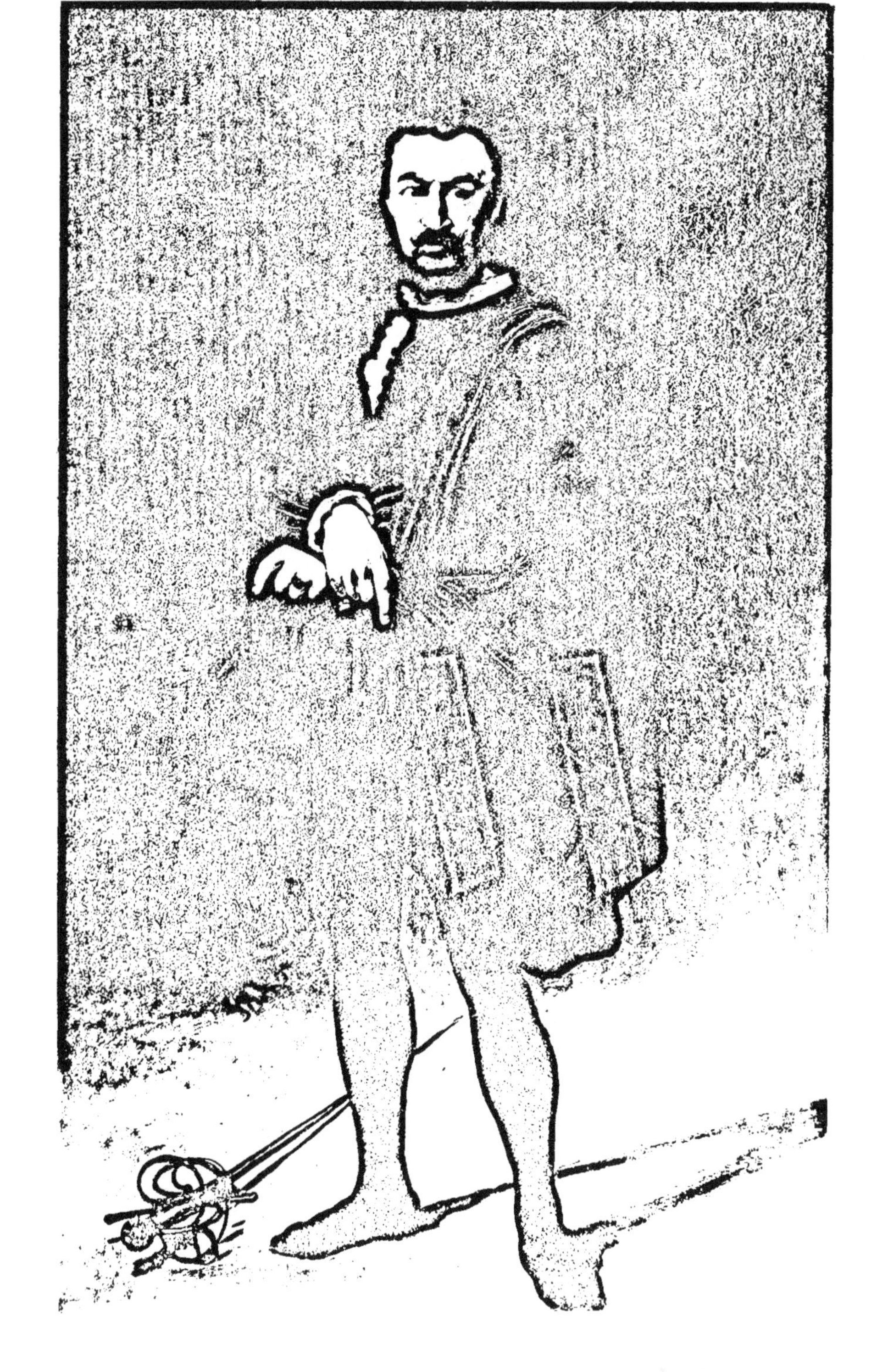

par le jury, pour ne pas penser que si les tentatives d'art sont un combat, au moins faut-il lutter à armes égales, c'est-à-dire pouvoir montrer aussi ce qu'on fait.

« Sans cela le peintre serait trop facilement enfermé dans un cercle dont on ne sort plus. On le forcerait à empiler ses toiles ou à les rouler dans un grenier.

« L'admission, l'encouragement, les récompenses officielles sont en effet, dit-on, un brevet de talent, aux yeux d'une partie du public, prévenue dès lors pour ou contre les œuvres reçues ou refusées. Mais d'un autre côté on affirme au peintre que c'est l'impression spontanée de ce même public, qui motive le peu d'accueil que font les divers jurys à ses toiles.

« Dans cette situation on a conseillé à l'artiste d'attendre.

« Attendre quoi ? Qu'il n'y ait plus de jury ?

« Il a mieux aimé trancher la question avec le public.

« L'artiste ne dit pas aujourd'hui : — Venez voir des œuvres sans défauts; mais : — Venez voir des œuvres sincères.

« C'est l'effet de la sincérité de donner aux œuvres un caractère qui les fait ressembler à une protestation, alors que le peintre n'a songé qu'à rendre son impression.

« M. Manet n'a jamais voulu protester. C'est contre lui, qui ne s'y attendait pas, qu'on a protesté, au contraire, parce qu'il y a un enseignement traditionnel de formes, de moyens, d'aspects de peinture et que ceux qui ont été élevés dans de tels principes n'en admettent plus d'autres. Ils y puisent une naïve intolérance. En dehors de leurs formules rien ne peut valoir, et ils se font non seulement critiques, mais adversaires actifs.

« Montrer est la question vitale, le *sine qua non* pour l'artiste, car il arrive, après quelques contemplations, qu'on se familiarise avec ce qui surprenait et, si l'on veut, choquait. Peu à peu on le comprend et on l'admet.

« Le temps lui-même agit sur les tableaux avec un insensible polissoir et en fond les rudesses primitives.

« Montrer c'est trouver des amis et des alliés pour la lutte.

« M. Manet a toujours reconnu le talent là où il se trouve, et n'a prétendu ni renverser une ancienne peinture ni en créer une nouvelle. Il a cherché simplement à être lui-même et non un autre.

« D'ailleurs M. Manet a rencontré d'importantes sympathies et il a pu s'apercevoir combien les jugements des hommes d'un vrai talent lui deviennent de jour en jour plus favorables.

« Il ne s'agit donc plus, pour le peintre, que de se concilier le public dont on lui a fait un soi-disant ennemi.

« Mai 1867. »

Quand Manet disait : « M. Manet n'a jamais voulu protester. C'est contre lui, *qui ne s'y attendait pas*, qu'on a protesté, au contraire » ; quand il disait encore : « M. Manet a toujours reconnu le talent là où il se trouve et n'a prétendu ni renverser une ancienne peinture ni en créer une nouvelle. Il a cherché simplement à être lui-même et non un autre », il exprimait, de bonne foi, une parfaite vérité. L'idée de révolte personnelle, pour se soustraire aux préceptes des ateliers et à une tradition qu'il jugeait vieillie, lui était certes venue et lui appartenait, mais non celle qu'on lui prêtait, de chercher à heurter les régles de tout temps observées. Rien n'était plus éloigné de son esprit. Jamais il n'avait entendu protester de manière à froisser le public et à se l'aliéner. La situation de réprouvé qu'on lui faisait lui était au contraire odieuse. Il ne demandait qu'à conquérir le public. Il avait toujours pensé qu'il y parviendrait. Aussi s'attendait-il toujours à voir le public revenir à de meilleurs sentiments à son égard. Chaque fois qu'un défenseur, un disciple parmi les jeunes ou un simple spectateur bienveillant se déclarait, il accueillait ces marques isolées avec une satisfaction hors de leur importance, croyant y voir le point de départ de ce changement envers lui sur lequel il comptait toujours.

Jamais en effet personne n'a peint avec plus de sincérité et, pour une part, avec plus de naïveté que Manet; jamais personne n'a, le pinceau à la main, absorbé par le sujet, cherché à le rendre plus fidèlement. Le dissentiment survenu entre le public et lui provenait donc d'une différence de vision. Manet et les autres ne voyaient pas de la même manière. Or dans ce désaccord, c'était le peintre qui avait raison. Quand on disait : « Ce nouveau venu ne peut cependant être dans le vrai contre le peuple entier, qui le condamne et qui serait, lui, dans l'erreur », c'était bien réellement le nouveau venu qui avait raison, contre tous les autres, qui avaient tort, qui voyaient et jugeaient mal.

Les autres ne promenaient autour d'eux que des yeux éteints, tandis que Manet possédait une vision éclatante. Les choses lui apparaissaient en pleine lumière, avec une splendeur exceptionnelle. La nature l'avait réellement doué d'une manière spéciale et par là l'avait créé pour être peintre, dans le grand sens du mot. C'est ce que Zola avait tout d'abord reconnu et qu'il criait, en disant : « Manet possède un tempérament à part, il est doué d'une vision inattendue. L'exception qui vous le rend antipathique est la raison même de sa supériorité. Elle doit le faire prédominer sur les artistes de cette tradition banale et de ces pastiches courants, que vous admirez parce qu'ils sont à l'unisson de votre platitude, mais qui, dépourvus d'originalité et d'invention, ne sauraient vivre. »

La faculté de voir à part, chez Manet, ne venait ni d'un acte raisonné, ni d'un effort de volonté, ni du travail. Elle venait de la nature. Elle était le don. Elle correspondait, chez lui peintre, à la supériorité qui

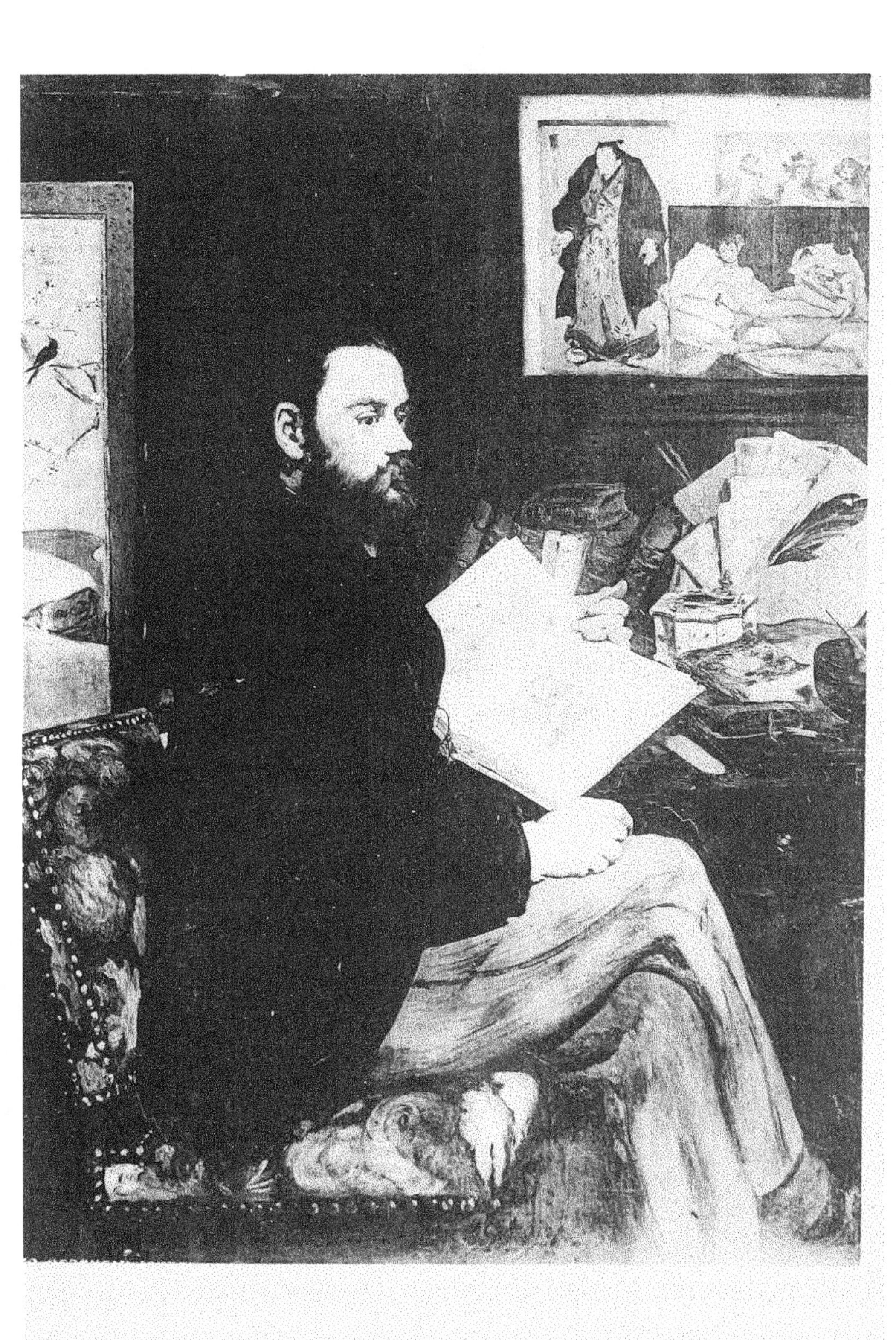

XIII. — PORTRAIT D'EMILE ZOLA

chez l'écrivain crée le poète, l'homme à part exceptionnellement inspiré. On peut apprendre le métier de la peinture et parvenir à peindre, on peut apprendre la versification et réussir à faire des vers, mais cela ne permettra à personne, qui n'a été spécialement doué, de se dire peintre ou poète, au sens élevé du mot. Manet avait été doué par la nature pour être peintre. Il voyait les choses dans un éclat de lumière que les autres n'y découvraient pas, il fixait sur la toile les sensations qui avaient frappé son œil. En le faisant, il agissait inconsciemment, puisque ce qu'il voyait lui venait de son organisation. Rien n'était ainsi plus faux que de l'accuser de s'adonner à la soi-disant peinture bariolée, de propos délibéré, et par pur désir d'attirer l'attention.

Pour une part, l'originalité qui soulevait le public contre lui était donc l'effet d'une manière d'être organique, à laquelle il obéissait sans y pouvoir rien changer, mais pour l'autre, elle venait de l'esthétique particulière qui le guidait et qui alors était le résultat d'une préférence. Aussi bien le choix lui en était dicté, en partie, par l'étude des devanciers vers lesquels ses penchants l'avaient plus particulièrement porté. Cet homme accusé d'ignorance avait étudié, comparé, copié dans les musées. Il avait fait des voyages pour connaître les maîtres étrangers. Ses affinités l'avaient porté vers Franz Hals parmi les Hollandais, les Vénitiens parmi les Italiens, Velasquez et Goya parmi les

Espagnols. Or l'esthétique qui était sienne avait aussi appartenu à tous ceux-là.

Tous ceux-là en effet avaient étudié la vie autour d'eux, s'étaient tenus dans le monde de leur temps, avaient peint les hommes de leur milieu, avec les costumes qu'ils portaient. Ce grossier réalisme que le public prétendait trouver chez Manet, pour lequel il l'accablait d'injures, n'était, sous une forme adaptée à des conditions nouvelles, que la peinture du monde vivant, telle que l'avaient connue les Hollandais, les Vénitiens et les Espagnols. Whistler à très bien dit, dans son *Ten o'clock,* que tous ceux-là avaient su reconnaître la beauté dans les conditions de vie les plus diverses : « Comme Rembrandt quand il découvrait une grandeur pittoresque et une noble dignité au quartier juif d'Amsterdam, sans regretter que ses habitants ne fussent pas des Grecs. Comme Tintoret et Paul Véronèse parmi les Vénitiens, ne s'arrêtant pas à changer leurs brocarts de soie pour les draperies classiques d'Athènes. Comme Velasquez à la cour de Philippe, dont les infantes, habillées de jupons inesthétiques, sont artistiquement de la même valeur que les marbres d'Elgin. » Ainsi cette accusation élevée contre Manet de violer les règles jusqu'à ce jour admises, ne venait que de la médiocrité de vision du public, que de son étroitesse de jugement, que de son ignorance du passé, que de son amour de la routine et de sa complaisance pour la banalité.

VII.

DE 1868 A 1871

Manet, au cours des neuf années où, depuis 1859, il avait présenté des tableaux aux Salons ou expositions officielles, les avait vu repousser quatre fois et accepter seulement trois. Mais sa persistance à vouloir se montrer, sa décision, à l'occasion de l'Exposition universelle, de mettre sa production entière sous les yeux du public, le bruit énorme fait autour de son nom, lui avaient donné une telle importance, qu'il devenait à peu près impossible de le proscrire plus longtemps. En outre certains, tout en condamnant d'avance ses œuvres, exprimaient cependant le désir de les voir. D'autres, par pure générosité et esprit de justice, frappés de la persévérance d'un homme obstinément sur la brêche, eussent sûrement protesté contre les rigueurs du jury, si elles se fussent renouvelées. Toutes ces causes devaient amener, en faveur de Manet, un changement dans la conduite des jurys, tellement qu'après avoir vu ses tableaux systématiquement refusés aux Salons, il devait désormais les voir, comme règle, admis et les refus, qui pourraient encore l'atteindre, ne surviendraient plus que comme des exceptions. En 1868, il présente au Salon deux tableaux : le *Portrait d'Emile Zola* et *Une jeune femme,* qui sont donc reçus.

Le *Portrait d'Emile Zola* était, comme *le Fifre* de l'année précédente, un de ces puissants morceaux de peinture, qui n'eussent pu manquer d'être admirés par des spectateurs en état de juger sainement. Il souleva, de nécessité, cette sorte d'opposition qui accueillait les œuvres de son auteur, cependant les critiques se trouvèrent accompagnées de réserves. On ne put s'empêcher de remarquer la tête pleine de vie et de fermeté, où se révélait la force de caractère du modèle. La facture de certaines parties, d'une superbe pâte, ne pouvait non plus, manquer d'être reconnue par des artistes plus ouverts que les autres. En somme le portrait ne souleva qu'une opposition mitigée.

Toutefois comme on ne faisait ces concessions qu'à contre-cœur, ayant devant soi deux tableaux à juger, on se dédommageait sur l'autre, que l'on condamnait alors sans réserve. Il s'agissait d'une jeune femme en pied, de grandeur naturelle, vêtue d'un peignoir rose. Le visage laissait voir ce type original, qui apparaissait sur les toiles peintes par Manet comme une marque de famille, mais qui constituait précisément une de ces particularités ayant le don d'exaspérer. A côté de

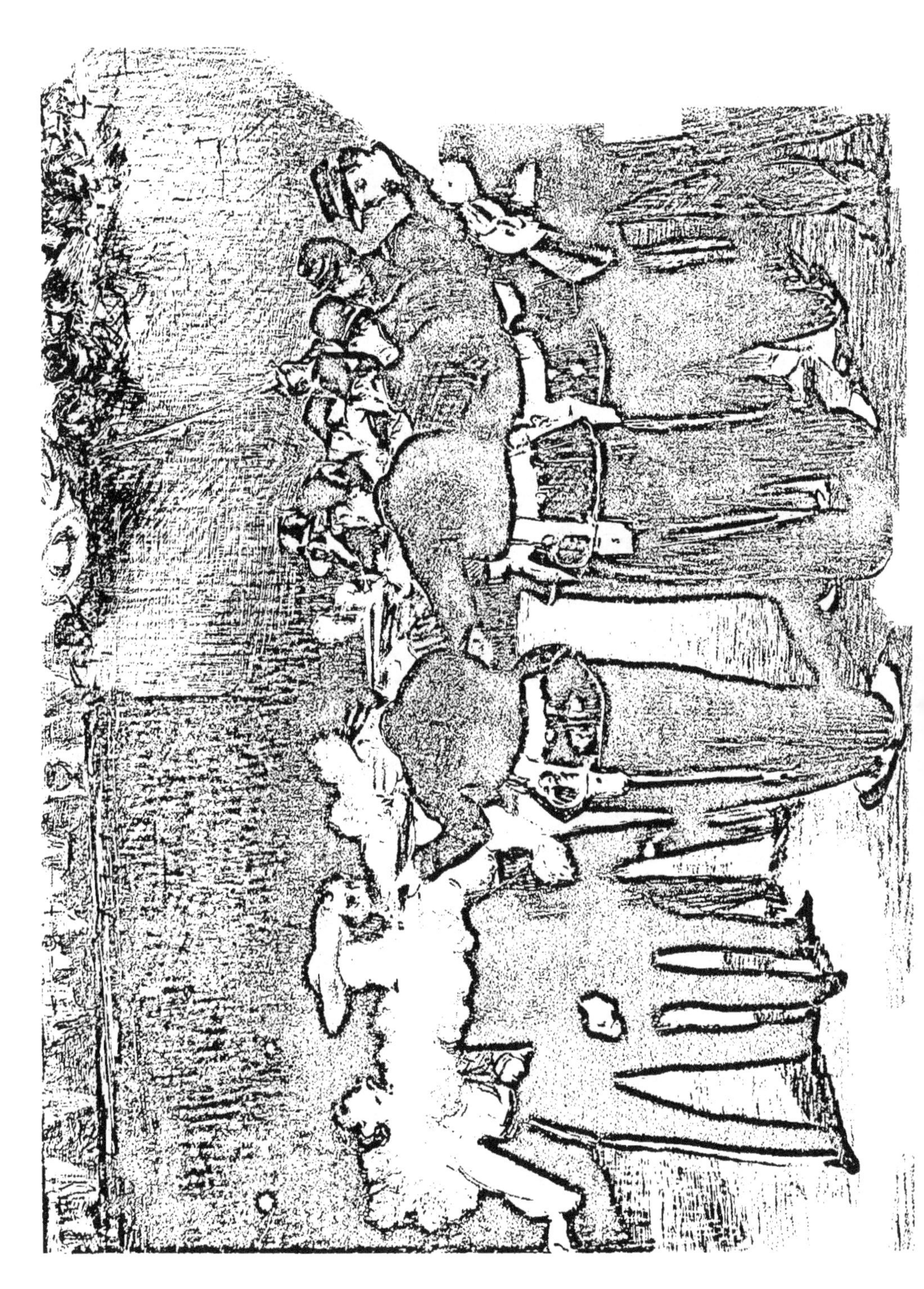

la femme, un perroquet était placé sur un perchoir. Une telle fantaisie ne pouvait manquer non plus d'irriter, aussi la femme fut-elle fort maltraitée par le public, qui la dénomma impoliment *la Femme au perroquet.*

Manet, en 1869, envoya au Salon *le Balcon* et *le Déjeuner. Le Balcon* souleva le mépris du public à un tel point, qu'on put croire que son auteur n'avait fait aucun progrès auprès de lui. Ce n'était plus cette colère qu'avaient vue *le Déjeuner sur l'herbe* et *l'Olympia,* le sujet ne la comportait pas, mais de la pure raillerie. On éprouvait le besoin de rire, aussi une gaieté bruyante régnait-elle dans l'attroupement, formé en permanence devant le tableau. Il représentait deux jeunes femmes, l'une assise, l'autre debout, sur un balcon, avec un jeune homme par derrière, au second plan. Le balcon était peint en vert et aux pieds des femmes se trouvait un petit chien. Il semble étrange qu'une telle scène pût causer, à première vue, de l'hilarité. L'intérêt à y prendre résidait évidemment dans la valeur en soi de la peinture et dans les particularités d'exécution. Mais ce sont là des points qui échappent au public à peu près en tout temps et qui échappaient entièrement au public de cette époque, en présence de Manet.

Il ne venait à l'esprit de personne non plus de se demander pourquoi, chaque année, on retournait devant ses tableaux et on les choisissait de préférence à tous autres pour se rencontrer. On eût pu se dire, avec un peu de réflexion, que cette singularité de composition et de facture, que cette lumière éclatante, qui les faisaient ressortir et attiraient le public, étaient précisément la preuve, chez l'artiste, de ces facultés exceptionnelles, que seuls possèdent les vrais maîtres. Mais le public subissait l'attraction sans s'inquiéter d'en chercher la cause et une fois devant les œuvres, il se mettait d'abord à railler. Le balcon vert cette fois-ci lui paraissait une horreur. Avait-on jamais vu un balcon vert! Les deux femmes étaient, disait-on, désagréables de figure et mal fagotées et le chien, à leurs pieds, devenait un petit monstre, à l'égal du chat de *l'Olympia.*

C'est que le public le prenait de haut avec Manet. Il le traitait en fort petit garçon. Il entendait le relever de ses erreurs et lui enseigner les règles de son art, qu'évidemment il ignorait. Pensez donc ! avec lui on avait affaire à un homme, qui méprisait le grand art traditionnel, considéré seul comme de l'art véritable. C'étaient des scènes de la vie de chaque jour qu'il s'acharnait à peindre. Il ne pouvait dès lors en imposer. Ah ! en présence des œuvres du grand art, il en était autrement. Là le respect régnait. On entrait dans l'ordre des choses qu'on disait idéalisées. Or le public se rendait assez compte de son infirmité, pour savoir qu'il était, lui, incapable d'idéalisation. Il respectait donc de confiance les œuvres crues idéalisées comme supérieures. Puis les sujets mythologiques ou historiques, les costumes et les draperies, pris hors des formes familières, le tenaient encore sur la réserve et l'empêchaient de se croire juge. Il passait ainsi devant les tableaux du soi-disant grand art traditionnel, aux formes soi-disant idéalisées, sans trop savoir s'il se plaisait ou non à les regarder, mais respectueux et admirant de confiance. Alors il arrivait devant les tableaux de Manet et son attitude changeait.

Il n'était plus retenu ici en rien de manifester son opinion. Il ne s'agissait plus de dieux et de héros. On avait sous les yeux des personnages ordinaires, vêtus comme le commun des mortels. Aussi le public se croyait-il apte à prononcer en toute sûreté et il s'en donnait à cœur joie. C'étaient des femmes et les femmes se prenaient à regarder comment étaient façonnées leurs robes, qu'elles déclaraient affreuses, et les hommes clamaient que ces femmes n'étaient point jolies et désirables, puis on passait aux accessoires pour les trouver ridicules et au petit chien pour le juger comique. Aller rire devant *le Balcon* était devenu un des plaisirs du Salon.

Le Balcon attirait tellement l'attention que le *Déjeuner* demeurait comme négligé. Un jeune homme, vêtu d'un veston de velours, s'y trouvait placé sur le devant, appuyé contre une table encore servie, tandis qu'un homme assis et une servante debout se voyaient au second plan. C'était son beau-frère Léon Leenhoff, qui avait posé pour le jeune homme en veston de velours. Le tableau était peint dans une donnée générale de tons gris et noirs harmonieux, que le public eût pu être plus particulièrement porté à accepter. Il est même probable que, comme le portrait de Zola de l'année précédente, il eût rencontré une certaine faveur si le soulèvement causé par *le Balcon* n'eût été tellement violent, qu'il s'étendait à lui.

Cependant maintenant que Manet, ayant forcé l'entrée des Salons, s'était pendant deux ans remis en vue, il devenait définitivement l'homme qui personnifiait la révolte contre la tradition et la routine des ateliers. Il voyait donc venir vers lui, en admirateurs, ces artistes possédés eux aussi du besoin de l'originalité, à la recherche de voies nouvelles.

Une des adhésions qu'il recueillit alors fut celle de Mlle Berthe Morisot. Née à Bourges, en 1841, elle appartenait à une famille de vieille bourgeoisie. Une vocation décidée l'avait portée vers la peinture. Son premier maître avait été Guichard, puis elle avait profité des conseils de Corot. Elle avait exposé aux Salons de 1864, 65, 66, 67 des tableaux remarqués de certains critiques. Tout en venant se rattacher à Manet, il ne faudrait point la donner comme devenue véritablement son élève. Manet qui avait en aversion la tradition des ateliers, qui était l'indépendance même, n'eût pu se prêter à enseigner régulièrement; mais par la montre de sa peinture aux Salons d'abord, puis par ses conseils et sa sûreté de jugement, il devait, sans se transformer en professeur, agir sur un grand nombre d'artistes, en voie de se former ou déjà formés. Mlle Morisot était du nombre. Elle subissait son influence, pour arriver à peindre comme lui dans les tons clairs, sans l'intervention des ombres traditionnelles. Mais tout en se transformant, de manière que ses œuvres doivent être rangées, comme parenté, tout à côté de celles de l'initiateur, elle a toujours su garder son originalité. C'était une femme distinguée, d'un grand charme et d'une exquise sensibilité. Ses qualités féminines se retrouvent dans sa peinture, qui est raffinée et cependant sans ce maniérisme qu'on peut reprocher généralement aux artistes de son sexe. Elle allait se placer au premier rang dans l'école née sous l'influence de Manet, qui devait prendre le nom d'impressionniste.

Une grande intimité s'établit entre la famille de la jeune femme et celle du peintre et, quelques années après, elle épousa son frère cadet, Eugène. Tout en lui donnant des conseils, Manet, toujours à la recherche de modèles variés et caractéristiques, s'était emparé d'elle pour la placer dans ses tableaux. Elle lui avait donné ainsi la femme assise dans *le Balcon*, qui excitait précisément au Salon de 1869 une telle raillerie. Il peignait encore d'elle, en 1869, un grand portrait en pied, exposé au Salon de 1873, sous le titre *le Repos* et plusieurs autres portraits, à diverses époques, en buste ou en tête.

Un des premiers à se rallier à l'art de Manet et à comprendre la valeur de son système de peindre en tons clairs juxtaposés, avait été Camille Pissarro. Né en 1830, il avait présenté aux Salons des tableaux dès 1859, et avait été reçu cette année-là. Depuis il s'était vu plusieurs fois repoussé, en particulier au Salon de 1863 et s'était alors trouvé le compagnon de Manet au Salon des refusés. Il prenait tout de suite la défense du *Déjeuner sur l'herbe* et de l'*Olympia,* parmi les jeunes artistes et les hommes de sa connaissance. A l'écart des voies battues, il ne pouvait manquer d'accueillir avec joie la manifestation de formules nouvelles. Il fit personnellement la connaissance de Manet en 1866 et entra alors avec lui en relations amicales suivies. Il se sentait surtout porté vers la peinture de paysage : il devait s'y faire une place de maître, par la sincérité de l'observation, le sentiment de la nature agreste, le charme rustique que laisseraient voir ses œuvres.

En 1862, quatre jeunes gens, Claude Monet, Renoir, Bazille, Sisley, se rencontraient dans l'atelier de Gleyre et s'y liaient d'amitié. Ils devaient après cela subir les mêmes influences, se faire une même esthétique et se développer concurremment. Au moment où ils cherchaient encore leur voie, Manet était en pleine production : aussi sa manière de peindre en clair devait-elle avoir sur eux une influence décisive.

Claude Monet, en particulier, étant allé voir l'exposition faite chez Martinet, en 1863, d'un ensemble d'œuvres de Manet en avait reçu une véritable commotion. Il avait tout de suite reconnu que là étaient ses affinités. Il s'était donc mis à peindre en tons clairs et, comme il était porté vers la peinture de paysage, il s'était mis en même temps à peindre en plein air. L'adoption des tons clairs et de la pratique du plein air étaient alors des particularités assez neuves pour ne pouvoir manquer d'attirer l'attention. Aussi lorsque Claude Monet apparut pour la première fois au Salon, en 1865, avec deux marines, fut-il remarqué. C'était l'année même où Manet faisait un si grand bruit avec son *Olympia*. Il avait complètement ignoré l'existence de Monet, plus jeune que lui de huit ans et resté jusqu'alors inconnu. Il découvrit au Salon les deux marines. Les voyant signées d'un nom si semblable au sien, il crut à une sorte de plagiat et s'éleva d'abord contre l'auteur, en demandant avec humeur, autour de lui : « Quel est ce Monet qui a l'air de prendre mon nom et qui vient ainsi profiter du bruit que je fais? » Monet, au su de ces interrogations, prit grand soin, en toutes circonstances, d'accoler son prénom de Claude à son nom patronymique, pour se bien distinguer et empêcher toute confusion avec le quasi homonyme.

Les deux hommes restèrent après cela près d'un an sans se rapprocher, lorsqu'en 1866 Monet, conduit par Zacharie Astruc, alla voir Manet dans son atelier et, à partir de ce moment, les relations les plus amicales s'établirent entre eux. A cette époque Renoir, Bazille et Sisley entraient également en rapports avec Manet et ainsi le groupe des quatre amis, d'abord formé dans l'atelier de Gleyre, se trouva tout entier uni à lui.

Pissarro, Claude Monet, Renoir, Berthe Morisot, Cézanne, Sisley étaient des peintres qui devaient partir du point de départ de la peinture claire, dont ils auraient reçu l'exemple de Manet, pour aller en avant dans une voie qui devait les conduire à ce qu'on appellerait l'Impressionnisme. Mais Manet, sans les influencer d'une manière aussi directe, par son initiative de peindre les scènes du monde vivant, devait cependant agir sur certains autres artistes qui, le voyant entrer dans des voies nouvelles, allaient sentir qu'il leur conviendrait à eux aussi de s'y engager. Tel était Degas, de deux ans environ plus jeune que lui, doué d'une puissante originalité et d'une manière d'être très tranchée. Si Manet devait être surtout peintre, Degas devait être surtout dessinateur. Il avait été élève de Lamothe et de l'Ecole des Beaux-Arts. Sous l'influence du premier enseignement, il semblait devoir se tenir à la tradition classique. Parmi ses productions de jeunesse, se trouvent des dessins exécutés dans la manière d'Ingres et une copie de *l'Enlèvement des Sabines*, de Poussin, qui, par sa fidélité, avait montré ses dons naturels de dessinateur. Puis, commençant à produire des œuvres personnelles, il avait peint des tableaux d'histoire, *Jeunes Spartiates s'exerçant à la lutte*, *la Fille de Jephté*, *Sémiramis construisant une ville*. Tout paraissait donc indiquer qu'il se consacrerait aux sujets classiques, à la peinture d'histoire. Mais il avait l'esprit trop ouvert, pour ne pas reconnaître que la tradition classique était épuisée. Il voyait en même temps apparaître, avec l'art de Manet, une esthétique nouvelle, appropriée aux besoins nouveaux. Aussi, délaissant la voie de la tradition, où il était d'abord

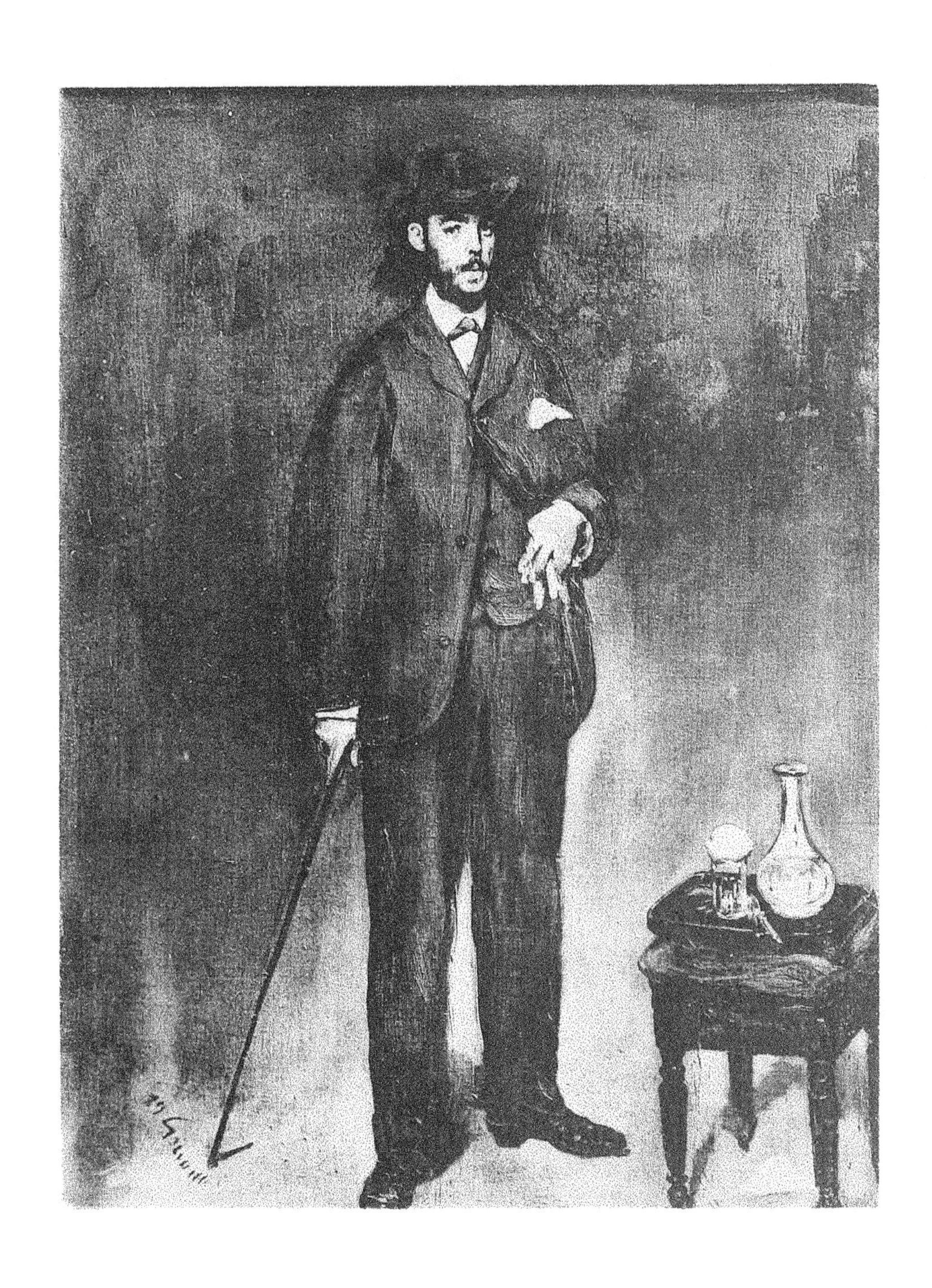

XV. — PORTRAIT DE THEODORE DURET

entré, s'engageait-il lui aussi, sans esprit de retour, dans celle de l'observation du monde vivant.

Une grande amitié s'était établie entre Manet et Fantin-Latour, quoiqu'ils différassent profondément. Manet se montrait surtout vif dans ses allures, homme d'impulsion et de saillie. Fantin-Latour demeurait au contraire replié sur lui-même, porté à la rêverie et à la mélancolie. Les deux hommes s'étaient probablement sentis attirés l'un vers l'autre, par le contraste même qui existait entre eux. Leur liaison datait de 1857. Elle s'était nouée au Louvre où Fantin travaillait assidûment, persuadé que les meilleures leçons étaient à trouver auprès des vieux maîtres. Ils s'étaient d'abord rencontrés, copiant les mêmes tableaux des Vénitiens, vers lesquels une commune admiration les avait portés. L'amitié ainsi commencée s'était resserrée, à l'occasion du Salon de 1861, où ils avaient été également reçus et à l'occasion de celui de 1863, où ils avaient été tous les deux refusés. Fantin-Latour devait garder son originalité en face de Manet. Il peignait dans des tons gris qui lui étaient propres. Il avait exécuté, sous le titre d'*Hommage à Delacroix*, une composition mise au Salon de 1864, où un certain nombre de jeunes artistes étaient assemblés autour d'un portrait de Delacroix et il y avait fait figurer Manet, au premier plan. Il peignait aussi un portrait de son ami, exposé au Salon de 1867.

C'était un groupement qui se formait, d'hommes pénétrés du besoin d'émancipation et unis par un même désir de trouver des voies nouvelles. Manet, par la renommée qu'on lui avait faite de révolté, devenait celui vers lequel les autres convergeaient. Il servait à les rallier et les tenir ensemble. Le café Guerbois, aux Batignolles, à l'entrée de l'avenue de Clichy, devint le lieu choisi pour se réunir. Manet, qui habitait dans le voisinage, y venait fréquemment le soir. Le vendredi était le jour spécial où l'on se rencontrait plus volontiers. A côté des peintres, se voyaient des graveurs, Desboutin, Belot, un sculpteur poète Zacharie Astruc. Aux artistes se joignaient des hommes de lettres : Duranty, romancier et critique de l'école dite alors réaliste y était fort assidu; on y trouvait aussi Zola, Cladel, Philippe Burty, Vignaux, Babou. D'autres, en assez grand nombre, y apparaissaient, visiteurs irréguliers, plus ou moins liés d'amitié ou d'opinion avec les assidus du lieu.

Ces hommes se trouvaient là groupés sur la hauteur de la place Clichy, comme sur une sorte de mont Aventin, La grande ville au-dessous d'eux, leur était hostile, elle semblait vouloir à jamais leur rester fermée. Mais ils possédaient la force de la jeunesse, ils avaient foi en l'avenir, ils se sentaient au-dessus du mépris et des railleries. L'isolement ne les effrayait point. Manet avait l'habitude de dire : « Il faut être mille ou seul ». Ils portaient véritablement en eux des éléments de renouveau et des germes de vie et ils devaient, à la longue, réaliser leur rêve de conquérir la grande ville, qui maintenant les repoussait.

Manet exposa au Salon de 1870 deux tableaux : *la Leçon de musique* et le *Portrait de Mlle E. V.* (Eva Gonzalès).

La Leçon de musique présentait un sujet très simple, une scène à deux personnages de grandeur naturelle. Le maître qui donne la leçon, un jeune homme, est assis sur un divan. Il pince de la guitare pour accompagner l'élève, une jeune femme, placée près de lui, suivant du doigt, sur un cahier de musique, l'air qu'elle chante. Manet, selon son habitude de renouveler constamment ses modèles et de les choisir à physionomie tranchée, avait fait poser Zacharie Astruc pour le maître de musique. Mêlé qu'il était à cette époque aux luttes du groupe rassemblé autour de Manet, il offrait un modèle toujours prêt. Ce jeune homme et cette jeune femme, assis l'un près de l'autre dans *la Leçon de musique,* ne pouvaient donner lieu à de bien vifs commentaires. Aussi le tableau ne souleva-t-il pas la tempête et les railleries comme *le Balcon* du Salon précédent : d'ailleurs il ne plut à personne et ne reçut qu'un accueil froidement méprisant.

Entre les deux tableaux exposés annuellement par Manet, il y en avait toujours un qui attirait plus particulièrement les regards, devant lequel la foule se tenait plus compacte et, cette année-ci, ce fut le *Portrait de Mlle E. V.* (Eva Gonzalès). Manet a peint en Mlle Gonzalès la seule élève qu'il ait réellement eue et qu'il ait à peu près entièrement formée. Je dis à peu près, parce que la jeune fille, avant de se mettre sous sa direction, avait déjà reçu certaines leçons du peintre Chaplin. C'était une personne d'une beauté éclatante, à la Marie-Thérèse, fille d'Emmanuel Gonzalès, romancier et secrétaire de la Société des gens de lettres. Elle devait épouser le graveur Guérard et mourir jeune, de suites de couches. Elle était parvenue assez rapidement, sous la direction de Manet, à peindre d'une manière séduisante, mais elle n'a pu produire que quelques œuvres avant de mourir.

Eva Gonzalès avait été représentée par Manet de grandeur naturelle, assise devant un chevalet, peignant un bouquet de fleurs, vêtue d'une robe blanche : le fond était gris clair et par terre s'étendait un tapis bleu-azur. Le tableau se trouvait donc exécuté en pleine clarté, les couleurs diverses s'y voyaient juxtaposées, comme toujours, sans transition et sans atténuation de demi-tons. Aussi cet arrangement offusquait-il : les visiteurs le déclaraient violent et criard. Il fallait vraiment que le public, habitué depuis de longues années aux ombres opaques que les peintres étendaient sur leurs toiles, se fût fait des yeux d'oiseau de nuit pour que ce portrait d'Eva Gonzalès lui déplût. Si véritablement le tableau était peint en tons clairs, il n'offrait cependant rien de heurté et de violent; l'ensemble était d'une grande tenue. On me permettra de reproduire le jugement qu'il me suggérait, dans le moment, que publiait l'*Electeur libre* du 9 juin 1870 : « Nous déclarons en face de ce portrait qu'il nous est absolument impossible de comprendre ce qui peut exciter ce parti

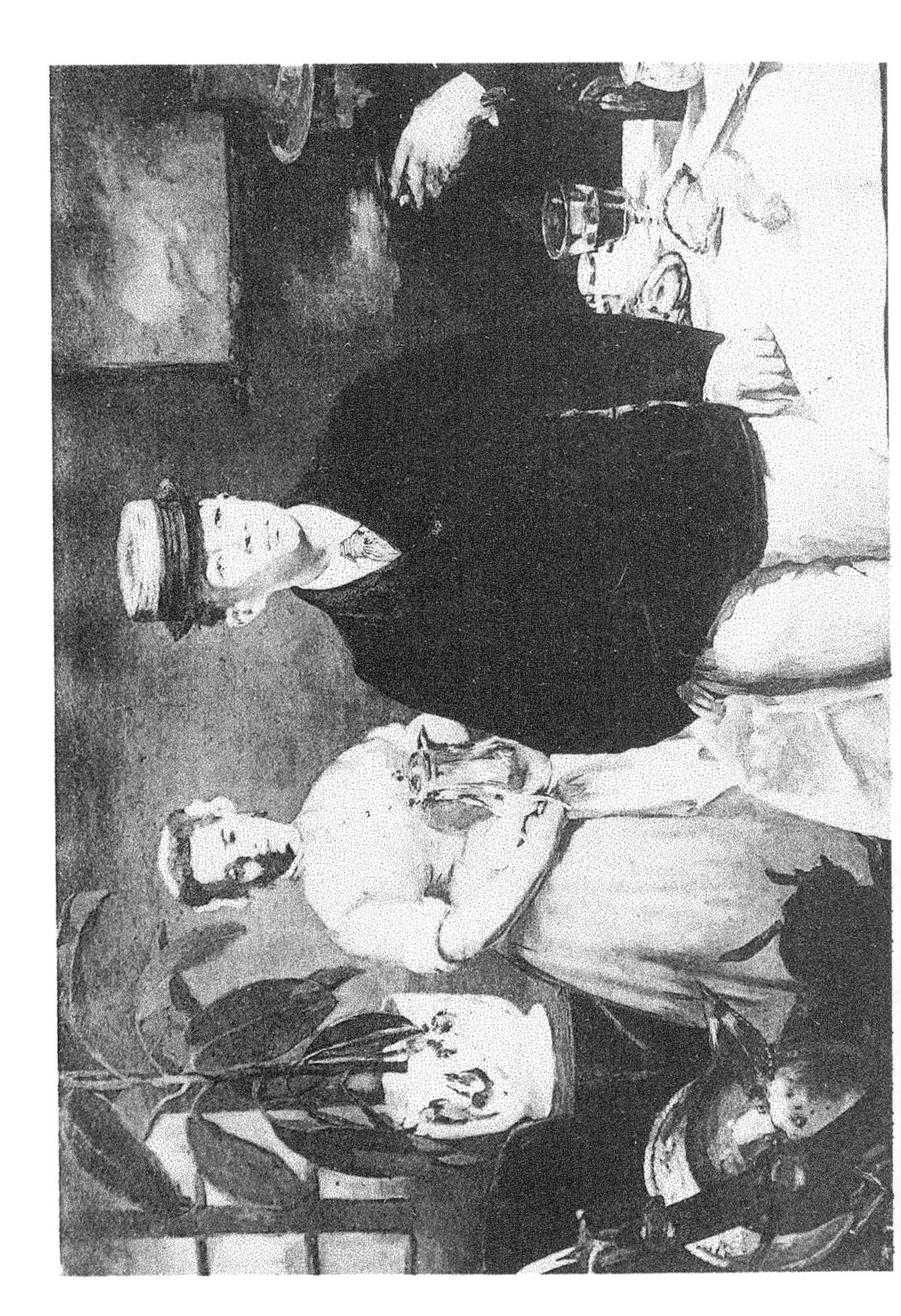

pris de dénigrement du public : le ton de l'ensemble n'est nullement cru ou criard; tout au contraire la robe blanche de la jeune fille, d'un ton éteint, se marie harmonieusement avec le tapis d'un bleu azuré et avec le fond gris du tableau, la pose est naturelle, le corps plein de mouvement et quant aux traits du visage, si on leur retrouve le type d'une saveur si particulière qui est celui de M. Manet, ce type est au moins cette fois-ci plein de vie et ne manque pas d'élégance. »

Ces réflexions, maintenant que le tableau revu n'excite plus de désapprobation, peuvent sembler banales, mais lorsqu'elles parurent, dans un journal grave, elles firent l'effet de paradoxes. C'est du reste, avec une peine extrême que je les avais fait accepter et je raconterai comment j'y étais parvenu, ce qui me donnera l'occasion de faire connaître la conduite que la presse tenait alors à l'égard de Manet. Tous les ans, lorsque le Salon s'ouvrait, les journaux illustrés et les feuilles de la caricature se livraient, avant d'avoir rien examiné, à un débordement de « charges » et de dessins grotesques, aussi offensants que possible. Manet était traité comme le dernier des rapins, produisant des œuvres simplement bouffonnes. Les grands journaux se taisaient, passaient son exposition sous silence ou, s'ils en parlaient, c'était pour montrer leur supériorité, pour faire la leçon au peintre et lui enseigner les règles de son art, qu'évidemment il ignorait. On voulait bien quelquefois lui reconnaître des dons naturels, mais pour déclarer aussitôt qu'il en faisait le plus mauvais usage. Telle était l'attitude des grands journaux, qui se respectaient encore assez pour ne pas s'abandonner aux injures. Mais dans les autres d'ordre secondaire, où la critique du Salon était confiée à des écrivains de rencontre ou aux premiers venus, on se livrait à des attaques grossières. Le pire des malfaiteurs eût pu à peine exciter une poursuite aussi féroce, répétée d'année en année.

Parmi les amis de Manet cette conduite de la presse causait une colère sans mélange. Le public, on n'en parlait pas, on ressentait pour sa stupidité un tel mépris! Mais ces journalistes, qui faisaient la leçon aux autres, qui se targuaient auprès de leurs lecteurs de lumières spéciales et qui, incapables de compréhension, n'étayaient leurs critiques que sur des insultes ! Ceux-là étaient de purs criminels. Cependant que faire ! Depuis la réprobation que Zola avait soulevée par ses articles, la presse entière demeurait fermée. Les directeurs de journaux faisaient bonne garde et tous les projets formés autour de Manet, pour s'insinuer dans certaines feuilles restaient vains.

J'étais alors lié d'amitié avec les frères Picard. Ernest Picard, le député, avait fondé, avec un groupe de parlementaires, un journal l'*Electeur libre,* dont son frère Arthur était devenu rédacteur en chef. J'allai trouver ce dernier et je convins avec lui de faire, pour son journal, le compte-rendu du Salon de 1870. Ma collaboration serait gratuite, ce qui m'assurerait la liberté entière de mes jugements. Il ne se doutait point que mon intention fût de défendre Manet. Deux articles avaient paru, dont il s'était montré satisfait, mais avant que je n'eusse écrit le troisième, quelqu'un était allé lui dire qu'il pouvait s'attendre à ce qu'étant l'ami de Manet, j'entreprisse son éloge. Un matin, je vois entrer chez moi Arthur Picard tout effaré, qui me demande si j'avais réellement l'intention, comme on le croyait, de louer Manet dans un journal aussi respectable que le sien, s'adressant à des lecteurs aussi choisis, etc., etc. Je lui répondis qu'en effet je me proposais d'écrire un article spécial sur Manet où, selon la convention qui m'assurait la liberté de mes jugements, je dirais de ses œuvres le bien que j'en pensais. Mon visiteur abasourdi me déclara alors que, quand nous avions conclu notre arrangement, il n'avait été question de rien de semblable, que Manet et sa peinture étaient des choses à part et qu'il n'avait jamais pu venir à son esprit que, dans un journal tel que le sien, qui que ce soit chercherait à en faire l'éloge. Après altercation, je lui dis que je renonçais à continuer la critique du Salon et qu'il eût à en charger qui bon lui semblerait. Quand il vit que le Salon commencé allait rester interrompu, après deux articles qui annonçaient une suite, il fut obligé de se radoucir. Bref nous transigeâmes. Il accepterait l'éloge, à condition qu'il fût atténué et enveloppé de circonlocutions, de manière à ne pas trop offenser les lecteurs. J'écrivis mon article sur ces données et il l'inséra dans son journal.

Le Salon de 1870 contenait un tableau important que Fantin-Latour exposait, sous le titre d'*Un atelier aux Batignolles.* C'était un de ces groupements, tels qu'il en avait déjà peints, comme son *Hommage à Delacroix,* où se trouvaient réunis des hommes pénétrés de goûts communs. L'*Atelier aux Batignolles* représentait donc Manet assis devant un chevalet, en train de peindre, et placés autour de lui les artistes et les écrivains qui avaient subi son influence ou étaient devenus ses défenseurs. On y voyait Emile Zola, Claude Monet, Renoir, Bazille, Zacharie Astruc, Maître et Scholderer. Le tableau attira particulièrement l'attention. Il était peint dans une note générale grise et dans cette donnée réaliste qui, se produisant alors comme des choses neuves, eussent suffi à le faire remarquer. En outre, il venait offrir au public l'image de ces hommes révoltés qui l'intriguaient et il éprouvait du plaisir à pouvoir enfin les connaître. On avait appris vaguement, par les révélations de la presse, que, dans un certain café des Batignolles, un groupe d'hommes se réunissait autour de Manet. Or, pour le public, il ne pouvait se dire et se préparer dans de telles réunions que des choses bizarres. Les Batignolles avaient d'ailleurs paru, aux Parisiens de la ville, en bas, un lieu fort bien adapté à pareille société, car habiter ou fréquenter ce quartier entraînait presque une idée de ridicule et donnait matière à plaisanteries. Le tableau de Fantin, venant représenter Manet et son groupe dans un atelier aux Batignolles, offrait au public et aux journalistes le

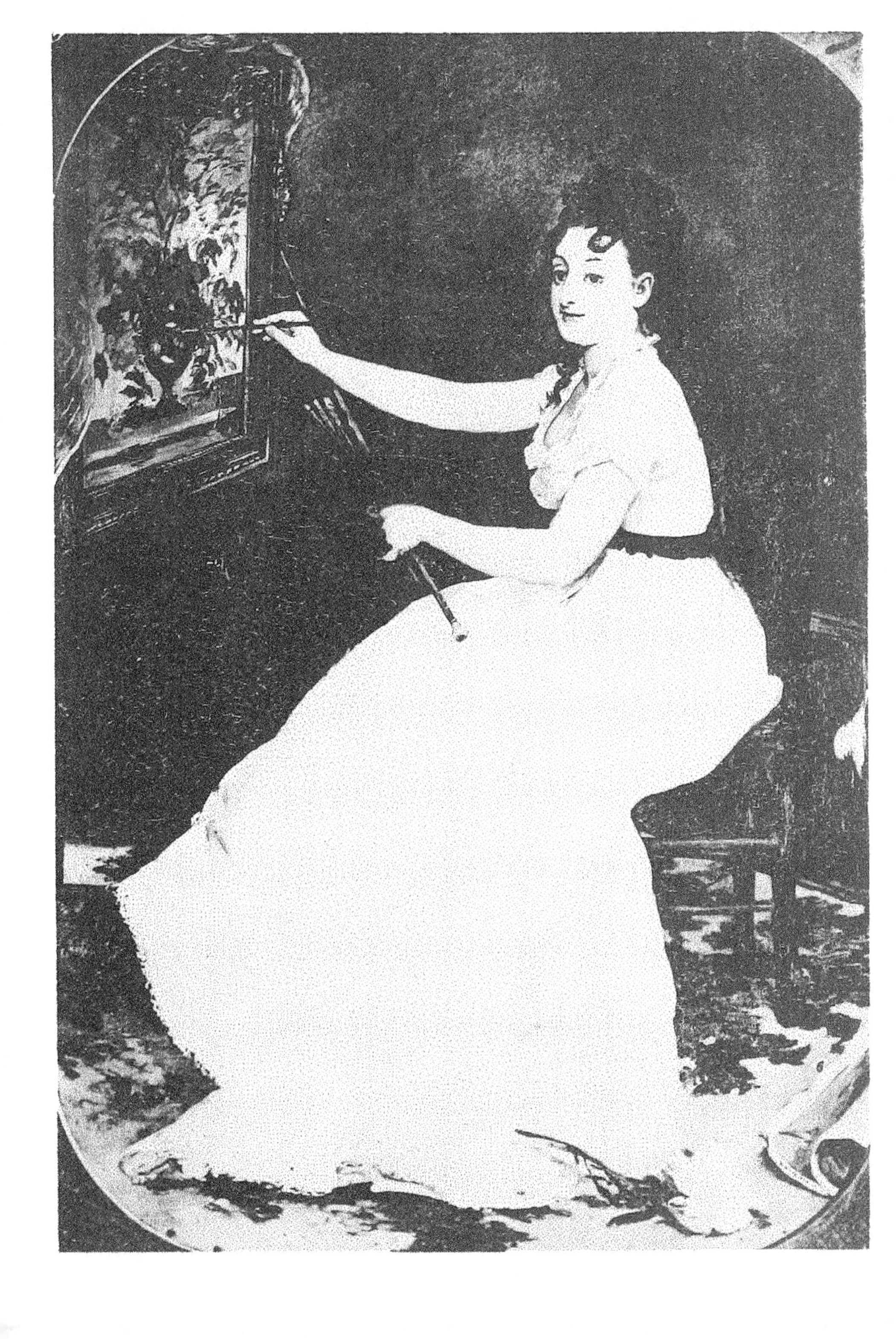

qualificatif qu'ils attendaient en quelque sorte et qui répondait tout juste à leurs idées. Aussi Manet et ses amis furent-ils désignés généralement, à ce moment et pendant quelques années après, comme formant l'école des Batignolles.

Il n'y a jamais eu d'école des Batignolles. Cette désignation ne s'est produite et n'a été appliquée qu'à faux. Au moment où elle naissait et trouvait cours, Manet et ses amis ne formaient pas encore d'école. Manet etait en train de produire, selon la pente de sa nature. Autour de lui s'étaient réunis des jeunes gens, qui subissaient son influence et s'appropriaient sa manière de peindre en clair et par tons tranchés, sans pour cela devenir ses élèves. Ces débutants en étaient eux-mêmes alors à la période des essais et ce n'est que plus tard que, développés d'après des tendances communes, ils se distingueraient assez pour qu'on eût besoin de leur trouver un nom spécial et alors on les appellerait Impressionnistes. Mais, en attendant, Manet et eux n'étaient reliés par aucun lien de maître et d'élèves; ce qui les avait mis et les tenait ensemble était un mutuel besoin d'indépendance et de nouveauté.

Il ne faudrait pas croire non plus, en regardant le tableau de Fantin, que les amis de Manet eussent l'habitude de s'assembler dans son atelier, tels qu'ils y sont représentés. C'était par une licence d'artiste, pour parvenir à les montrer tous ensemble, que Fantin avait conçu son groupement, qui n'a jamais existé que sur la toile. Manet avait bien son atelier aux Batignolles, mais ce n'était point un lieu de rencontre. Il était situé dans une maison assez pauvre de la rue Guyot, une rue écartée, derrière le parc Monceau. La maison, qui n'existe plus, était entourée de chantiers, de dépôts de toutes sortes, avec des cours et des espaces vides. Ce quartier alors peu habité a été depuis entièrement transformé.

L'atelier consistait en une grande pièce, presque délabrée. On n'y voyait que les tableaux produits, disposés en piles contre la muraille, avec ou sans cadres. Comme Manet n'avait encore vendu qu'une ou deux toiles, son œuvre se trouvait là tout entière accumulée. Il demeurait fort à l'écart. Il ne recevait la visite que des amis intimes. Il se trouvait donc dans les meilleures conditions pour travailler, aussi a-t-il à ce moment beaucoup produit. Outre les tableaux exposés aux Salons, il a encore peint les deux toiles des *Philosophes,* des hommes en pied, enveloppés de manteaux et d'une figure assez résignée pour avoir suggéré le titre. Dans la même donnée, il peignit encore le *Mendiant,* un véritable chiffonnier qu'il avait rencontré et fait venir à son atelier. Il a tiré de ce sujet, si pauvre en lui-même, une de ces harmonies qui lui étaient propres, en argentant le gris de la blouse et le bleu du pantalon. Il peignait aussi la *Joueuse de guitare,* une jeune femme vêtue de rose et de blanc, qui pince de la guitare et dont la physionomie est d'une saveur particulière. Les *Bulles de savon*, un morceau d'une touche sobre et puissante, un jeune garçon, la tête relevée, un vase d'eau de savon à la main, souffle des bulles dans l'air.

En 1867 et 1868 il peignit l'*Exécution de Maximilien*, qui, avec les généraux Mejia et Miramont, avait été fusillé à Queretaro, au Mexique, le 19 juin 1867. Cette composition de grandes dimensions tient une place importante dans son œuvre. Elle est unique en son genre. Elle est la seule qui donne une scène peinte, sans avoir été vue. Elle constitue presque une création de cet ordre auquel Manet avait voué une si grande aversion dans l'atelier de Couture, la peinture d'histoire. L'arrangement l'occupa pendant des mois. Il s'enquit d'abord des circonstances et des détails du drame. C'est ainsi que, selon ce qui a réellement eu lieu, les trois fusillés sont placés à une distance exceptionnellement rapprochée du peloton d'exécution. Lorsqu'il se crut sûr de son effet, il se mit à peindre le tableau, en faisant poser une escouade de soldats, qu'on lui prêta d'une caserne, pour représenter le peloton d'exécution. Il fit aussi poser deux de ses amis, en transformant leurs visages, pour figurer les généraux Mejia et Miramont. La tête de Maximilien seule a été peinte d'une manière conventionnelle, d'après une photographie. Une première composition et même une seconde ne lui ayant pas paru conformes aux renseignements précis qu'il avait fini par recueillir, il repeignit l'œuvre une troisième fois, sous une forme arrêtée et définitive.

Dans ce même atelier de la rue Guyot, il peignit encore mon portrait, en 1868. J'eus ainsi l'occasion de saisir sur le fait les propensions et les habitudes qui le guidaient dans son travail. Le petit portrait devait représenter l'original debout, la main gauche placée dans la poche du gilet, la droite appuyée sur une canne. Le costume est un « complet » gris, se détachant sur fond gris. Mais lorsqu'il eut été peint, que je le considérais comme heureusement terminé, je vis cependant que Manet n'en était pas satisfait. Il cherchait à y ajouter quelque chose. Un jour que je revins, il me fit remettre dans la pose où il m'avait tenu et plaça près de moi un tabouret, qu'il se mit à peindre, avec sa couverture d'étoffe grenat. Puis il eut l'idée de prendre un volume broché, qu'il jeta sous le tabouret et peignit de sa couleur vert clair. Il plaça encore sur le tabouret un plateau de laque avec une carafe, un verre et un couteau. Tous ces objets constituaient une addition de nature morte, de tons variés, dans un angle du tableau, qui n'avait point été prévue et que je n'avais pu soupçonner. Mais après il ajouta un objet encore inattendu, un citron, sur le verre du petit plateau.

Je l'avais regardé faire ces additions successives assez étonné, lorsque, me demandant quelle en pouvait être la cause, je compris que j'avais en exercice devant moi sa manière instinctive et comme organique de voir et de sentir. Evidemment le tableau tout entier gris et monochrome ne lui plaisait pas. Il lui manquait les couleurs qui pussent contenter son œil et, ne les ayant pas mises d'abord, il les avait ajoutées ensuite, sous la forme de nature morte. Ainsi cette pratique des tons clairs juxtaposés, des « taches » lumineuses, qu'on lui reprochait comme un « bariolage », qu'on l'accusait d'avoir adoptée délibérément, pour se distinguer quand même de tous les autres, était, dans les profondeurs de l'être, l'instinct le plus franc, la manière la plus naturelle de sentir. Mon portrait n'avait été fait que pour lui et pour moi, je n'avais aucune idée de l'exposer et, en le peignant tel qu'il l'avait successivement complété, je puis certifier qu'il n'avait pensé qu'à se satisfaire lui-même, sans aucun souci de ce qu'on en pourrait dire.

Examinant depuis ses tableaux, à la lueur que le complément apporté à mon portrait m'avait donnée, j'ai retrouvé partout cette même pratique d'additions de parties claires, où il surélève, pour ainsi dire, la note du coloris, à l'aide de quelques tons tranchés et à part des autres. C'est ainsi que dans *le Déjeuner sur l'herbe* se trouvent répandus sur le sol les accessoires multicolores. C'est ainsi que dans l'*Olympia* il a mis le gros bouquet de fleurs variées et le chat noir, contre les blancs du lit. C'est ainsi que dans son tableau l'*Artiste,* conçu précisément dans une note générale grise, comme mon petit portrait, il a peint, par derrière le personnage debout, un chien dans les tons clairs et en lumière. Par là s'explique son goût pour les natures mortes qu'il place, comme accessoires ou comme fond, dans les œuvres où il semble que d'autres n'eussent point pensé à les mettre : dans le *Portrait d'Emile Zola,* dans le *Bar aux Folies-Bergère.* Elles lui offraient le moyen d'introduire ces juxtapositions de couleurs vives qui étaient la joie de son œil. De même, dans le *Balcon,* le balcon vert au premier plan et, dans l'*Argenteuil,* le bleu éclatant du fond, lui fournissaient l'occasion qu'il recherche d'avoir une note surélevée de couleur, venant se superposer à la gamme déjà claire de l'ensemble.

On comprend dès lors l'opposition que ses œuvres devaient rencontrer. Elles révélaient une pratique diamétralement opposée à celle que les autres suivaient, enseignée et recommandée dans les ateliers. Les autres atténuaient l'éclat du coloris, fondaient les tons, enveloppaient les contours d'ombre. Lui supprimait les ombres, mettait tout en clair, juxtaposait les tons tranchés et, par-dessus l'ensemble, plaçait encore quelque note accentuée de couleur. L'habitude de Manet, en exécutant une œuvre, était donc d'aller, dans une voie ascensionnelle, vers le coloris de plus en plus éclatant et les tons de plus en plus clairs. Mais il y avait si bien là le jeu d'une propension naturelle, que ce qu'il faisait dans les cas particuliers, il l'a fait d'ensemble, à travers le temps. L'effort qui apparaît dans chaque tableau, pour y mettre plus de clarté, s'est retrouvé dans le développement graduel de l'œuvre. On y reconnaît la volonté constante d'obtenir un surcroît de clarté : ce qu'il a en effet réalisé, puisque, des débuts à la fin, ses productions, rangées chronologiquement, laissent voir une marche ininterrompue vers un éclat de plus en plus grand et une lumière de plus en plus vive.

S'il avait rejeté la manière traditionnelle de distribuer l'ombre et la lumière, pour suivre un système de coloris propre, il agissait avec la même indépendance en procédant à la facture du tableau. Il se comportait alors avec une telle hardiesse, qu'on peut dire qu'il entrait dans son travail une grande part d'impulsion et qu'il ne connaissait point le métier fixe. Les peintres, en général, ont leur chemin tracé. Les sujets qu'ils abordent sont strictement définis. Ils en écartent ce qui sort des limites marquées. Ils peignent dans leurs ateliers, où l'arrangement des lumières leur est connu. Ils savent quelle pose ils donneront à leurs modèles ou, s'ils se permettent un arrangement nouveau, ils en scrutent d'abord les parties par des dessins ou des études, de manière à s'assurer que les difficultés ne seront pas trop grandes ou, s'ils en découvrent de telles, de manière à les éliminer. Ainsi précautionnés, ils se mettent à l'œuvre et, comme ils ont d'ailleurs, pour la plupart, un métier convenable et une pratique transmise, ils exécutent sans difficulté et font l'admiration de ceux qui les regardent peindre, à coup sûr et avec une réussite certaine.

Manet, lui, n'avait pas de cercle circonscrit, il peignait indifféremment tout ce que les yeux peuvent voir : les êtres humains sous tous les aspects, dans les arrangements les plus divers, le paysage, les marines, les natures mortes, les fleurs, les animaux, en plein air ou dans l'atelier. Variant sans cesse, il ne se tenait point à un sujet une fois réussi, pour le répéter. L'innovation, la recherche perpétuelle formaient le fond de son esthétique. Son moyen principal était la peinture à l'huile, mais il usait aussi de l'aquarelle, du crayon, de la plume, du pastel et, comme graveur, de l'eau-forte et de la lithographie.

Avec ce système de tout peindre, d'employer les procédés les plus divers, de ne point répéter une œuvre une fois faite, il ne connaissait pas, lui, les facilités du chemin battu. Il ne pouvait arriver à l'exécution semblable et se maintenir dans la régulière tenue. Pour donner une idée de sa manière hardie, opposée à celle des autres, il faut le comparer à ce cavalier qui, dans la chasse à courre, se jette à travers champs, aborde, pour les sauter, tous les obstacles, haies, murs, rivières et précipices, pendant que les autres se limitent prudemment à sauter les moindres et ensuite passent par les barrières ouvertes et finissent sur la grande route. Evidemment le premier cavalier, en arrivant au but, pourra avoir son chapeau bosselé, ses habits foulés, il se sera éclaboussé au saut des rivières, peut-être même aura-t-il vidé un instant les étriers, pendant que les autres demeureront corrects, sans avoir subi de déconvenue. Mais c'est celui qui s'est lancé à travers champs qui est le grand cavalier, et c'était Manet qui, avec son système d'aborder n'importe où, n'importe

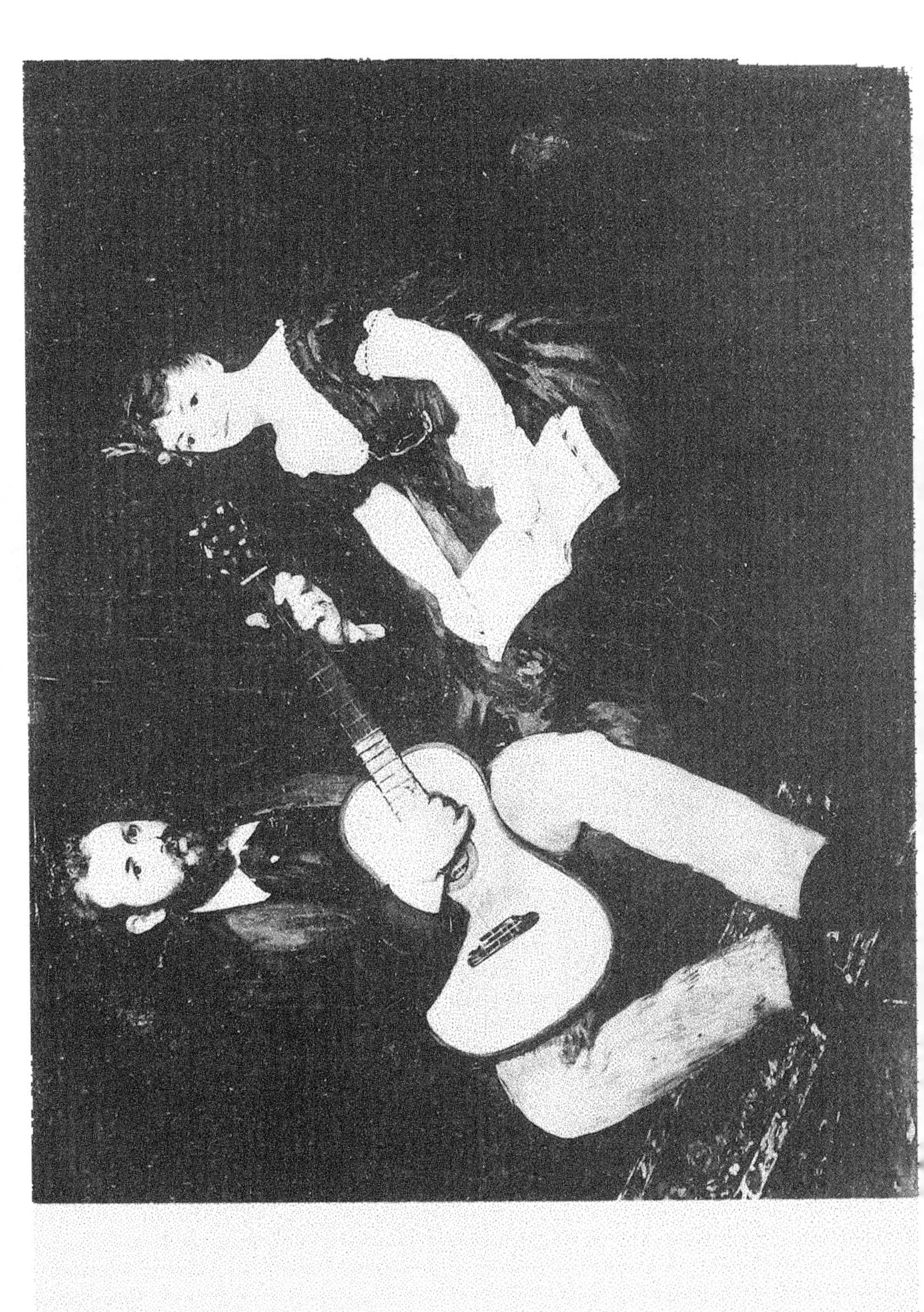

comment, n'importe quel sujet, était, parmi les autres, le véritable, le grand artiste.

Le Salon de 1870 était récemment fermé, quand éclata la guerre franco-allemande, suivie de l'invasion et du siège de Paris. Le groupe d'hommes formé autour de Manet, qui se réunissait au café Guerbois, se dispersa. Les uns s'en allèrent avec leur famille en province, d'autres devinrent soldats, comme Bazille, que Fantin-Latour avait placé au premier plan de son *Atelier aux Batignolles* et qui devait être tué à la bataille de Beaune-la-Rolande. Ceux qui restèrent à Paris entrèrent, à divers titres, dans la garde nationale ou dans ces fonctions que les besoins nouveaux, nés du siège, faisaient créer. Il ne fut plus question pour personne de poursuites littéraires et artistiques. Manet ferma son atelier des Batignolles, qu'on supposait pouvoir être atteint par le bombardement. Il déménagea ses tableaux. Il devint officier d'état-major de la garde nationale. Dépourvu de connaissances militaires, il n'était désigné par aucune aptitude spéciale pour tenir un poste quelconque. Mais il faisait, comme tout le monde, acte de dévouement, il revêtait l'uniforme et, quoique son service ne fût généralement que nominal, il assista à la bataille de Champigny et y porta des ordres, dans le rayon du feu.

Devenu officier d'état-major, il avait pour chef Meissonier, colonel dans le corps de l'état-major. Il n'y avait jamais eu entre eux la moindre relation, placés qu'ils étaient aux deux pôles de l'art. Voilà que le service militaire les rapprochait tout à coup, et mettait l'un, artiste jeune et combattu, sous les ordres de l'autre, en pleine gloire, et important par l'âge et le grade. Manet, qui avait la vieille urbanité française dans les moelles et était extrêmement sensible aux procédés, fut très froissé de la manière dont Meissonier le traita, affectant, à son égard, une sorte de formalisme poli, mais d'où toute idée de confraternité était bannie. Meissonier ne parut jamais savoir qu'il fût peintre. Manet devait se souvenir de ce traitement et, quelques années après, il y répondit. Meissonier exposait chez Petit, rue St-Georges, son tableau *la Charge des cuirassiers,* qu'il venait de peindre. Manet alla le voir. Sa venue excita tout de suite l'attention des visiteurs, qui se groupèrent autour de lui, curieux de savoir ce qu'il pourrait dire. Il donna alors son opinion : « C'est très bien. C'est vraiment très bien. Tout est en acier, excepté les cuirasses. » Le mot courut Paris.

Dans beaucoup de familles, on avait, avant l'investissement de Paris, fait partir les femmes, les enfants et les vieillards, pour diminuer d'autant les bouches à nourrir, les hommes valides étaient seuls restés. La mère et la femme de Manet s'étaient ainsi réfugiées à Oloron, dans les Pyrénées. Il alla les rejoindre après le siège. Il reprit ses pinceaux, dont il ne s'était pas servi depuis des mois, pour peindre diverses vues, à Oloron, à Arcachon et le *Port de Bordeaux.* Il a trés bien rendu, dans ce dernier tableau, le fouillis des navires à l'ancre et donné l'aspect d'un grand port.

Rentré à Paris à la fin de la Commune, il put assister à la bataille, qui s'engagea dans les rues, entre l'armée de Versailles et les gardes nationaux fédérés. Il a comme synthétisé dans une lithographie, *la Guerre civile*, l'horreur de cette lutte et de la répression qui la suivit.

VIII.

LE BON BOCK

Le siège de Paris et l'insurrection de la Commune, qui n'avait été vaincue qu'à la fin de mai, avaient amené une telle perturbation dans l'existence nationale, qu'en 1871 il ne put y avoir de Salon. Mais lorsque la paix à l'extérieur comme à l'intérieur fut rétablie, une sorte d'émulation générale porta tout le monde à se remettre au travail et aux affaires, afin de se relever des désastres. Manet vit venir à ce moment, pour la première fois, un acheteur important. Il avait prié Alfred Stevens de l'aider à placer quelques tableaux et lui en avait remis deux, à cet effet, une nature morte et une marine. Stevens les avait montrés à M. Durand-Ruel qui, comme marchand, commençait à acheter les productions de la nouvelle école. C'était un connaisseur, capable d'apprécier les œuvres d'après leur mérite intrinsèque, il avait donc pris les deux tableaux. Puis, satisfait de cette première affaire, il était allé presque aussitôt trouver Manet et, faisant chez lui un nouveau choix, avait ainsi acquis, en janvier 1872, un total de vingt-huit toiles pour 38.600 francs. Cette vente devait réjouir Manet et enthousiasmer les jeunes peintres, ses amis. Il semblait qu'un vent favorable fût venu tout à coup enfler les voiles et que le temps des difficultés fût passé. Ce n'étaient là que des illusions.

M. Durand-Ruel avait fait un coup d'audace, un acte téméraire, en achetant les œuvres d'un peintre aussi généralement réprouvé que Manet. Rien ne lui servit de vouloir en forcer la vente. Elles lui restèrent sur les bras. En se faisant l'introducteur et le représentant d'une école nouvelle, honnie de presque tous, il souleva contre lui le plus grand nombre des collectionneurs, les autres marchands et même les critiques et la presse. A partir de ce moment, il dut cesser d'être neutre pour devenir partisan, multiplier les achats et prendre part ainsi, comme bailleur de fonds, au combat que Manet et ses amis poursuivaient pour se faire accepter. Il eut à connaître lui aussi les déceptions qui, à chaque occasion où il croyait toucher au succès, le lui montraient s'évanouissant, pour devenir d'une réalisation de plus en plus problématique. Et ce ne fut qu'après de longues années de sacrifices pécuniaires, l'ayant fait passer par un véritable embarras d'argent, qu'il devait enfin obtenir la juste rémunération de ses efforts et de sa mise de fonds.

1872 vit reprendre la tenue des Salons annuels interrompue en 1871. Le Salon de cette année attira d'autant plus l'attention que beaucoup y apparaissaient avec des envois qui portaient la marque de l'époque tragique que l'on venait de traverser. Manet ne se trouva point prêt à exposer des œuvres nouvelles. Il envoya un tableau peint en 1866, mais alors représentant une action militaire qui, après la terrible guerre dont on sortait, prenait comme un caractère d'actualité. C'était le *Combat du Kearsage et de l'Alabama.* Le Kearsage de la marine des Etats-Unis avait coulé en 1864, en vue de Cherbourg, le corsaire des Etats Confédérés du Sud : l'Alabama. L'Alabama s'était longtemps tenu réfugié à Cherbourg, pour éviter d'être pris ou détruit par le Kearsage, beaucoup plus fort que lui, mais enfin le capitaine Semmes, qui le commandait, lassé de rester bloqué, s'était résolu à se mesurer avec l'adversaire, quels que fussent les risques. Le combat avait eu cette particularité, qu'annoncé d'avance, il avait pu se livrer en présence d'un certain nombre de navires et de bateaux, tenus à portée. Manet informé à temps, venu à Cherbourg, en avait été lui-même spectateur sur un bateau-pilote. C'était donc une scène vue qu'il avait représentée. Il connaissait très bien la mer, pour avoir été quelque temps marin dans sa jeunesse et, lorsqu'il l'a peinte, il l'a généralement montrée comme une plaine qui s'élève vers l'horizon, ce qui est bien en effet l'apparence qu'elle prend, quand on la regarde des grèves ou d'un bateau, à ras l'eau.

Manet avait représenté, dans son *Combat du Kearsage et de l'Alabama,* la plaine liquide montant vers l'horizon, où les deux navires, enveloppés d'un nuage de fumée, se combattaient. L'Alabama vaincu s'abîmait sous l'eau. Cette façon de peindre une marine avait au Salon déconcerté le public qui, habitué à censurer Manet, s'était mis une fois encore à l'accuser d'excentricité voulue. Cependant ce tableau très simple de facture, d'un ton presque uniforme, n'avait point trop excité l'hostilité. Plusieurs critiques et un certain nombre de connaisseurs avaient même trouvé à la scène un caractère de grandeur. Ce tableau était apparu après une interruption d'une année, où le public n'avait point eu l'occasion d'examiner les productions de son auteur, il ne causait aucun soulèvement particulier. Une sorte d'accalmie se faisait donc alors sur le nom de Manet. Les circonstances se trouvaient ainsi rendues favorables pour une péripétie qui allait se produire en sa faveur, au Salon de 1873 : il y verrait une de ses œuvres séduire le public et recueillir une louange quasi universelle.

Il avait envoyé deux tableaux *le Repos* et *le Bon Bock*. A cette époque, le jour qui précédait l'ouverture du Salon au public, que l'on appelait du « vernissage », était réservé à une élite d'artistes, de critiques, de connaisseurs, de gens de lettres et de gens du monde. Ces visiteurs triés étant allés voir, comme toujours, les tableaux de Manet avaient été séduits à première vue par *le Bon Bock*. Ils l'avaient tout de suite tenu pour une œuvre excellente. A la fin de la journée du « vernissage », les artistes, les critiques, les amis des peintres

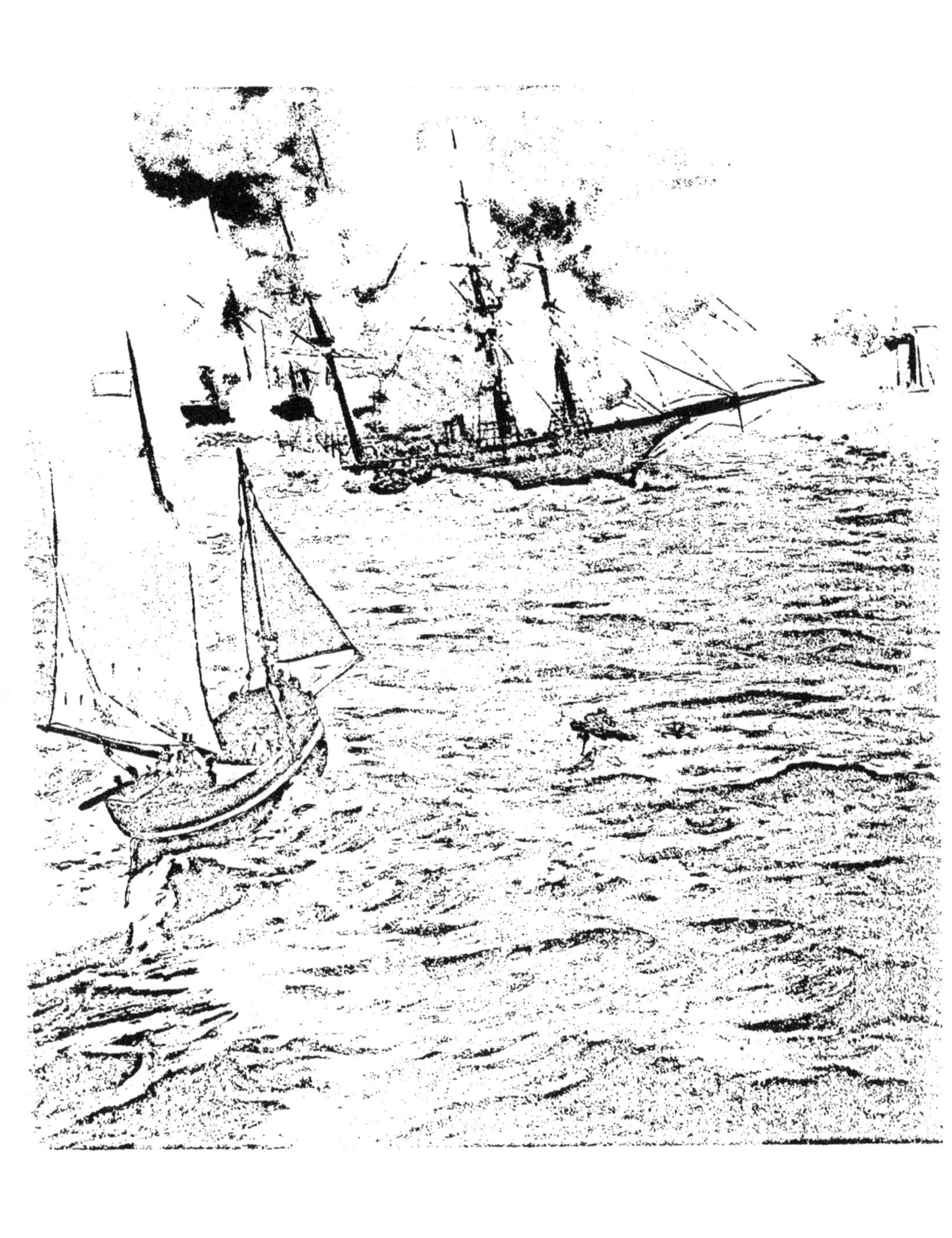

XIX. — COMBAT DU KEARSAGE ET DE L'ALABAMA

Sal

avaient coutume de se grouper dans le jardin du Palais de l'Industrie, réservé à l'exposition de la sculpture. Là on se communiquait les uns les autres ses premières impressions et, à la sortie, il était prononcé des jugements, qui se répandaient au loin et devaient être reproduits par la presse. Dans cette sorte d'aréopage, on avait ratifié l'opinion favorable d'abord formée à travers les salles sur *le Bon Bock*. On était convenu que Manet venait de peindre un très bon tableau. Ce jugement du public d'élite, propagé par la presse, fut accepté et propagé ensuite par le grand public des jours suivants, et les visiteurs, jusqu'à la clôture du Salon, éprouvèrent un grand plaisir à regarder ce *Bon Bock*. Ils déclarèrent que Manet venait enfin de s'amender et de produire une œuvre que l'on pût louer.

Le tableau ainsi goûté était un portrait du graveur Belot, naguère assidu au café Guerbois. Il était représenté en buste, de face, de grandeur naturelle, sa pipe à la bouche, qu'il tenait d'une main, pendant que de l'autre il tenait un verre de bière, un bon bock. Belot, doué d'une mine fleurie, semblait sourire, sur la toile, à ceux qui venaient le regarder. Dès qu'on arrivait devant, on se sentait agréablement pris par ce gros réjoui et on lui rendait son bon accueil en cordialité. Captivés ainsi d'abord, il n'y avait ensuite aucune particularité de facture qui pût offusquer. Le personnage, se détachant sur un fond gris, coiffé d'une sorte de bonnet de loutre, vêtu de gris, n'offrait aucune de ces juxtapositions de couleurs vives, capables d'irriter.

C'est ainsi que l'élite, la presse, le grand public, saisis d'abord par le côté attrayant du sujet et n'y trouvant ensuite aucun de ces traits qui pussent les heurter, se déclaraient cette fois-ci pleinement satisfaits d'une œuvre de Manet.

La popularité du *Bon Bock* assurée dès le premier jour, ne fit ensuite que s'accroître. Le tableau fut reproduit de toutes les manières, les revues de théâtre, à la fin de l'année, en firent un de leurs épisodes sensationnels, et un dîner, créé sous son nom par des artistes et des hommes de lettres et d'abord présidé par l'original, par Belot, devait durer après sa mort.

Cette survenue d'un tableau que l'on vantait permit à la presse et au public de revenir momentanément envers Manet à de meilleurs sentiments. Des critiques firent l'aveu que, dans leurs violences et leur mépris, ils s'étaient peut-être laissé entraîner trop loin. Mais critiques et public étaient surtout d'accord pour se féliciter eux-mêmes d'avoir longtemps pensé et dit que toutes ces violences, ce choix de motifs singuliers, ce « bariolage », dont Manet les avait offensés, n'étaient de sa part qu'un dévergondage de jeunesse, qu'un moyen violent d'attirer l'attention et qu'enfin un moment viendrait où il se mettrait à peindre selon les règles, comme les autres. Ils voyaient le changement attendu se produire avec le *Bon Bock* et le tableau leur plaisait d'autant plus qu'il les laissait contents d'eux-mêmes, pour avoir montré de la sagacité. Ce jugement des critiques et du public n'était que le produit de la pure imagination. Manet, en peignant son *Bon Bock,* avait agi avec sa naïveté de facture et sa franchise ordinaires. Si le tableau se trouvait favorablement accueilli au contraire des autres, la rencontre ne venait que de circonstances fortuites. Il ne s'était nullement douté qu'il produirait, en l'exécutant, une œuvre qu'on jugerait adoucie, qui plairait par exception et il demeurait tout surpris du succès.

Parmi ceux qui louaient *le Bon Bock,* il y avait aussi certains connaisseurs, qui expliquaient que les qualités du tableau étaient dues à l'influence de Frans Hals. Manet était allé, en 1872, faire un voyage en Hollande. Il avait revu les Frans Hals de Harlem, qui l'avaient si vivement frappé dans sa jeunesse. De retour à Paris, l'idée lui était venue, en souvenir, de peindre Belot un verre de bière à la main, et la pose du personnage, coupé à mi-corps et contenu dans un cadre restreint, une manière qui ne lui appartenait pas précisément, avait pu lui venir aussi comme réminiscence.

Il était donc certain qu'un connaisseur, devant le *Bon Bock,* pouvait penser à Frans Hals. Mais les ressemblances ne consistaient qu'en rapports de surface, qu'en imitation de pose. Comme facture et comme touche, l'œuvre était aussi personnellement de Manet que n'importe quelle autre qu'il eût peinte. Cette volonté d'appuyer sur les ressemblances, qui pouvaient exister entre *le Bon Bock* et les buveurs de Frans Hals, pour les signaler au public, n'était qu'une manière détournée de continuer à combattre Manet, en donnant à entendre qu'il ne savait peindre une œuvre acceptable qu'en s'inspirant d'un autre. Alfred Stevens s'était fait comme le truchement de ceux-là, en disant de Belot, le verre à la main : « Il boit de la bière de Harlem ». Le mot fut colporté. Stevens et Manet étaient depuis longtemps liés ensemble. Ils ne s'influençaient point comme artistes, leurs genres différaient, mais ils se voyaient presque chaque jour au café Tortoni. Manet, froissé d'être ainsi desservi par un ami, trouva l'occasion de lui rendre la monnaie de sa pièce. Stevens à quelque temps de là exposait, chez un marchand de la rue Laffitte, un tableau qu'il venait de peindre. Une jeune dame en costume de ville s'avançait le long d'un rideau, qu'elle semblait vouloir entr'ouvrir pour entrer par derrière dans un appartement. Stevens avait peint, par fantaisie, à côté d'elle, sur le tapis, un plumeau à épousseter. Manet dit alors de la dame, à la vue du plumeau : « Tiens ! elle a donc un rendez-vous avec le valet de chambre? » Stevens fut encore plus froissé du mot de Manet que celui-ci n'avait été du sien. Ils restèrent après cela longtemps en froid.

Cependant il y avait, au Salon de 1873, un autre tableau de Manet *le Repos*, exposé en même temps que *le Bon Bock*, mais celui-là ne rencontrait aucune faveur. Il était au contraire traité avec l'habituelle raillerie, qui acueillait les œuvres de son auteur. *Le Repos* représentait une jeune femme, vêtue de mousseline blanche, en partie assise, en partie étendue sur un divan, les deux bras jetés de chaque côté d'elle sur les coussins. Il avait été peint en 1869 et Mlle Berthe Morisot avait servi de modèle. L'originalité de Manet s'y déployait sans réserve. Dans un temps où l'on parlait toujours d'idéal, où l'on prétendait qu'une création artistique devait être idéalisée, c'était une œuvre qui renfermait une part certaine d'idéalisation. La jeune femme, avec son visage mélancolique et ses yeux profonds, avec son corps souple et élancé, à la fois chaste et voluptueux, donnait la représentation idéalisée de la femme moderne, de la Française, de la Parisienne. Mais le public et les critiques étaient alors incapables de découvrir l'idéal, lorsqu'il se rencontrait allié à la personnalité, car, à leurs yeux, il ne pouvait exister que sous des formes convenues et déterminées.

C'est-à-dire que, dans le culte voué à la Renaissance italienne, on en était arrivé à croire que la beauté, l'idéal, l'art lui-même dépendaient de certains caractères et étaient liés à des types particuliers. Dans ces idées, on croyait pouvoir conserver indéfiniment, par l'étude, la valeur que certaines formes avaient reçue à l'origine d'artistes réellement inventeurs. Alors, les uns après les autres, de maîtres en élèves, on s'imaginait que parce qu'on saurait dessiner les mêmes contours et peindre des lignes analogues, on perpétuerait les créations initiales Il eût suffi dans ce cas de posséder la faculté d'assimilation, d'être habile à imiter, pour parvenir au génie et se hausser à son niveau. Mais ces formes de l'art traditionnel, où l'on prétendait maintenir l'idéal, sous la répétition d'hommes médiocres avaient à la fin perdu toute valeur. Elles n'avaient plus ni souffle, ni vie et à plus forte raison ni poésie, ni idéal, car la poésie et l'idéal, comme le parfum de la fleur, ne peuvent être séparés de la vie. Ils ne sont attachés à aucune forme particulière, ils ne dépendent d'aucune esthétique spéciale, mais peuvent apparaître dans les conditions les plus diverses. Il leur faut seulement pour se manifester l'intermédiaire du véritable artiste, de l'homme heureusement doué, de l'inspiré, du sensitif qui, devant les choses, voit se former en lui des images qui acquièrent des formes embellies, des contours ennoblis, un coloris éclatant, toute une parure d'idéalisation.

La tradition, quel qu'ait été le génie initial, ne peut rien transmettre de grand. Les écoles traditionnelles finissent toutes immanquablement par le pastiche et l'anémie. L'artiste qui pourra produire des formes ennoblies, des types véritablement idéalisés sera seul celui qui se remettra en face de la nature et de la vie, pour les rendre à nouveau, d'une manière originale. Manet regardait les hommes de son temps, les êtres vivants autour de lui, il leur trouvait leur beauté propre et la faisait ressortir. Quand il peignait un gros buveur, il lui donnait la gaîté, la face réjouie, que comportait sa nature, quand il peignait une jeune femme distinguée, il lui donnait le charme et la grâce, qui sont l'apanage de son sexe. Mais ce qui est bien fait pour montrer combien le public et, avec lui, les critiques de la presse au jour le jour sont incapables de jugements suivis et d'appréciations sérieuses, c'est qu'eux tous qui, depuis dix ans, pousuivaient Manet d'outrages, comme une sorte de barbare, contempteur de tout idéal, voué à un grossier réalisme, se prenaient tout à coup à louer une de ses œuvres, *le Bon Bock*, qui, selon leur esthétique et d'après leurs dires, était, de toutes, celle qu'ils auraient surtout dû repousser : un buveur avec une large panse, fumant sa pipe, le verre à la main. Et pendant qu'ils admiraient cette œuvre particulière, que leurs déclarations antérieures eussent dû les amener à flétrir, ils raillaient et bafouaient, en continuation de leur ancienne pratique, *le Repos*, une jeune femme distinguée, élégante, aux yeux d'un charme profond, un type féminin véritablement idéalisé.

En somme, ce qui se produisait à l'occasion de Manet était d'ordre naturel. La conduite que l'on tenait envers lui est celle que l'on a partout tenue envers les novateurs qui viennent s'opposer aux modes transmis pour leur en substituer d'autres. On commençait par l'injurier, par repousser ses productions en bloc, comme venues d'une esthétique monstrueuse et d'un travail grossier, mais tout en les méprisant, on allait les regarder chaque année, on stationnait devant, on se familiarisait avec elles. Les traits par lesquels elles se rapprochaient le plus des autres se faisaient alors peu à peu accepter.

C'est de là que venait le succès du *Bon Bock*. Le tableau ne comportant pas, par son arrangement, ces côtés d'originalité absolue contre lesquels on se soulevait, on se laissait aller exceptionnellement à le louer. Selon la règle on se prenait d'abord à goûter l'art de Manet par celle de ses œuvres où le caractère propre était mitigé, où l'audace manquait par hasard ou se trouvait voilée. La grande originalité n'est jamais admise qu'à la longue. Que se passe-t-il lorsqu'un peintre se développe ? Les œuvres du début qui, à leur apparition, ont été critiquées et méprisées, dix ans après, quand leur auteur a accentué sa manière, sont déclarées excellentes, pour servir à attaquer les nouvelles, qu'on ne louera à leur tour que beaucoup plus tard.

Le temps est un intermédiaire essentiel. Combien, parmi les plus grands, ont travaillé et produit toute leur vie, sans être réellement appréciés et dont les œuvres capitales n'ont obtenu la reconnaissance que longtemps après leur mort ! Rembrandt a vu vendre son mobilier et ses collections à l'encan, pour procurer à ses créanciers, quelques milliers de florins que son travail ne pouvait leur obtenir. Il est mort ensuite obscurément, si bien que les derniers temps de sa vie sont entourés d'incertitude. Et en France, à Paris, parmi les toiles que l'on possédait de lui, se trouvait un *Saint Mathieu*, puissant au suprême degré et qui par là même déplaisait. On le laissait dans l'ombre, pour lui préférer des œuvres plus douces; les critiques qui écrivaient des livres sur le maître, il n'y a encore que quelques années, en parlaient sous réserves. On y est venu à ce *Saint Mathieu* et à l'ange qui l'inspire, on a enfin su les

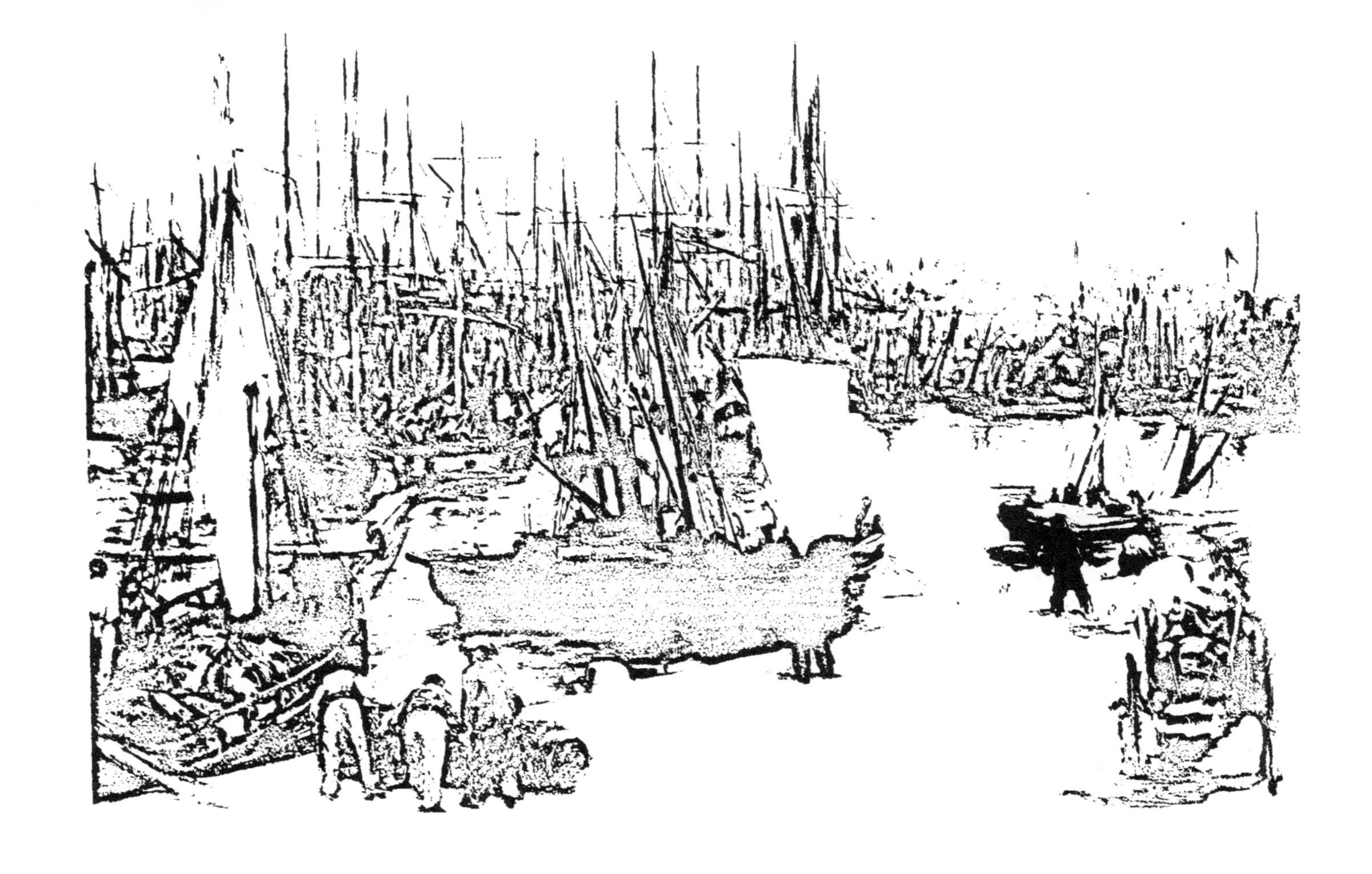

XX. — LE PORT DE BORDEAUX

apprécier, on les a mis à une place d'honneur au Louvre, mais alors que depuis deux cent trente ans celui qui les avait peints était mort.

Manet, quelque temps après le siège, avait dû abandonner son atelier de la rue Guyot, la maison ayant été démolie. Il était alors venu s'établir dans une vaste pièce, une sorte de grand salon, à l'entresol, 4, rue de St-P.étersbourg. Il ne se trouvait plus là à l'écart, mais en plein Paris. Aussi la solitude dans laquelle il avait précédemment vécu et travaillé prit-elle fin. Il reçut les visites plus rapprochées de ses amis. Il fut aussi fréquenté par un certain nombre d'hommes et de femmes, faisant partie du Tout-Paris, qui, attirés par son renom et l'agrément de sa société, venaient le voir et, à l'occasion, consentaient à lui servir de modèles. Avec son désir de rendre la vie sous tous ses aspects, il put alors aborder de ces sujets parisiens qui lui étaient interdits dans son isolement de la rue Guyot. C'est ainsi qu'il peignit en 1873 son *Bal de l'Opéra,* un tableau de petites dimensions, qui lui prit beaucoup de temps. A proprement parler ce n'est pas le bal de l'Opéra qui est montré, puisque la scène ne se passe pas dans la salle, lieu de la danse, mais dans le pourtour, derrière les loges. Les personnages sont surtout des hommes en habit et en chapeaux à haute forme, assemblés avec des femmes en domino noir. Le ton du tableau est donc d'un noir presque uniforme et il a fallu une singulière sûreté de coup d'œil pour empêcher l'absorption des détails par le fond monochrome.

Sur l'ensemble des costumes noirs se détachent cependant quelques femmes travesties et, par elles, des couleurs vives viennent mettre des notes d'éclat et écarter la monotonie.

Selon son habitude de choisir ses modèles dans la classe même des gens à représenter, les personnages de son *Bal de l'Opéra* furent pris parmi les hommes du monde, ses amis. Ils durent venir, par groupes de deux ou trois ou isolément, en habit noir et en cravate blanche, poser dans son atelier. Il fit entrer ainsi dans l'assemblage : Chabrier, le compositeur de musique; Roudier, un ami de collège; Albert Hecht, un des premiers amateurs qui eût acheté de sa peinture; Guillaudin et André, deux jeunes peintres; un colonel en retraite, etc. Il tenait à s'assurer des types divers et à ce que, dans leur variété, ils conservassent leur physionomie et leurs allures propres. Les hommes, par exemple, ont leurs chapeaux placés sur la tête de la façon la plus diverse. Ce n'est point là le résultat d'un arrangement fantaisiste, mais bien de la manière dont tous ces hommes se coiffaient réellement. Il leur disait, en effet : « Comment mettez-vous votre chapeau, sans y penser et dans vos moments d'abandon? eh bien! en posant, mettez-le ainsi et non pas avec apprêt. » Il poussait si loin le désir de serrer la vie, de ne rien peindre de chic, qu'il variait ses modèles, même pour les figurants de second plan dont on ne devait voir qu'un détail de la tête ou une épaule. Il m'utilisa personnellement, en me prenant une part de chapeau, une oreille et une joue avec la barbe.

Cette moitié de visage ne pourrait être aujourd'hui reconnue et recevoir un nom, mais au moment où il la peignait, il trouvait qu'elle animait la scène pour sa part et qu'elle était très ressemblante.

Il peignit, à peu près dans le même temps que le *Bal de l'Opéra, la Dame aux éventails.* C'est encore là un tableau parisien. La femme qui a posé était très connue pour son originalité de caractère et de visage. Elle est étendue sur un canapé, vêtue d'un costume de fantaisie et autour d'elle, sur la muraille, sont placés des éventails. Dans le *Monde nouveau,* en mars 1874, une petite revue d'art et de littérature dirigée par Charles Cros, qui n'a eu que trois numéros devenus introuvables, a paru, sous le titre *la Parisienne,* un bois dessiné par Manet, gravé par Prunaire, pour lequel avait posé cette même femme peinte dans *la Dame aux éventails.*

Manet vit venir vers lui, en 1873, le poète Stéphane Mallarmé. La connaissance conduisit à une vive amitié. Mallarmé devint un de ses constants visiteurs. Manet devait illustrer plusieurs de ses ouvrages, le *Corbeau,* traduit d'Edgar Poe en 1875, *l'Après-midi d'un* Faune en 1876, et peindre son portrait même, en 1877. Le café Guerbois était à ce moment-là abandonné. Les réunions qui s'y tenaient avant la guerre n'avaient point été reprises après. Les assidus du lieu, dispersés, vivaient maintenant trop loin les uns des autres pour pouvoir se retrouver fréquemment ensemble. Cependant comme Manet avait besoin de se rencontrer avec ses amis, il avait choisi, pour y venir le soir, le café de la Nouvelle-Athènes, sur la place Pigalle, fréquenté par un monde mélangé d'artistes et d'hommes de lettres et là, pendant quelques années, les anciens habitués du café Guerbois purent se revoir à l'occasion.

En 1874 Manet envoya au Salon deux tableaux, le *Chemin de fer* et le *Polichinelle,* mais sans retrouver le succès que *le Bon Bock* lui avait valu l'année précédente. Avec son système de peindre chaque fois devant la nature des scènes nouvelles, il ne pouvait profiter d'un succès acquis, pour en obtenir à coup sûr un second. Cet avantage, que tant d'autres savent s'assurer, lui était, de par son esthétique, interdit. La plupart, lorsque certains sujets leur ont gagné la faveur publique, s'y cantonnent et n'en sortent plus. On a eu ainsi de tout temps des peintres qui, en se répétant, ont trouvé les louanges et la fortune. Il leur suffit, pour ne pas lasser, de varier les détails. Public et critiques acceptent volontiers cette pratique. Ils n'ont aucune peine à prendre pour suivre l'artiste, qui ne se renouvelle point. La connaissance une fois liée peut se poursuivre indéfiniment sur le même pied. Le public, ne se doutant pas que la répétition, l'imitation de soi-même sont en art odieuses, trouve agréable de n'avoir point à faire cet effort d'attention que demande l'examen de sujets sans cesse renouvelés comme forme et comme fond. C'est ainsi que les artistes sages, s'adaptant au goût moyen, cheminent contents d'eux-mêmes, sûrs du succès, pendant que les vrais créateurs, tourmentés du

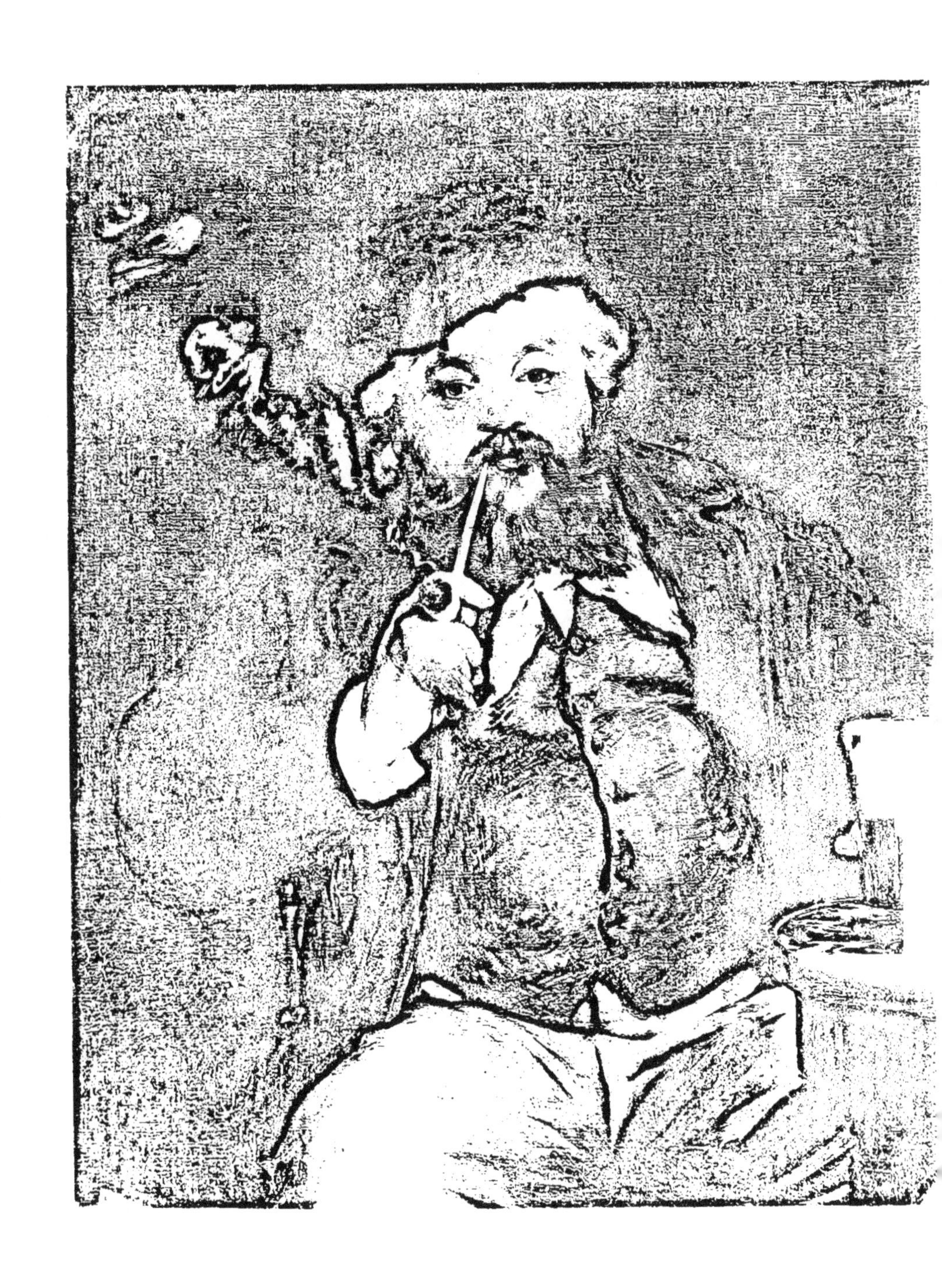

XXI. — LE BON BOCK

besoin de se renouveler, passent leur vie à combattre et reçoivent les horions.

Manet en faisait l'expérience en 1874. Après avoir vu son *Bon Bock*, l'année précédente, devenir populaire et lui attirer les louanges, il voyait maintenant son *Chemin de fer* susciter les vieilles railleries. Ce tableau marquait une nouveauté parmi ses envois au Salon, celle de la peinture en plein air. Il l'avait exécuté dans un jardinet, placé derrière une maison de la rue de Rome. Le public et la presse ne s'étaient pas bien rendu compte, pour en raisonner, qu'il s'agissait d'une œuvre produite directement en plein air. Ils avaient tout simplement, comme d'habitude, été offensés par l'apparition des couleurs vives, mises côte à côte, sans interposition de demi-tons et d'ombres conventionnelles.

Au reproche d'être peint dans une gamme trop vive, qu'on faisait au tableau, s'ajoutait celui de présenter un sujet « incompréhensible ». Il n'y avait en effet, à proprement parler, pas de sujet sur la toile, les deux êtres qui y figuraient ne s'y livraient à aucune action significative ou amusante. Car le public ne cherche et ne regarde dans une œuvre que l'anecdote, qui peut s'y laisser voir. Le mérite intrinsèque de la peinture, la valeur d'art due à la beauté des lignes ou à la qualité de la couleur, choses essentielles pour l'artiste et le vrai connaisseur, restent incompris et ignorés des passants. Or Manet avait mis dans son *Chemin de fer* deux personnes sur la toile, pour qu'elles y fussent simplement représentées vivantes. Il agissait ainsi en véritable peintre et eût pu se recommander des maîtres hollandais, qui ont si souvent tenu leurs personnages oisifs, ne se livrant à aucune action particulière. Il avait représenté une jeune femme vêtue de bleu, assise contre une grille et tournée vers le spectateur, pendant que, près d'elle, debout, une petite fille en blanc se tenait des deux mains aux barreaux. Cette grille servait de clôture à un jardinet, dominant la profonde tranchée où passe le chemin de fer de l'Ouest, près de la gare St-Lazare. Par derrière les deux femmes, se voyaient des rails et la vapeur de locomotives, d'où le titre du tableau.

Le Chemin de fer, le plus important par les dimensions, était, des deux envois au Salon, celui qui attirait surtout les regards. L'autre, le *Polichinelle,* dans un petit cadre, passait presque inaperçu. Cependant il plaisait assez à ceux qui venaient le regarder et il devait plaire tout particulièrement à quelqu'un. Mme Martinet, appartenant à la riche bourgeoisie parisienne, était liée avec Manet, qu'elle recevait assez souvent à dîner. C'était une fête pour elle que cette venue d'un homme, dont la vivacité et la conversation brillante l'enchantaient. Elle l'avait en véritable amitié et eût bien voulu la lui témoigner, en lui prenant quelques tableaux. Mais la bonne dame ne s'y connaissait pas plus que les autres. Elle partageait le sentiment commun sur les œuvres de Manet, elle les trouvait désagréables. Elle disait, comme beaucoup de ceux qui rencontraient le peintre dans le monde : « Comment peut-il se faire qu'un homme si distingué peigne d'une manière si barbare ! » Enfin, en 1874, arrive le *Polichinelle,* qui la séduit. Le petit personnage, le chapeau sur l'oreille, la figure goguenarde, lui paraît charmant. Elle s'empresse de l'acquérir et satisfait ainsi l'envie qu'elle éprouvait de faire plaisir à son ami Manet, en lui montrant chez elle une de ses œuvres.

IX.

LES PORTRAITS

Il y a eu de tout temps des hommes qui ont su peindre le portrait de manière à plaire d'abord aux gens riches qui voulaient faire reproduire leurs traits, puis après à leurs parents, amis et connaissances et enfin à la foule, aux expositions.

L'exécution des portraits de cette sorte est généralement convenable. Les hommes à qui elle est due ont une science suffisante et une mise en œuvre appropriée. Ils savent donner une physionomie engageante à leurs modèles, en les peignant dans la formule qui a cours et selon les règles du dessin accepté. Ils se gardent d'accentuer les traits, lorsqu'ils sont d'un caractère tranché et offrent des particularités qui pourraient être considérées comme de la laideur. Cependant, aux traits peints de cette manière atténuée, ils s'appliquent à laisser une part d'individualité, pour qu'on puisse dire de leurs portraits qu'ils sont ressemblants.

Les hommes adonnés à cette forme de production parviennent encore à s'assurer la faveur, par le recours à des poses traditionnelles, par l'addition aux personnages d'accessoires à leur usage et surtout, lorsqu'il s'agit de femmes, par le choix, pour les vêtir, de costumes à la mode. Nombreux sont ceux qui ont trouvé, qui trouvent et qui trouveront, dans la peinture de portrait, pratiquée telle que nous venons de le dire, le succès et la fortune.

Il y a une autre sorte d'hommes, peignant le portrait d'une manière différente. Ceux-là ce sont les originaux, les artistes de tempérament, qui ont une manière propre de voir les choses, dont ils ne sauraient se départir, qui ont également un faire, des procédés personnels qu'ils appliquent à l'exécution de leurs œuvres sans dévier, comme étant seulement ceux qui leur permettent de fixer leur vision dans toute sa puissance. Manet étant de ceux-là, voyons l'accueil qui a été fait à ses portraits.

Il a longtemps soulevé une réprobation générale. Les gens riches, recherchant des portraits à leur gré, ne pouvaient donc penser à aller le trouver, pour qu'il reproduisit leurs traits, moyennant finance. Il a cependant peint un assez grand nombre de portraits, mais alors d'une manière désintéressée, sans qu'ils lui fussent payés. C'étaient ceux d'amis ou de connaissances. Dans ces conditions, il donnait cours, en les exécutant, à son originalité et les revêtait du caractère exceptionnel propre à toutes ses œuvres.

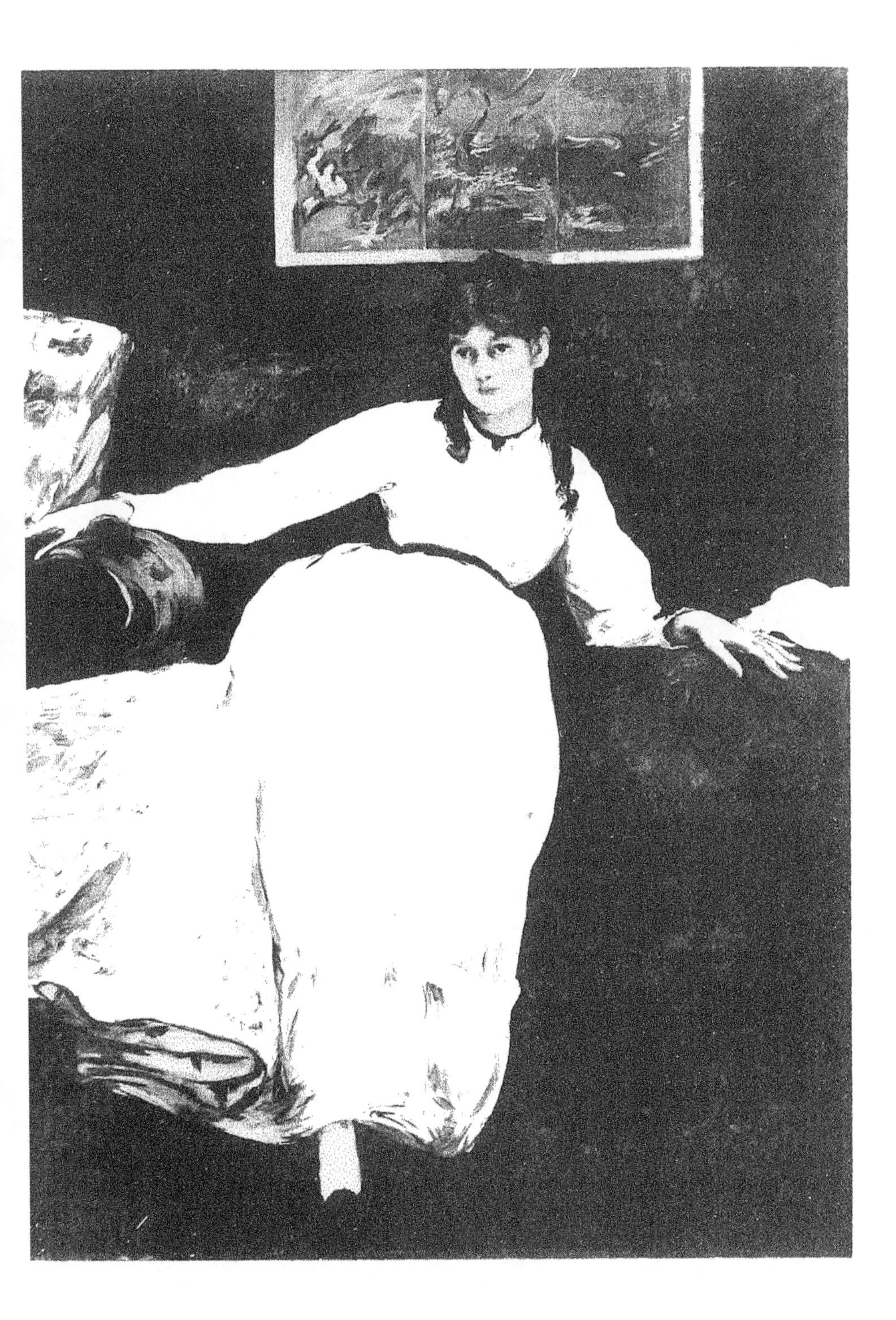

Un de ses premiers portraits, en 1860, fut celui d'une jeune dame, amie de sa famille (1). Il l'avait peinte debout, de grandeur naturelle. Elle n'était pas jolie, paraît-il. Il avait dû, se laissant aller à sa pente, accentuer les particularités de son visage. Toujours est-il que lorsqu'elle se vit sur la toile, telle qu'elle y figurait, elle se mit à pleurer — c'est Manet lui-même qui me l'a dit — et qu'elle sortit de l'atelier avec son mari, sans vouloir jamais revoir le portrait.

Zacharie Astruc, à la fois sculpteur et poète, se trouvait étroitement mêlé au groupe formé autour de Manet. Fantin-Latour l'a introduit dans son tableau *Un Atelier aux Batignolles,* du Salon de 1870, il en a fait l'homme assis, posant devant Manet. Dans le tableau *La Leçon de musique,* également du Salon de 1870, Manet s'en est servi comme modèle, pour l'homme qui donne la leçon. Auparavant, en 1863, il avait peint son portrait séparément. Astruc avait une tête de méridional, qui le faisait dire « joli homme », mais, en le fixant, on lui trouvait un air particulier, une sorte d'air vague, que Manet avait naturellement dégagé et qu'il lui avait donné. Aussi le portrait ne lui plut-il point — encore moins à sa femme — et fut-il laissé à Manet.

Longtemps après, ce portrait, passé aux mains de M. Durand-Ruel, fut vendu par lui au musée de Brême, où il est maintenant. A l'occasion de cette vente

---

(1) *Jeune dame en 1860*, N° 20 du Catalogue.

Mme Astruc, venant à parler du portrait comme d'une chose manquée, s'étonnait qu'il se fût trouvé quelqu'un pour l'acheter.

En 1866, Manet présenta au Salon, sous le titre de *l'Acteur tragique,* le portrait de Rouvière dans le rôle de Hamlet. Le jury le refusa.

En 1876 il présenta au Salon, sous le titre de *l'Artiste,* le portrait de Desboutin. Le jury le refusa.

En 1881, Manet fit recevoir au Salon, le portrait de Henri Rochefort, une tête et un buste de sa meilleure manière. Le portrait se trouve maintenant au musée de Hambourg. Manet, attiré par sa physionomie pittoresque, avait demandé à Rochefort de se laisser peindre. Il n'avait nullement songé à tirer profit du portrait à exécuter. Terminé, il l'offrit au modèle et eût été heureux de le lui voir prendre. Mais Rochefort, qui n'a jamais aimé que la peinture léchée, le trouvait déplaisant, il n'en voulut pas et le refusa.

Albert Wolff était alors un chroniqueur et critique célèbre, au *Figaro.* Il passait son temps, comme tant d'autres, à recommander à l'admiration publique de ces médiocres qui n'ont rien laissé et dont le nom est oublié. Et alors que par fortune il rencontrait en Manet et les Impressionnistes de ces hommes qui créent et qui inventent, il n'avait pour eux que du mépris. Ayant cependant fait la connaissance de Manet, il était allé le voir à son atelier. Manet lui avait proposé de peindre son portrait. Il avait accepté. Manet l'avait alors fait asseoir dans un fauteuil recourbé, à balançoire.

La pose offrait des difficultés à prévoir, entraînant à des longueurs d'exécution qui eussent porté d'autres à l'écarter. Mais Manet n'éprouvait jamais de tels soucis. Après avoir conçu un arrangement, quel qu'il fût, il se mettait à l'œuvre.

Il avait donc commencé à peindre Wolff et, selon sa manière hardie de procéder, il avait jeté par places, sur la toile, les plaques et les taches de couleur, pour revenir de nouveau sur chaque partie et, par additions successives, mener l'ensemble au point d'achèvement qu'il jugerait convenable. Cependant il s'était d'abord appliqué au point important, la tête, et l'avait tout de suite marquée d'un caractère saillant. Or Wolff était d'une affreuse laideur et naturellement Manet, dans son portrait, la lui avait mise en plein, mais en lui donnant du style.

Wolff eût dû admirer l'œuvre, qui faisait de sa laideur, connue de tous, quelque chose d'artistique, d'un ordre supérieur. Il ne pouvait comprendre que le genre de peinture s'appliquant à atténuer les formes insolites et à modifier les traits tenus pour laids. Aussi alla-t-il par la ville disant que, comme il l'avait toujours pensé, Manet n'était qu'un artiste incomplet. Il tâtonnait. Après plusieurs séances son portrait restait à l'état d'esquisse, attaqué de divers côtés, etc. C'était, en réalité, sa tête qui ne lui plaisait pas.

Manet, auquel ces propos furent rapportés, en fut très mécontent. Le portrait ne fut pas continué. Il est en effet resté inachevé. Mais tel quel il révèle le maître. Seul un homme connaissant toutes les ressources de son art a pu mettre du premier coup sur la toile une tête aussi vivante et aussi superbe d'expression. Retrouvé après la mort de Manet dans l'atelier, il fut remis par la famille à Wolff. Il a fait partie de la vente de Wolff, après décès. Mais Wolff avait dû le remiser chez lui, dans quelque coin, sans qu'on vînt à le connaître, car l'expert chargé de l'inventorier ne l'a pas tenu pour une œuvre de Manet. Ne sachant qu'en penser, il l'a inscrit dans le catalogue de la vente sous la rubrique : *Genre de Manet.*

Faure, le chanteur le plus en vue de l'Opéra, baryton favori du public, collectionnait des tableaux. Il avait été mis par M. Durand-Ruel en rapports avec Manet. Il le fréquentait dans son atelier et achetait de ses œuvres. Il lui demanda, en 1877, son portrait. Il posa en Hamlet, qui était alors le rôle qu'il tenait avec succès dans l'opéra de ce nom d'Ambroise Thomas. Il est montré se précipitant en avant, l'épée à la main. On ne saurait imaginer un portrait plus ressemblant, si l'on conçoit la ressemblance comme devant être la synthèse des traits d'un modèle.

Mais ce qui se dégage de l'œuvre, c'est après tout l'image d'un virtuose, chantant de la musique sans grand caractère et présentant la tête grimée d'un homme, qui se produit sur la scène de l'Opéra. Manet avait saisi ainsi, avec son coup d'œil supérieur, la réelle apparence du modèle. Cette sorte de ressemblance ne plut point à Faure. Aussi alors qu'il avait demandé son

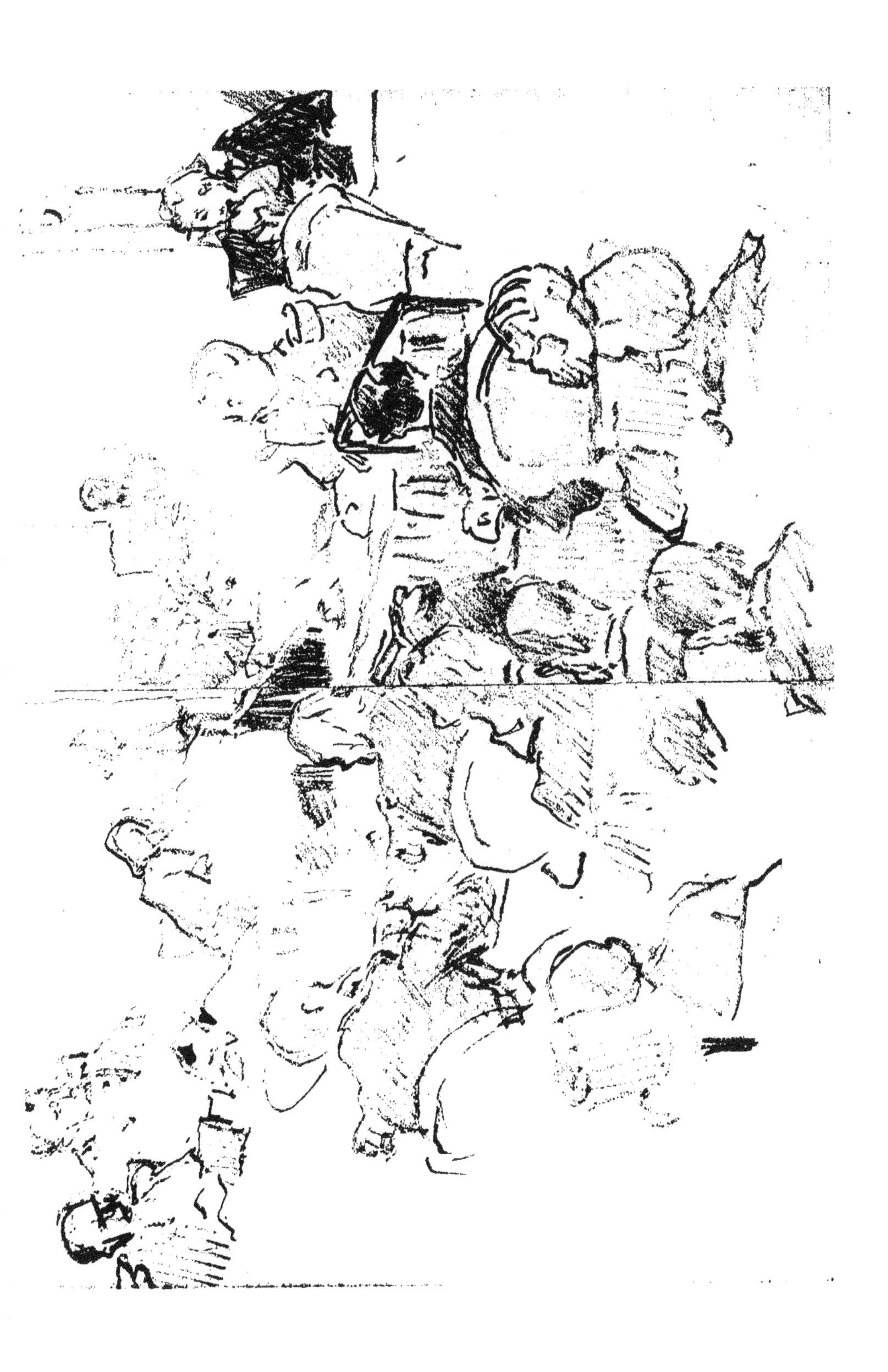

portrait à Manet, pour l'ajouter à celles de ses œuvres qu'il possédait déjà, qu'en sa qualité d'homme riche, il avait entendu le lui payer, lorsqu'il fut exécuté et mis au Salon de 1877, s'en déclara-t-il mécontent et refusa-t-il de le prendre.

Faure désirait malgré tout avoir son portrait par Manet. Il lui demanda donc un portrait en costume de ville, tête et buste, à la place de celui où il était montré en Hamlet. Faure posa alors assis et Manet commença. Cependant dans ce nouveau portrait, il remettait, plus ou moins, l'expression qu'il avait mise dans l'autre. Il ne pouvait l'éviter, c'était ce qu'il voyait. Après un certain temps Faure se levait et, passant derrière Manet, venait examiner son travail : « Mais mon ami, disait-il, quelle tête vous me faites ! Vous devriez modifier ce trait du visage. Arranger ce contour. » Manet avait besoin d'argent. C'était une aubaine que ce portrait, qui devait lui être exceptionnellement payé. Aussi faisait-il tous ses efforts pour arriver à plaire.

Faure allait se rasseoir. Manet se remettait à l'œuvre. C'était toujours la même expression. Le portrait fut recommencé inutilement sur plusieurs toiles. Manet à la fin dut l'abandonner, exaspéré des observations de son modèle.

Cependant ce portrait, qui ne put être mené à bien, subsiste pour une part. Une des toiles commencées, de grandeur à contenir la tête et le buste projetés, a été coupée et retournée sur un chassis de dimensions réduites. Sur ce fragment, la tête se voit isolément, pleine de vie et d'expression. L'habit qui devrait figurer sous la tête n'a pas été exécuté et la place est restée en blanc. Une des toiles, sur laquelle l'ensemble du portrait avait été esquissé, a donc échappé partiellement à la destruction. Cette toile peinte par Manet, comme celle de Wolff chez Wolff, est restée chez Faure, ensevelie et même chez le fils après la mort du père et ce n'est que comme faisant partie de la succession du fils, qu'elle a été montrée au dehors et qu'elle a été connue.

Vers le temps où Manet s'efforçait sur le portrait de Faure, il commençait celui de M. Clemenceau, alors député du XVIIIe arrondissement de Paris. Le portrait fut entrepris sur deux toiles; sur l'une il est resté à l'état de simple esquisse, sur l'autre il a été plus poussé. Ne séduisant point le modèle, il ne fut pas terminé.

Manet accentuait le caractère des physionomies. L'art est une simplification. En véritable artiste il négligeait les détails — *De minibus non curat pretor.* — Il faisait une synthèse des traits d'un visage, il en donnait la véritable expression. Or les hommes en général se croient beaux ou imposants d'une manière conventionnelle, ils ne savent se voir tels qu'ils sont. Leur image venant à leur être montrée sans artifice, leur déplaît naturellement.

Manet, en peignant ses portraits, n'accentuait pas seulement ces traits qui, par leur singularité ou leur laideur, le conduisaient à un résultat jugé désagréable, il accentuait de même toute expression et alors, quand l'expression se trouvait par hasard de nature à plaire au modèle et au public, il arrivait exceptionnellement au succès. Tel était le cas, avec le portrait de Belot, *le Bon Bock,* au Salon de 1873. Belot de mine réjouie, se produisant avec bonne humeur, séduisait. *Le Bon Bock* avait recueilli une louange universelle et obtenu à son auteur un succès, qui resterait unique.

Manet devait cependant recueillir une certaine faveur avec quelques autres de ses portraits, tel celui de Zola, au Salon de 1868. Il avait accentué les traits de force de caractère et de volonté propres au modèle et cela fut remarqué des visiteurs éclairés.

Au Salon de 1880, le portrait d'Antonin Proust plut suffisamment. Proust était un homme du monde, de mise élégante, de port désinvolte. Ces points ressortaient sur la toile pour l'agrément du public.

Encore mieux reçu était, au Salon de 1882, le portrait de Jeanne, une jolie jeune fille, mais sans expression particulière. Le portrait rentrait donc en quelque sorte dans le genre de ces œuvres courantes, qui plaisent à tous. Aussi était-il, après *le Bon Bock,* des portraits de Manet, celui qui devait être le mieux accueilli du public.

Il ne faudrait pas considérer l'insuccès que Manet, en sa qualité d'artiste original, a d'abord éprouvé à l'occasion de ses portraits, comme une malchance qui lui serait restée propre. Les autres originaux, ses contemporains, Courbet et Rodin, n'ont pas eu, pendant longtemps, meilleure fortune. Si l'on venait à raconter les circonstances dans lesquelles ils ont peint leurs portraits et l'accueil qui leur a d'abord été fait, on verrait que le traitement qu'ils ont reçu, de leurs modèles et du public, n'a pas été fort différent de celui qui a été réservé à Manet.

X.

LE PLEIN AIR

Cependant les artistes que Manet avait attirés vers lui par son esprit d'innovation s'étaient, à partir de 1874, pleinement développés. Ils avaient formé un groupe produisant d'après des données assez neuves pour qu'on eût senti le besoin de leur trouver un nom. On les avait alors appelés les Impressionnistes.

Les Impressionnistes, qui étaient surtout des paysagistes, se distinguaient par deux particularités. Ils peignaient en tons clairs et systématiquement en plein air, devant la nature. Ils avaient reçu de Manet l'exemple de la peinture en tons clairs et ils s'étaient mis à travailler en plein air, comme adoptant une pratique déjà connue, au moment où ils survenaient. On ne saurait dire, en effet, que l'idée de peindre devant la nature puisse être spécialement revendiquée par quelqu'un. Il est des procédés qui ont surgi, d'une façon en quelque sorte spontanée, et que l'on voit ensuite s'être généralisés, sans que l'on puisse trop savoir comment. Mais s'il fallait absolument citer des noms, on pourrait faire honneur à Constable, en Angleterre, à Corot et à Courbet, en France, de la coutume de peindre directement en plein air. Je me rappelle personnellement avoir vu ces deux derniers, assis l'un près de l'autre dans un champ, et peignant chacun une même vue de la ville de Saintes, ma ville natale. Seulement ils se restreignaient, en plein air, à des tableaux de petite dimension, que l'on n'appelait pas même des tableaux mais des études, et leurs œuvres importantes s'exécutaient à l'atelier.

Les paysagistes du groupe impressionniste, allant plus loin que leurs devanciers, avaient généralisé le procédé de peindre en plein air, en en faisant une règle absolue. Avec eux il n'y eut plus de paysage produit dans l'atelier. Tout paysage, quelle que fût son importance, dut être mené à terme, directement devant la scène à représenter. Les Impressionnistes sont arrivés de la sorte à obtenir des effets nouveaux et inattendus. Placés, en tout temps, obstinément devant la nature, ils ont pu saisir, pour les rendre, ces aspects fugitifs qui avaient échappé aux autres, retenus dans l'atelier. Ils ont observé ces différences, considérées par les autres comme négligeables, mais pour eux devenues essentielles, qui existent dans l'aspect d'une même campagne, par un temps gris ou le plein soleil, par la pluie ou le brouillard et aux diverses heures de la journée. Ils ont recherché les apparences chan-

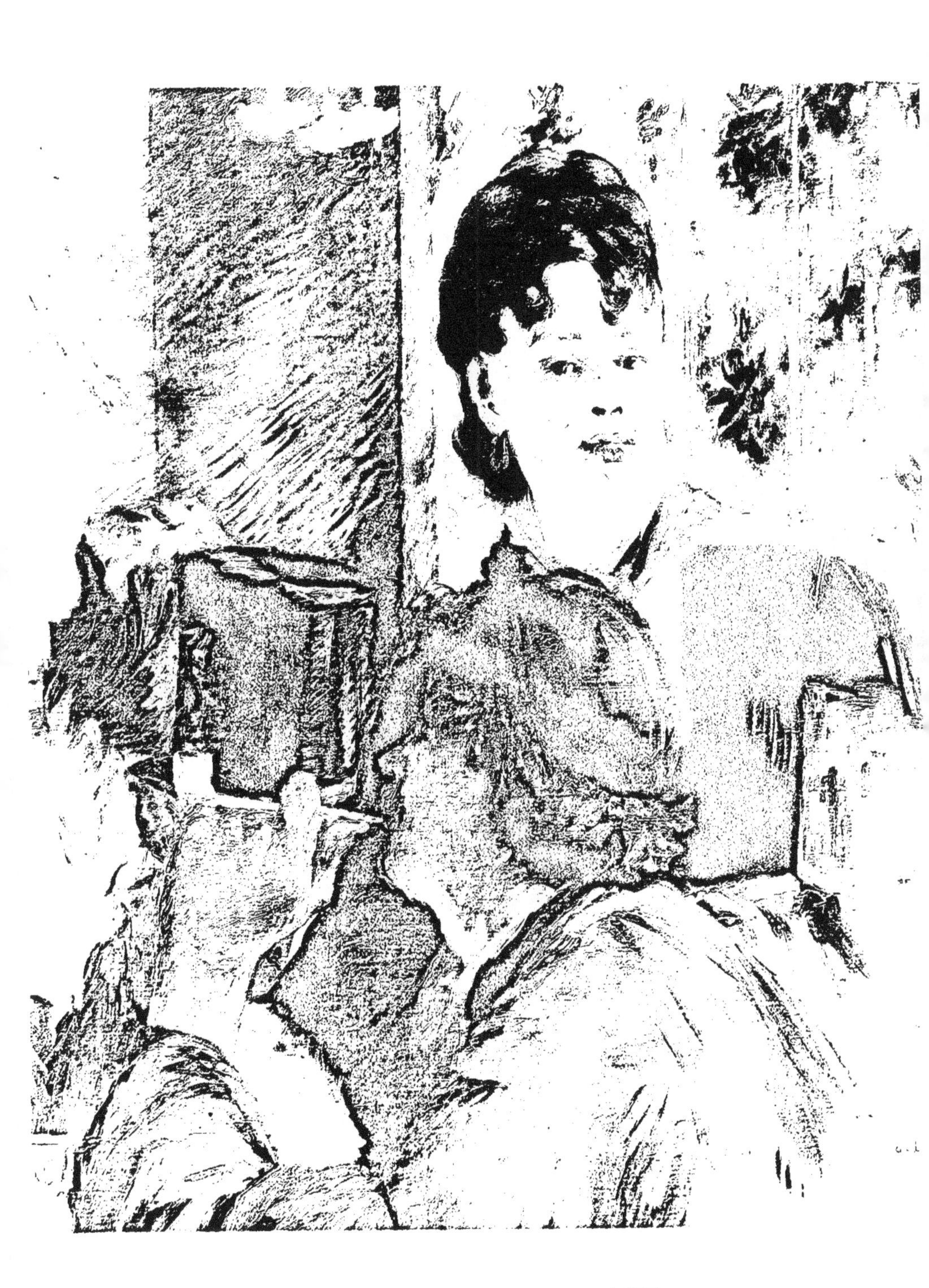

XXIV. — LA SERVEUSE DE BOCKS

geantes que la végétation revêt selon les saisons. L'eau s'est nuancée, sur leurs toiles, des tons infiniment variés que le limon qu'elle entraîne, les bords qu'elle reflète· l'angle sous lequel le soleil la frappe, peuvent lui donner.

Le groupe des premiers impressionnistes comprenait Pissarro, Claude Monet, Renoir, Sisley. Ils étaient animés de pensées communes et, se tenant très près les uns des autres, ont tous contribué à l'épanouissement du système et à la découverte des procédés à appliquer. Cependant s'il en est un qui ait plus particulièrement dégagé les traits propres de l'impressionnisme, c'est Claude Monet. Plus que tout autre, il a su donner à l'aspect fugitif de l'heure, à l'enveloppe ambiante de lumière, aux colorations éphémères des saisons l'importance décisive dans le rendu de la scène vue. Tellement qu'avec lui les impressions passagères sont devenues assez caractéristiques et distinctes pour former, par elles-mêmes et en elles-mêmes, le vrai motif du tableau. Personne n'avait donc avant lui poussé aussi loin l'étude des variations que l'apparence d'une scène naturelle peut offrir. Aussi, portant sa manière à l'extrême limite de ce qu'elle peut donner, devait-il peindre les mêmes meules dans un champ ou la même façade de cathédrale à Rouen un nombre de fois indéterminé, douze à quinze fois, sans changer de place et sans modifier les lignes de fond du sujet, et cependant en exécutant bien chaque fois un tableau nouveau. Il s'appliquait seulement à fixer chaque fois sur la toile un des aspects modifiés, que les changements de l'heure ou de l'atmosphère avaient fait prendre au sujet. L'impression ressentie variait dans chaque cas et elle était saisie et rendue si effectivement que, dans chaque cas, elle lui permettait de produire un tableau différent.

Les Impressionnistes, sortis de la période d'essais, étaient arrivés, en 1874, à la pleine conscience d'eux-mêmes. Ils avaient fait cette année-là, sur le boulevard des Capucines, une première exposition d'ensemble de leurs œuvres, qui avait attiré l'attention de la critique et du public. Mais la notoriété ainsi acquise n'avait eu d'autre résultat que de soulever contre eux un immense mouvement de railleries et d'insultes. L'hostilité témoignée à Manet à ses débuts se reportait maintenant sur les Impressionnistes. Le peintre impressionniste devenait à son tour une sorte de paria, contre qui toute attaque paraissait licite.

Manet qui, alors qu'il était universellement méprisé, avait trouvé des amis dans les hommes devenus maintenant les Impressionnistes n'avait cessé de les suivre et de les encourager. Son intérêt s'était accru, lorsqu'il avait vu la manière de peindre en clair, la sienne d'abord, s'étendre sous leur pratique à de nouveaux domaines et donner naissance, surtout dans le paysage, à une forme d'art originale. Aussi rencontraient-ils en lui un ardent défenseur. Alors qu'il était encore violemment attaqué et qu'il avait beaucoup de peine à surmonter les difficultés qui l'assaillaient, il lui restait du temps et de l'énergie pour s'occuper d'eux et les aider. Il se trouvait à court d'argent, il dépensait réellement plus que la fortune paternelle ne lui permettait et il lui fallait compter, comme supplément, sur la vente de ses œuvres, mais qui ne survenait qu'accidentellement et encore ne lui procurait que des sommes minimes. Il était donc dans une situation à ne pouvoir réellement se permettre aucune largesse, cependant sa générosité naturelle et son amitié l'emportaient. Il s'ingéniait à aider ses amis, même de sa bourse. Il était allé, en 1875, voir Claude Monet, qui habitait Argenteuil et qui, combattu et méprisé, ne pouvait arriver que très difficilement à vivre de son travail; alors à la recherche de combinaisons pour venir à son aide, il m'écrivait :

« Mercredi.

« Mon cher Duret,

« Je suis allé voir Monet hier. Je l'ai trouvé navré « et tout à fait à la côte.

« Il m'a demandé de lui trouver quelqu'un, qui lui « prendrait, au choix, de dix à vingt tableaux à raison « de 100 francs. Voulez-vous que nous fassions l'affaire « à nous deux, soit 500 francs pour chacun ?

« Bien entendu personne, et lui le premier, igno- « rera que c'est nous qui faisons l'affaire. J'avais pensé « à un marchand ou à un amateur quelconque, mais « j'entrevois la possibilité d'un refus.

« Il faut malheureusement s'y connaître, comme
« nous, pour faire, malgré la répugnance qu'on pour-
« rait avoir, une excellente affaire et en même temps
« rendre service à un homme de talent. Répondez-moi
« le plus tôt possible ou assignez-moi un rendez-vous.

« Amitiés.

« E. Manet. »

Il semblera peut-être étrange que donner mille francs à un peintre impressionniste, pour dix de ses tableaux, ait jamais pu être un acte désintéressé. Mais tout est relatif et, au moment où Manet écrivait cette lettre, il était plus difficile d'arracher cent francs pour un tableau de Claude Monet, qu'il ne l'est devenu depuis d'en obtenir vingt mille. L'aversion, l'horreur — je ne sais quel mot trouver qui soit assez fort pour exprimer le sentiment du public — étaient alors telles, qu'en dehors d'une demi-douzaine de partisans, gens de goût, mais disposant de peu de ressources, considérés d'ailleurs comme des fous, personne ne voulait avoir de cette peinture, personne ne voulait se donner la peine de la regarder ou, si par extraordinaire quelqu'un la regardait, ce n'était que pour en rire. Les amateurs qui achetaient des tableaux n'eussent pas même consenti à recevoir en don une œuvre des Impressionnistes, invités à la mettre chez eux. Ils se fussent considérés ainsi comme dépréciant leurs collections et comme perdant leur renom d'hommes de goût. M. Durand-Ruel, le seul marchand qui eût encore

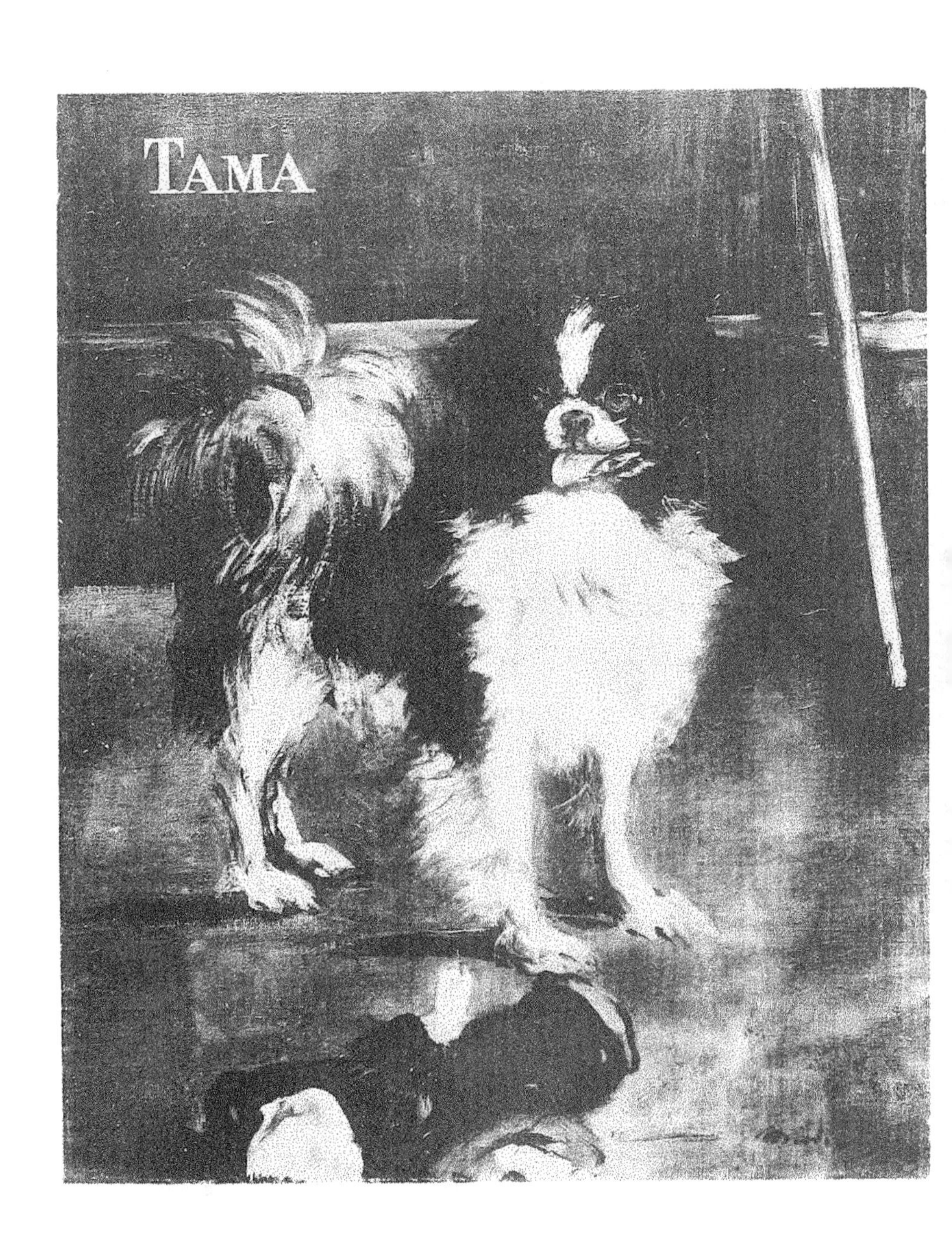

XXV. — TAMA, CHIEN JAPONAIS

acheté des œuvres si décriées, allait tellement contre le goût général qu'il ne pouvait en vendre, à n'importe quel prix. Après avoir longtemps persisté à faire des avances aux Impressionnistes, envers lesquels il se conduisait non plus en homme d'affaires, mais en ami dévoué, il avait empilé de leurs œuvres et épuisé sa caisse, au point qu'il se trouvait dans l'impossibilité momentanée de les soutenir. Dans ces circonstances, l'aide que Manet concevait se produisait bien comme un acte désintéressé.

Manet cherchait, de toutes manières, à trouver des acheteurs aux Impressionnistes. Il gardait de leurs œuvres dans son atelier, qu'il s'efforçait de faire prendre aux personnes qui venaient le visiter et il les vantait dans les termes les plus louangeurs. Monet était de tous celui vers lequel il se sentait le plus vivement porté. Il admirait surtout son art de peindre l'eau, sous les apparences les plus diverses. Monet, disait-il, est le Raphaël de l'eau. Il le considérait comme tout à fait maître dans sa sphère. Un hiver il voulut peindre un effet de neige. J'en possédais précisément un de Monet, qu'il vint voir. Il dit, après l'avoir examiné : « Cela est parfait, on ne saurait faire mieux », et il renonça à peindre de la neige. Il s'établit ainsi entre eux une grande amitié et des rapports suivis, qui se sont toujours traduits par un échange de bons procédés.

Manet fut amené à peindre Claude Monet et les siens plusieurs fois. Il le peignit une première fois, en 1874, dans son bateau sur la Seine. Monet, qui travaillait directement devant la nature, s'était aménagé un bateau, à l'époque où il habitait Argenteuil, pour y exécuter à l'aise ses vues de la Seine. Il l'avait disposé d'une façon particulière avec une petite cabine au fond, où se réfugier en cas de mauvais temps, et une tente par devant, sous laquelle il pouvait se tenir au soleil. Manet avait représenté Monet peignant sous la tente de son bateau et Mme Monet, par derrière, assise dans la cabine. Il avait lui-même donné pour titre au tableau : *Monet dans son atelier,* en disant plaisamment : « Monet ! son atelier, c'est son bateau. » Il a peint encore une fois Monet et sa famille, en plein air, toujours en 1874, cette fois dans leur jardin. La femme et le fils sont assis sous des arbres, pendant que le père, contre une haie, s'occupe à jardiner.

Manet avait été lui-même dès le début un partisan de la peinture en plein air, que les Impressionnistes étaient venus adopter systématiquement. Avec ses idées de ne peindre que des choses vues, il avait commencé à faire des études de plein air dès 1854, alors qu'il fréquentait encore l'atelier de Couture. En 1859 il a peint un paysage à St-Ouen, qui s'est appelé *la Pêche,* où l'on voit la Seine, avec ses rives et un pêcheur dans un bateau. Il devait ensuite avoir la fantaisie de placer sur cette toile son portrait et celui de sa femme, tous les deux vêtus de costumes à la Rubens, ce qui a fait prendre à l'œuvre un air composite assez singulier. Il peignait, en 1861, des études dans le jardin des Tuileries, qui devaient lui servir à composer son tableau de la *Musique aux Tuileries.* Son paysage du *Déjeuner sur l'herbe* a été peint en 1863, d'après des études faites à l'île de St-Ouen. A son exposition de 1867 ont figuré diverses marines, des paysages, une course de chevaux, exécutés en plein air les années précédentes. En 1867 il peint, sur une toile de dimensions importantes, une *Vue de l'Exposition universelle.* La vue prise du Trocadéro, s'étend sur le Champ de Mars, où cette année là l'exposition était concentrée. Mais à ce moment le plein air était un des sujets les plus discutés, dans les réunions du café Guerbois, entre Manet et ses amis. Il s'adonnera donc désormais d'une manière régulière, à la peinture de plein air; il lui fera une part de plus en plus importante dans son œuvre.

En 1868 et 1869 il passe une partie de l'été à Boulogne; il y peint des marines et des vues du port. L'une d'elles, connue sous le titre du *Clair de lune* ou du *Port de Boulogne* a été prise d'une fenêtre de l'hôtel de Folkestone, sur le quai de Boulogne (1). Elle rend bien la magie de la nuit et l'apparence fantastique des nuages emportés devant la lune. Deux toiles ont été consacrées au départ du bateau à vapeur, faisant le service entre Boulogne et Folkestone. En 1870, avant la guerre, il peint, dans un jardin de Passy, le petit tableau qui s'est appelé *le Jardin,* où l'on voit une jeune femme en blanc, assise près de son enfant, placé dans une petite voi-

---

(1) Maintenant au Musée du Louvre. Collection de Camondo.

ture et un jeune homme à côté, étendu sur l'herbe. En 1871 il peint le *Bassin d'Arcachon,* à son retour des Pyrénées et le *Port de Bordeaux,* des fenêtres d'une maison, située sur le quai des Chartrons. En 1872 il peint en Hollande, où il est allé, une marine. En 1873 ses tableaux de plein air sont particulièrement nombreux. Il passe une partie de l'été à Berck-sur-Mer; il y peint *les Hirondelles.* Sa mère et sa femme ont posé pour les dames représentées. Le titre est venu de quelques hirondelles, qui volent par dessus le terrain couvert de gazon. Il peint encore à Berck une vue de mer avec personnages. Sa femme est assise au premier plan; à côté d'elle Eugène Manet est étendu sur le sable et, au fond, la mer bleue s'élève vers l'horizon. Ce tableau s'est appelé *Sur la Plage.* Il peut servir, entre autres, à montrer le changement d'opinion qui s'est produit sur la valeur des œuvres de Manet. Il fut acheté, vers 1874, directement à Manet par Henri Rouart 1500 francs, prix qui parut alors fort convenable. A la vente Henri Rouart, en 1912, il a été adjugé à M. Doucet pour la somme de 92.000 francs.

Manet peint encore à Berck *les Pêcheurs en mer,* aussi appelés *les Travailleurs de la mer.* Embarqué avec eux, il les a saisis sur le vif, à leur travail, pendant que l'embrun de la mer venait mouiller sa toile. Les longues années passées à terre sans naviguer, lui avaient fait perdre le pied marin, acquis au cours de son voyage au Brésil, car il racontait que le mal de mer l'avait fort incommodé sur la barque de pêche. Il peint en outre en plein air, en 1873, *la Partie de crocket,* et enfin le *Chemin de fer,* qu'il expose au Salon de 1874.

Manet, dans ses œuvres de plein air, devait marquer sa manière personnelle, en face de ses amis les Impressionnistes. Eux, qui étaient principalement des paysagistes, peignaient surtout en plein air des paysages, où ils introduisaient accessoirement des figures humaines; tandis que lui, qui jusqu'à ce jour avait surtout peint des tableaux de figures, alors qu'il abordait plus particulièrement le plein air, se maintenait cependant dans sa véritable manière, en donnant à ses figures une grande importance, de telle sorte que le paysage ne formât le plus souvent autour d'elles que le cadre ou le fond de la scène.

Dans ces idées, Manet se résolut à frapper un coup. Jusqu'à présent, ses tableaux de plein air avaient été de dimensions assez restreintes. Le premier qu'il eût envoyé au Salon en 1874, *le Chemin de fer,* se trouvant de cet ordre, n'avait guère été reconnu pour ce qu'il était. Maintenant il en peindrait un où les personnages atteindraient la grandeur naturelle et qui serait tellement caractéristique, qu'on ne pourrait se méprendre à son sujet. Dans l'été de 1874, il s'assure une femme appropriée et obtient de son beau-frère Rudolph Leenhoff de venir poser. Il les emmène à Argenteuil. Là, il les place l'un contre l'autre, dans un bateau, assis sur un banc, avec l'eau bleue comme fond et une des berges de la Seine pour clore l'horizon. Il se met à les peindre, au soleil, sur une toile d'un mètre cinquante de haut et un mètre quinze de large. Peindre ainsi deux personnages de grandeur naturelle, en maintenant à chaque être et au paysage l'éclat de coloris que l'intensité du plein air leur donnait, était une tentative d'une extrême hardiesse. Il fallait, pour la mener à bien, un homme doué d'abord d'une vision particulière, puis habitué à réaliser sur la toile la juxtaposition des tons les plus tranchés.

L'œuvre fut exposée, comme unique envoi, au Salon de 1875, sous le titre d'*Argenteuil*. Il s'était proposé de frapper un coup avec ce tableau. Il devait pleinement y réussir, mais non pas de la manière qu'il eût désirée. Quand il cherchait à attirer l'attention, c'était toujours avec l'espérance de captiver le public et la presse. Les déceptions ne le décourageaient point. Après tant d'œuvres montrées sans trouver le succès recherché, il pensait toujours qu'il en produirait d'autres qui le lui obtiendraient. Il lui était arrivé une chance de ce genre avec *le Bon Bock*, mais par un concours exceptionnel de circonstances heureuses. Maintenant qu'avec l'*Argenteuil* il se proposait de frapper un coup d'éclat, en mettant dans une œuvre, comme il l'avait déjà fait, la marque de sa pleine originalité, la tentative, loin d'avoir le résultat favorable qu'il entrevoyait toujours, ne pouvait que soulever de nouveau l'hostilité que ses œuvres antérieures, produites dans les mêmes données, avaient fait naître. C'est ce qui allait en effet avoir lieu. L'*Argenteuil* devait être, avec *le Déjeuner sur l'herbe*, l'*Olympia* et *le Balcon*, celui de ses tableaux qui rencontrerait la désapprobation la plus violente et la plus générale.

Une des particularités qui avaient le plus déplu chez Manet avait été sa manière de peindre en tons clairs juxtaposés. On n'avait vu tout d'abord, dans cette pratique, que du « bariolage » et l'œil, habitué aux tableaux enveloppés d'ombres, en avait été offensé. Cependant depuis plus de dix ans qu'il persistait à se produire aux Salons et qu'il y revenait toujours le même, on avait fini par le tolérer. On avait même été jusqu'à accepter celles de ses œuvres, conçues dans une gamme de couleurs moins vives que les autres. En outre, sans qu'on s'en rendît compte, par la seule puissance du vrai sur le convenu, du naïf sur l'artificiel, cette manière abhorrée d'appliquer les tons clairs, sans ombres intermédiaires, exerçait son influence et l'école française commençait à supprimer les ombres opaques, pour aller à la clarté. Ainsi, l'accoutumance venue d'une part et de l'autre, un changement général se produisant, l'art de Manet ne frappait plus par un air d'absolue étrangeté, il n'était plus considéré comme entièrement en dehors des règles. Si on n'allait point encore jusqu'à l'accepter tout à fait, au moins on s'y habituait dans une certaine mesure. Mais voilà qu'avec cet *Argenteuil*, peint en plein air, Manet accentuait tellement sa manière, qu'il se remettait vis-à-vis des autres dans l'état de séparation absolue où il s'était trouvé à l'origine. L'éclat des tons se trouvait porté, par le fait d'un tableau peint en plein air, à un tel degré d'acuité, qu'il dépassait de beaucoup tout ce que les tableaux peints dans la lumière atténuée de l'atelier avaient laissé voir. Le gain que Manet avait pu faire, par l'accoutumance où l'on était entré avec ses tableaux de l'atelier, était donc perdu pour ceux du plein air.

Aussi revoyait-on devant l'*Argenteuil* ces attroupements bruyants qui s'étaient produits devant le *Déjeuner sur l'herbe* et l'*Olympia*. L'éclat du plein air offusquait. Les spectateurs le trouvaient intolérable. Leurs yeux ne pouvaient le supporter. Un effet exaspérait par dessus tout : l'eau de la Seine, peinte d'un bleu intense. Il est pourtant certain que l'eau profonde d'une rivière frappée, dans certaines conditions, par le soleil, laissera voir des tons d'un tel bleu que la palette la plus riche ne pourra pleinement les rendre. Manet ayant peint la Seine à Argenteuil, par un soleil ardent, avait eu beau s'efforcer, l'eau bleue de son tableau avait dû rester, comme éclat, au-dessous de la réalité. Mais le public et les critiques n'étaient à même d'entrer dans aucune de ces considérations. Cette eau bleue leur causait une sorte de souffrance physique, elle les aveuglait. Devant *le Balcon*, en 1869, tout le monde s'était récrié. Avait-on jamais vu un balcon vert ! Maintenant tout le monde se soulevait contre l'eau de l'*Argenteuil*. Avait-on jamais vu de l'eau bleue dans une rivière !

Il était vrai qu'on n'avait jamais vu apparaître, dans un tableau du Salon et même dans aucun autre

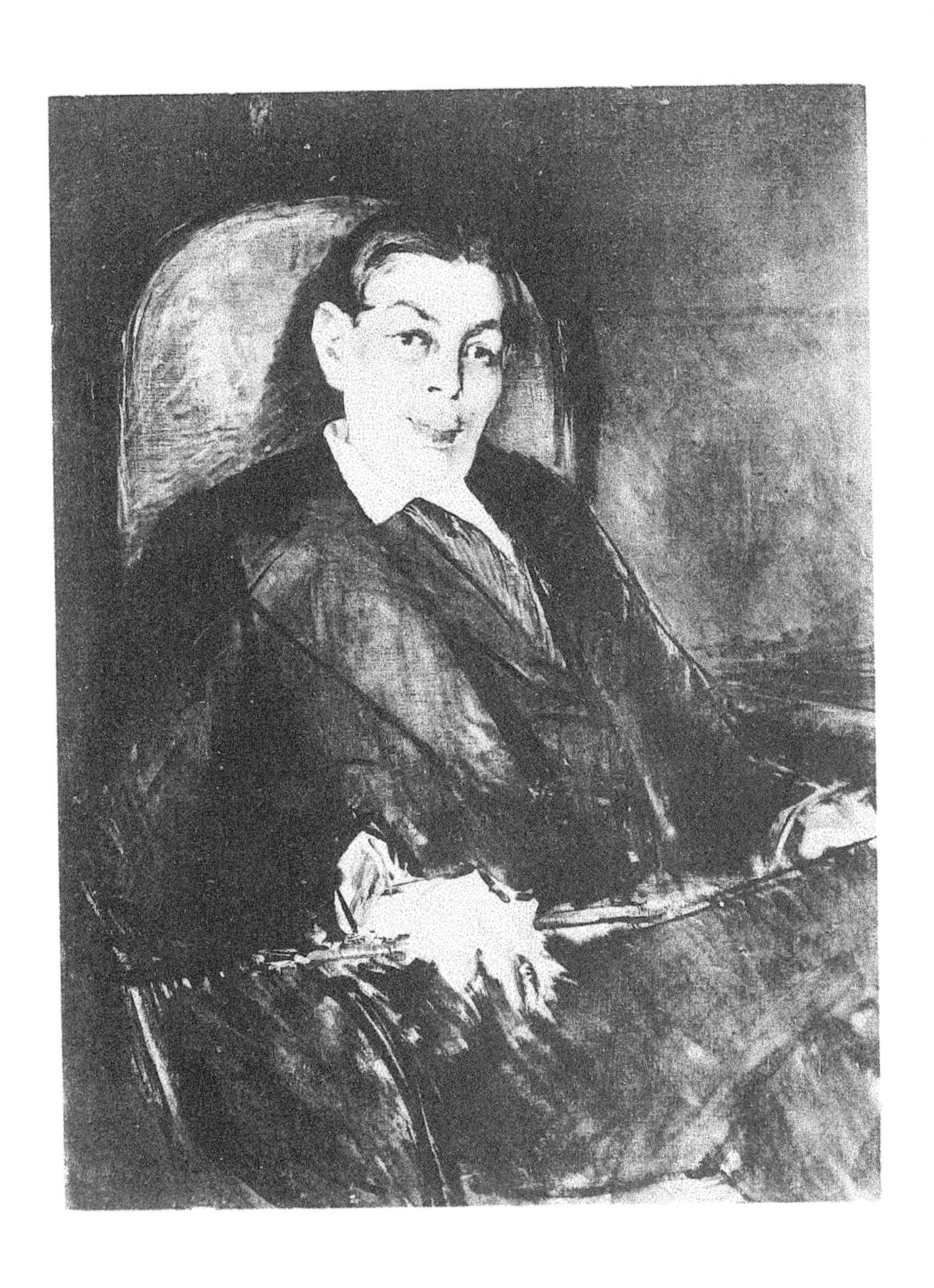

XXVI. — PORTRAIT D'ALBERT WOLFF

tableau n'importe où, de l'eau peinte avec une telle intensité de coloris puisque personne, excepté les Impressionnistes, ne s'était encore avisé d'aller peindre, en plein soleil, directement devant la nature. Manet, s'étant livré à une tentative originale et ayant travaillé dans des conditions encore inconnues, devait par cela même produire une œuvre douée de caractères qui la différencieraient de toutes les autres. C'est précisément parce qu'il en était ainsi qu'elle eût dû être louée ou au moins prise en considération, comme hors de la banalité et du pastiche, qui sont la mort de l'art. Mais au contraire le public en art, comme en toutes choses, n'aime que les voies battues, commodes à sa nonchalance. Il est d'instinct l'ennemi des nouveautés. Cet *Argenteuil,* vu au Salon comme une œuvre sans précèdent, déplaisait donc par cela même à tout le monde.

Le tableau qui, par sa tonalité générale, soulevait l'hostilité ne gagnait rien lorsque les deux personnages qui y figuraient étaient considérés à part. D'abord on les déclarait laids et vulgaires. Et puis ! que faisaient-ils dans ce bateau ? Ils manquaient peut-être de raffinement, mais les canotiers qui vont, les hommes en tricot, les femmes en robes multicolores, s'amuser sur l'eau n'ont jamais appartenu à l'élite sociale. D'ailleurs ils étaient assis dans le bateau, pour n'y rien faire autre chose que d'y être assis. C'était la question posée à l'occasion du *Chemin de fer*, l'année précédente, où une femme et une petite fille avaient été représentées, sans se livrer à aucune mimique particulière, simplement pour offrir deux figures à peindre. Le public, insensible aux arrangements picturaux en eux-mêmes, qui demande toujours aux personnages d'un tableau d'accomplir une action bien déterminée avait trouvé, en 1874, les femmes du *Chemin de fer* « incompréhensibles » et il jugeait, en 1875, étranges et méprisables les canotiers de l'*Argenteuil*, dans la simplicité de leur pose et de leur habillement.

Manet, en peignant son *Argenteuil*, avait représenté un côté de la vie parisienne qui a comme disparu. Avant que la bicyclette ne fût connue, le canotage, les jours fériés, dans la belle saison, formait l'amusement d'une partie de la jeunesse. Argenteuil, Asnières, Bougival voyaient accourir des bandes de jeunes gens des deux sexes qui, après avoir prodigué leurs forces à ramer sur l'eau, finissaient la journée par un festin au cabaret et un bal champêtre. La bicyclette a mis fin à ces divertissements, ceux qui s'y fussent autrefois adonnés se dispersent maintenant sur les routes. Les canotiers venaient de mondes différents, mais les femmes qu'ils menaient avec eux n'appartenaient qu'à la classe des femmes de plaisir de moyenne condition. Celle de l'*Argenteuil* est de cet ordre. Or comme Manet, serrant la vie d'aussi près que possible, ne mettait jamais sur le visage d'un être que ce que sa nature comportait, il a représenté cette femme du canotage avec sa figure banale, assise oisive et paresseuse. Il a bien rendu la grue que l'observation de la vie lui offrait. Il a encore peint un type analogue dans son tableau *la Prune*. Une femme, de celles qui attendent dans les cafés la rencontre à venir, accoudée sur une table, regarde l'œil vague, devant elle, dans le néant de sa pensée.

Après avoir peint, dans l'*Argenteuil,* la vie à peu près disparue du canotage, Manet devait peindre dans *la Serveuse de bocks,* la vie qui survenait alors du cabaret à chansons. On avait ouvert, sur le boulevard de Clichy, un établissement de cet ordre, appelé de Reichshoffen, où la bière était apportée par des servantes. Manet avait remarqué le mouvement des servantes qui, en posant d'une main un bock sur la table devant le consommateur, savaient en tenir plusieurs de l'autre, sans laisser tomber la bière. Voulant peindre une de ces filles à l'œuvre, il s'interdit de prendre pour poser un modèle quelconque, il lui fallait la fille même. Il est de ces mouvements que seule une longue pratique a pu enseigner. Millet a peint une enfourneuse, une villageoise introduisant une miche dans un four, et il l'a peinte en indiquant avec justesse la saccade des deux bras et du dos qu'elle fait pour détacher sa miche de la pelle qui la supporte et l'enfoncer dans le four. Tous les modèles de la terre n'auraient pu donner à Millet son enfourneuse. Il lui a fallu, pour l'obtenir, trouver une villageoise, qui eût toute sa vie pétri et enfourné du pain. Désireux de peindre une serveuse de bocks dans l'exercice, si l'on peut dire, de sa virtuosité, Manet s'adressa à celle du café qui lui parut la plus experte. Cette fille, flairant l'aubaine, affecta des scrupules et déclara qu'elle n'iralt poser dans son atelier qu'accompagnée d'un « protecteur ». Il dut en passer par là et les payer tous les deux grassement, pendant qu'il peignait son tableau. Le protecteur se trouva être un grand diable en blouse. Il l'a représenté, accoudé sur une table, la pipe à la bouche, tandis que la servante pose un bock près de lui, de son geste particulier.

Le soulèvement causé, au Salon de 1875, par l'*Argenteuil* avait été si violent, qu'il était presque venu remettre Manet dans la situation de réprouvé du début. Il conservait, il est vrai, pour le défendre, un groupe d'artistes, d'hommes de lettres, d'amis et de partisans, qui lui avaient manqué autrefois. Mais leur voix, qui pouvait être entendue lorsque la réprobation faiblissait ou cessait même, comme à l'occasion du *Bon Bock,* était étouffée lorsque, comme dans le cas de l'*Argenteuil,* elle se déchaînait en tempête. Alors les ennemis avaient beau jeu et c'était par fortune qu'un ami, comme M. de Marthold, parvenait à présenter une vigoureuse défense de l'art de Manet, dans un journal où il était rédacteur. La presse autrement ne s'ouvrait qu'aux railleries, aux caricatures, aux insultes et Manet, qui avait pensé qu'avec son essai de plein air, il parviendrait peut-être à captiver le public, se voyait de nouveau déçu et rejeté en plein combat.

Il ne se décourageait jamais. L'insuccès de l'*Argenteuil,* loin de le faire renoncer à la peinture de plein air, ne fut qu'un stimulant pour l'y attacher. Il lui donnera donc maintenant, jusqu'à la fin, une place

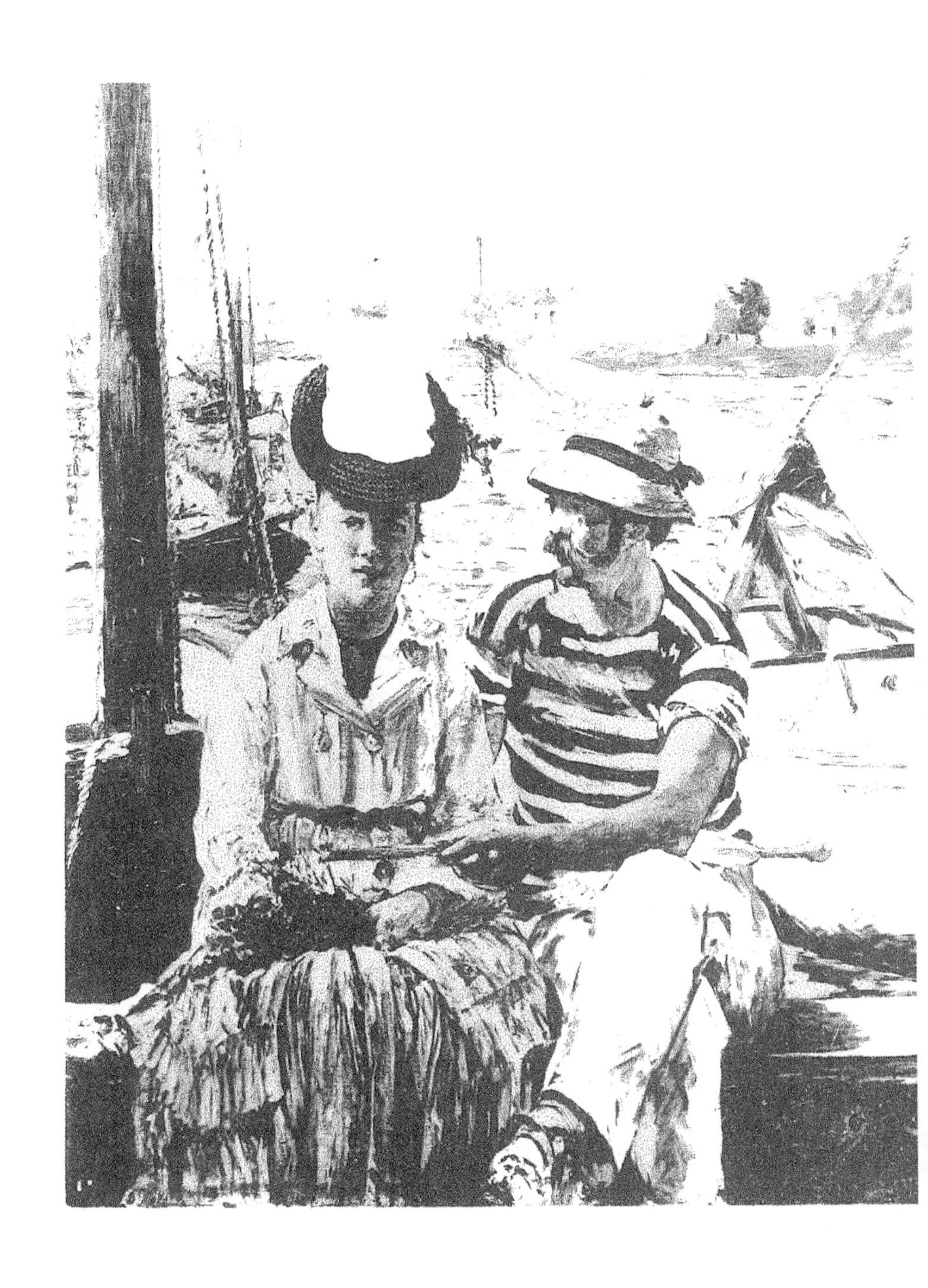

XXVII. — ARGENTEUIL

Mu

tout à fait régulière dans son œuvre. Il l'entremêlera systématiquement avec celle de l'atelier. Il avait, en même temps que l'*Argenteuil,* peint un autre tableau de plein air, *En bateau,* qu'il devait exposer au Salon de 1879 et étant allé en 1875 faire un voyage à Venise, il en avait rapporté deux toiles de plein air. Le motif lui avait été fourni par les poteaux de couleurs vives, placés sur les canaux, devant la porte d'eau de certains palais.

En 1875, l'été, il peint dans un jardin *le Linge,* pour l'exposer comme suite à l'*Argenteuil.* Il l'envoie, en effet, avec un autre tableau, *l'Artiste,* peint à l'atelier, au Salon de 1876. Mais le jury les refusa. Voilà donc que, tout à coup après huit ans, le jury revenait à son ancienne rigueur et se remettait à frapper Manet d'ostracisme. Le refus du jury, en 1876, se produisait comme la conséquence du soulèvement du public et de la presse contre l'*Argenteuil* de 1875, de même que le refus du jury en 1866, avait été la conséquence du soulèvement de l'opinion contre l'*Olympia* de 1865. Le jury était fondamentalement hostile à Manet. Les peintres qui le composaient, alors ancrés dans la tradition et l'observance des vieilles règles, ne voyaient en lui qu'un révolté, à frapper le plus possible. Du moment qu'on ne voulait point admettre que le Salon fût un lieu, où l'originalité, comme suprême condition de tout art vivant, dût être la bienvenue, qu'on considérait au contraire qu'on ne devait y être reçu qu'en se soumettant aux préceptes inculqués, le jury ne pouvait que traiter Manet en réprouvé. Ses membres mettaient donc à profit, pour l'exclure, l'insuccès de son *Argenteuil* et ils le faisaient d'autant mieux, que cette apparition de la peinture en plein air leur semblait devoir renverser tout ce qui restait encore debout du grand art traditionnel, tels qu'ils le concevaient.

Comment auraient-ils pu se refuser la satisfaction de frapper Manet ! Mais cet homme à leurs yeux était un monstre qui, alors qu'on lui faisait des concessions, qu'on commençait à tolérer ses déportements, loin de s'assagir, repartait de plus belle et s'en allait aux extrêmes. Il était d'abord venu comme saccager le grand art du nu avec son *Déjeuner sur l'herbe* et son *Olympia.* Il avait rejeté les règles enseignées de marier les ombres et la lumière, pour peindre en tons clairs juxtaposés. Voilà que depuis dix ans cette manière réapparaissant, commençait à agir sur les jeunes peintres, pour les débaucher, les éloigner de la sage tradition et, par surcroît, son auteur en arrivait maintenant, avec la peinture du plein air, à des outrances non soupçonnées, des scènes fixées directement devant la nature, le soleil ardent, l'eau bleue, les arbres verts, les multicolores habillements mis côte à côte, pour aveugler les gens. Il avait en outre engendré d'autres monstres, les Impressionnistes, qui rapportaient de la campagne, des tableaux où chaque jour ils surhaussaient l'éclat des tons. Enfin la réprobation de la presse et du public s'étant produite en 1875 comme pour les soutenir, ils reprenaient leur rôle de défenseurs des règles et de protecteurs de la tradition, en fermant de nouveau le Salon à Manet.

Les deux tableaux refusés, *le Linge* et *l'Artiste*, étaient des œuvres puissantes. *Le Linge* représentait une femme au milieu d'un jardin, vêtue d'une robe bleue. Elle était occupée à laver du linge dans un baquet, sur lequel un enfant debout s'appuyait des mains. Les effets de coloris étaient produits par la robe bleue de la femme, les plantes vertes du jardin et des linges blancs, tendus sur des cordes. C'est dans cet assemblage que Manet avait réalisé la juxtaposition de tons vifs, demandée aux extrêmes ressources de sa palette, qui, analogue aux audaces de l'*Argenteuil*, avaient fait refuser son tableau.

Mais pour que le jury étendit ses rigueurs à l'autre, à *l'Artiste*, il fallait qu'il fût réellement désireux de montrer toute sa colère, car celui-là, peint dans l'atelier, restait conforme à la donnée ordinaire de Manet, que les jurys, en recevant depuis des années ses œuvres, avaient par là même comme acceptée. C'était un portrait en pied du graveur Desboutin, vu de face, bourrant sa pipe, peint tout entier dans les gris, sans l'introduction de ces couleurs variées, capables d'offusquer. Il était plein d'air et de lumière et si, dans l'exécution de certaines parties, on voyait les touches larges propres à Manet, elles semblaient au moins à leur place, dans un ouvrage de grandes dimensions, où le personnage se détachait comme un bloc.

Manet exclu du Salon résolut de montrer ses tableaux dans son atelier. Il adressa des lettres d'invitation à la presse, aux artistes, aux hommes du monde, pour qu'ils vinssent les voir et les juger. Il plaça près d'eux un registre, où les visiteurs purent écrire. Les remarques et les observations les plus diverses y furent mises, quelques-unes saugrenues, beaucoup d'autres où les gens gardant l'anonyme, laissaient voir, par des grossièretés, combien était profonde l'hostilité contre l'artiste. Mais les partisans et les amis purent exprimer de leur côté leur approbation et leurs louanges. Manet était si connu, ses productions soulevaient d'abord une telle curiosité, on était si bien habitué à s'échauffer à son sujet, que l'exposition particulière de ses tableaux fit du bruit. Elle devint un événement parisien. Il fut de mode de visiter son atelier. De telle sorte que le refus du jury n'atteignit pas le résultat d'étouffement, que ses auteurs s'en étaient promis. Les œuvres refusées, si elles échappèrent à la foule qui se bouscule aux Salons, furent en définitive vues de l'élite, qui s'intéresse aux choses d'art.

La presse, il faut lui rendre cette justice, prit du reste presque entièrement parti pour Manet contre le jury. Ces journalistes mêmes qui, au précédent Salon, avaient témoigné de leur mépris pour l'*Argenteuil* et qui, maintenant encore, en présence des œuvres montrées dans l'atelier, n'avaient que des critiques à exprimer, s'élevaient cependant contre l'ostracisme dont leur auteur était l'objet. On trouvait qu'un homme depuis

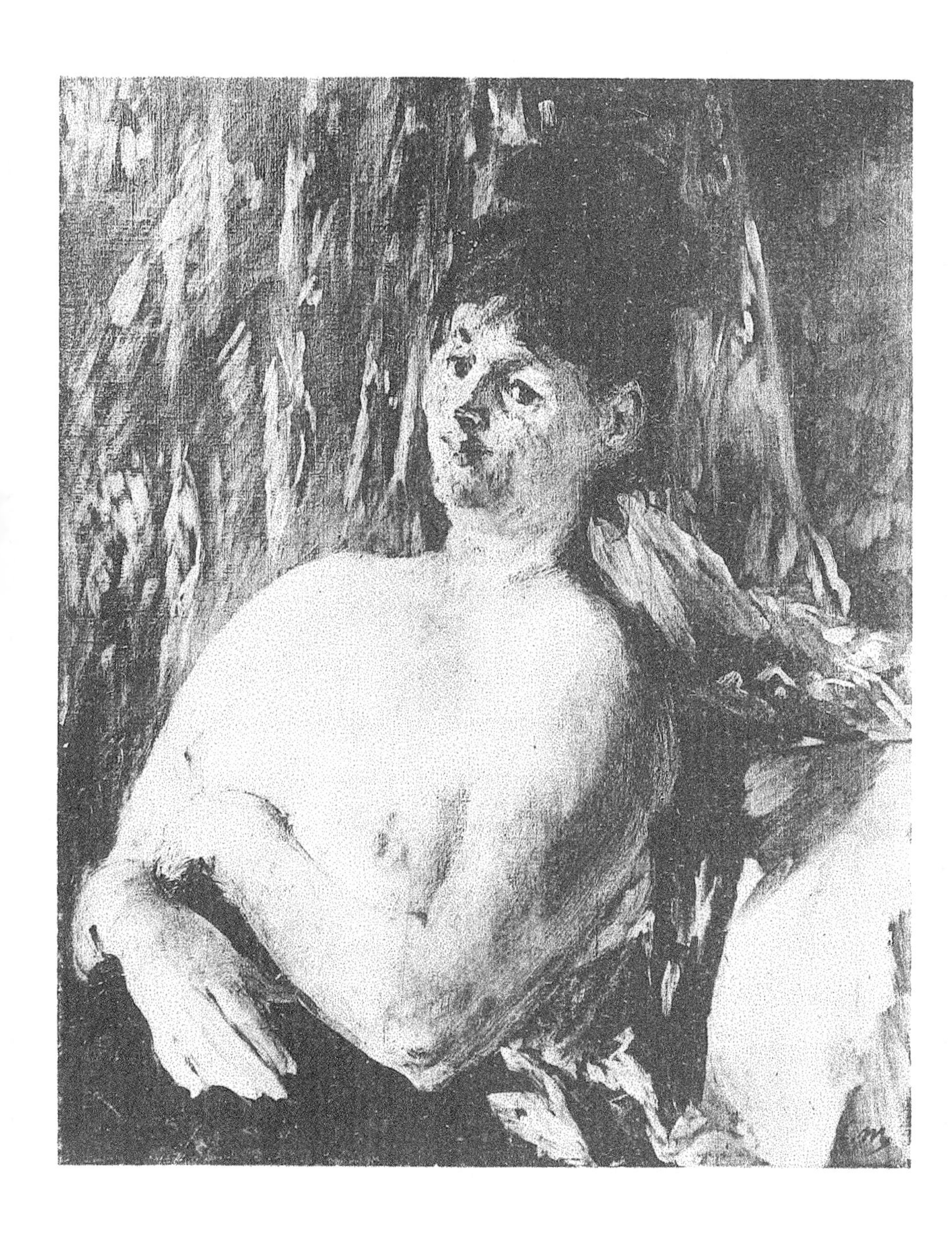

XXVIII. — LE MODÈLE DU LINGE

si longtemps sur la brèche, déployant une telle volonté de travail, devait avoir le droit de se produire. Le jury abusait de ses pouvoirs, en le mettant en interdit. Qu'on le laissât donc exposer ! Ce serait ensuite à la presse et au public à faire justice de ses erreurs. Tous s'étaient d'ailleurs acquittés de cette mission, en le poursuivant sans relâche de leurs sévérités. C'est pourquoi, après l'avoir si longtemps malmené, c'eût été un manque de générosité, que de venir maintenant approuver qu'on lui fermât le Salon. De telle sorte que le soulèvement causé par l'*Argenteuil*, sur lequel le jury s'était comme appuyé pour frapper Manet, n'amenait point l'approbation de son acte qu'il s'était promise. Et puis, du moment qu'on se dérangeait pour aller voir les tableaux dans l'atelier, le jury blâmé pour sa sévérité, n'en obtenait même pas l'avantage de pouvoir soustraire aux regards les audaces jugées démoralisantes du peintre.

Manet se sentit donc assez défendu pour croire que les refus subis en 1876 ne se renouvelleraient pas en 1877. Malgré cela, pour se rouvrir avec certitude le Salon, il tint un certain compte des répulsions du jury, en ne présentant point cette fois-ci d'œuvre de plein air, mais en envoyant deux tableaux peints dans l'atelier. Le jury ne pouvait dès lors songer à renouveler ses refus et les deux tableaux furent déclarés admis. L'un d'eux fut cependant ensuite éliminé, à cause du sujet considéré comme trop libre.

Le tableau éliminé, avait pour titre *Nàna,* d'après l'héroïne d'Emile Zola. Il représentait une jeune femme à sa toilette, en corset et en jupon, à même de se pomponner. Jusque là il n'offrait rien qui pût effaroucher et c'était un personnage accessoire qui, en lui donnant sa signification, avait amené le jury à l'exclure. Manet avait peint, sur un côté de la toile, contemplant la toilette de la jeune femme, un monsieur en habit noir, assis, le chapeau sur la tête. Par ce personnage et le détail du chapeau, la femme était caractérisée; sans qu'on eût besoin d'explications, on voyait qu'on avait affaire à une courtisane. Manet, qui voulait peindre la vie sous tous ses aspects, qui cherchait à la rendre la plus vraie possible, avait trouvé moyen, par l'introduction auprès d'une femme d'un personnage masculin d'aillèurs inactif, d'établir un intérieur de courtisane. C'était un des côtés de la vie de plaisir qu'il rendait, mais à l'aide d'un artifice si simple et si tranquille, que l'ensemble n'avait rien d'offensant.

On avait devant soi une œuvre d'art à juger uniquement comme telle et, à ceux qui eussent voulu la considérer d'un autre point de vue, on pouvait dire : Honni soit qui mal y pense. Car jamais Manet n'a fait autre chose que de peindre, sans sous-entendu, les scènes conçues franchement, pour exister comme œuvres d'art. Quand on a voulu trouver dans son *Déjeuner sur l'herbe,* dans son *Olympia* ou dans sa *Nana* certaines intentions, ce sont simplement les accusateurs, qui tiraient d'eux l'idée malsaine qu'il n'avait jamais eue. Lorsqu'on compare en particulier cette *Nana* aux nombreuses représentations de Joseph et de Putiphar, de Nymphes ou de Satyres, peintes par les grands maîtres et placées dans les musées, on reconnaît qu'elle est à côté, d'une réserve parfaite. Mais le temps est encore ici un élément essentiel. Après la mort de leurs auteurs, les audaces s'apaisent et se font accepter, tandis que l'exposition tranquille de simples réalités, au moment où elle se produit, parait offensante. Toujours est-il que le jury du Salon de 1877 se refusait à montrer une courtisane, qu'on eût pu prendre pour une vertu, en comparaison de certaines dames tenues dans les musées. Il est présumable aussi que le jury n'y regardait pas de si près et que *Nana* lui offrant un prétexte de refus, il s'empressait de le saisir pour bannir, encore une fois, un tableau de Manet.

L'autre envoi au Salon, et celui-là exposé, était le *Portrait de M. Faure, dans le rôle d'Hamlet.* C'était la seconde fois que Manet peignait un Hamlet. Les deux n'ont aucune ressemblance. On est surpris d'abord qu'un même rôle puisse fournir deux types aussi dissemblables. Mais lorsqu'on observe directement la vie, on découvre une grande multiplicité d'aspects, sous des formes où l'on aurait à première vue pu soupçonner l'uniformité. Les Hamlet peints par Manet, personnifiés par deux acteurs différents, engagés dans des genres différents, n'ont donc pu se ressembler. Le premier peint en 1866, sous le nom de *l'Acteur tragique*, représentait Rouvière qui, en effet acteur tragique, faisant surtout ressortir dans ses rôles le côté farouche, avait amené Manet à peindre un Hamlet ténébreux, porté à la vengeance. Le second, celui de cette année, représentait au contraire Faure qui, ayant à chanter la musique d'Ambroise Thomas et à se faire entendre dans une immense salle d'opéra, s'offrait sans caractère dramatique saillant et ne pouvait donner, ce que Manet avait en effet mis sur la toile, qu'un Hamlet à l'aspect de virtuose.

Par exception les deux tableaux envoyés au Salon de 1877 montraient des types empruntés à la littérature, l'un à une tragédie de Shakespeare, l'autre à un roman de Zola. Mais avec eux Manet n'était point remonté jusqu'à l'œuvre littéraire, pour y chercher le caractère original que les auteurs avaient eux-mêmes voulu donner à leurs héros. Il s'était arrêté en route, en prenant, pour les peindre, deux êtres vivants doués d'une physionomie propre. On voit par là que, contrairement aux romantiques, et en particulier à Delacroix, il ne concevait point son art de la peinture comme devant se conformer à des œuvres littéraires, pour en devenir une explication ou une illustration. Ses Hamlet ne sont donc point de Shakespeare, pas plus que sa Nana n'est de Zola. Dans le cas de ses Hamlet, il ne s'est point demandé quel était le type réellement créé par l'imagination de Shakespeare pour le rendre, il a peint deux êtres distincts que lui offraient deux acteurs différents, posant devant lui. De même que dans sa Nana, il a peint le modèle qu'une courtisane réelle lui fournissait, sans s'attacher à personnifier exactement la création du roman, et aussi reconnaît-on que sa Nana et celle de Zola sont deux femmes différentes.

En 1878 comme en 1867, il devait y avoir une Exposition universelle où, à côté de l'Industrie, on ferait une place aux Beaux-Arts. Manet cette année-là n'envoya rien au Salon, mais désireux d'apparaître à la plus importante des expositions il y présenta des œuvres. Elles furent refusées. En 1878 comme en 1867, il voyait donc l'Exposition universelle se fermer pour lui. C'était un jury spécial qui choisissait les tableaux à exposer, mais il se recrutait parmi les mêmes peintres vieillis dans le respect des règles, qui formaient les jurys des Salons annuels. Or tous ceux-là qui, pleins de la croyance qu'ils devaient défendre la tradition, avaient autant que possible fermé les portes des Salons à Manet, s'ils avaient enfin été contraints, par la force des choses, de les ouvrir, se rejetaient sur l'Exposition universelle, comme sur un exceptionnel retranchement, pour l'en tenir à l'écart et l'empêcher dans une mesure de se produire.

Manet, frappé ainsi pour la seconde fois, dans une occasion exceptionnelle, eut la pensée de recourir à une exposition particulière, comme il l'avait fait en 1867. Il rechercha un local et il dressa même le catalogue des œuvres à montrer, qui comprenait cent numéros. Puis il renonça à son projet. Il fut sans doute amené à s'abstenir ainsi, par la pensée qu'après l'énorme attention qui s'était portée sur ses œuvres aux Salons, elles étaient assez connues, pour qu'il pût s'abstenir de les montrer à part. Une autre cause, qui aussi l'arrêta, fut les frais considérables qu'une exposition particulière eût entraînés et qu'il ne pouvait encourir. Il continuait à ne vendre de tableaux que de loin en loin, à des prix fort minimes, et ses ressources limitées ne lui permettaient pas de répéter la dépense d'une installation appropriée, analogue à celle de 1867.

Cependant le refus éprouvé par Manet en 1878 à l'Exposition universelle, après celui de 1876 au Salon, avait soulevé de nombreuses protestations dans la presse, et chez les artistes. On pouvait s'apercevoir ainsi que, toujours méprisé par le public dans son ensemble, il gagnait du terrain parmi une élite. Le nombre de ses partisans et de ses défenseurs s'accroîssait, de telle sorte que le jury, qui le condamnait, avait à subir de fortes attaques et que même ses membres se voyaient individuellement pris à partie et recevaient à leur tour des injures. Aussi, se sentant de plus en plus soutenu, renonça-t-il, en se présentant au Salon de 1879, à ces ménagements qu'il avait cru devoir observer au Salon de 1877, après le refus de 1876. Il avait alors écarté les tableaux de plein air, qui offusquaient particulièrement, pour n'envoyer que des toiles peintes dans l'atelier. Mais en 1879 il revenait à la charge sans faire de concessions. Il soumettait au jury d'examen deux toiles, l'une *En bateau,* un plein air, l'autre *Dans la serre,* qui, tout en ayant été peinte en lieu couvert, offrait cependant des tons très vifs. Les deux furent reçues.

En bateau avait été peint en 1874, avec l'*Argenteuil*, mais dans une gamme de tons moins violente. On n'y trouvait pas de détail aussi tranché que l'eau bleue, mise comme fond à l'*Argenteuil*. Le personnage principal, un canotier, tenait le gouvernail du bateau vêtu d'un maillot blanc. Il s'harmonisait bien avec l'eau de la rivière d'un gris azur. Le tableau, relativement calme, s'il ne parvenait à recueillir l'approbation, passait au moins sans soulever une trop grande hostilité. *Dans la serre* déplaisait au même titre que toutes les œuvres de Manet, où se voyaient des tons variés et des couleurs vives. Deux personnages, une femme et un homme jeunes, s'y détachaient sur les plantes vertes d'une serre. La femme était assise, étendue sur un banc; l'homme accoudé sur le dossier du banc causait tranquillement avec elle. La scène s'offrait pleine de charme, mais comme le fond était formé par les plantes vertes, peintes dans tout leur éclat, le public, selon son habitude en semblable circonstance, déclarait l'arrangement criard et ses pauvres yeux s'en trouvaient offusqués.

Manet avait fait poser, pour son couple, M. et Mme Guillemet, un jeune ménage. La femme, une jolie personne très élégante, se distinguait par le bon goût de ses toilettes. Aussi Manet pouvant disposer d'un tel modèle, avait-il su en profiter. On lui reprochait de ne peindre que des femmes vulgaires, mal habillées et il ne pouvait oublier que son *Balcon* de 1869, avait subi des railleries impitoyables, parce qu'on avait jugé que les dames qui s'y montraient étaient affreusement fagotées. Ayant à peindre cette fois-ci une élégante, il s'est étudié à maintenir à la robe ses plis rectilignes et sa coupe irréprochable, avec autant de soin que s'il eût travaillé pour un journal de modes. Mme Guillemet portait des chapeaux ravissants, qui excitaient d'autant plus la curiosité, qu'on savait qu'elle les faisait elle-même. Manet s'est appliqué en ami sur son chapeau, encore plus que sur sa robe. Il a repris l'arrangement de plantes vertes, mis comme fond à son tableau *Dans la serre,* pour l'introduire dans une composition où sa femme, vêtue de gris, est représentée elle aussi assise sur un banc. Il a encore peint, dans le même temps, se détachant sur un fond de plantes vertes, mais cette fois assise dans un fauteuil, une jeune femme vêtue de noir, qui tient un éventail déployé.

A ce moment, en 1879, Manet au sommet de sa carrière, avait atteint le genre de renom, qui devait lui appartenir de son vivant. C'était un des hommes les plus en vue de Paris. Tout le monde savait qui il était. Mais dans la masse du peuple et même dans cette foule restreinte qu'on appelle le *Tout Paris,* il demeurait incompris. On ne voyait toujours en lui qu'un artiste outré, violent, auquel manquaient les qualités des grands maîtres et, en définitive, il restait presque le réprouvé qu'il avait été à ses débuts. Une élite d'écrivains, d'artistes, de connaisseurs, de femmes distinguées, un noyau de disciples lui étaient venus qui, sachant l'apprécier, lui témoignaient la plus vive amitié; il sentait que les jeunes artistes s'abandonnaient en

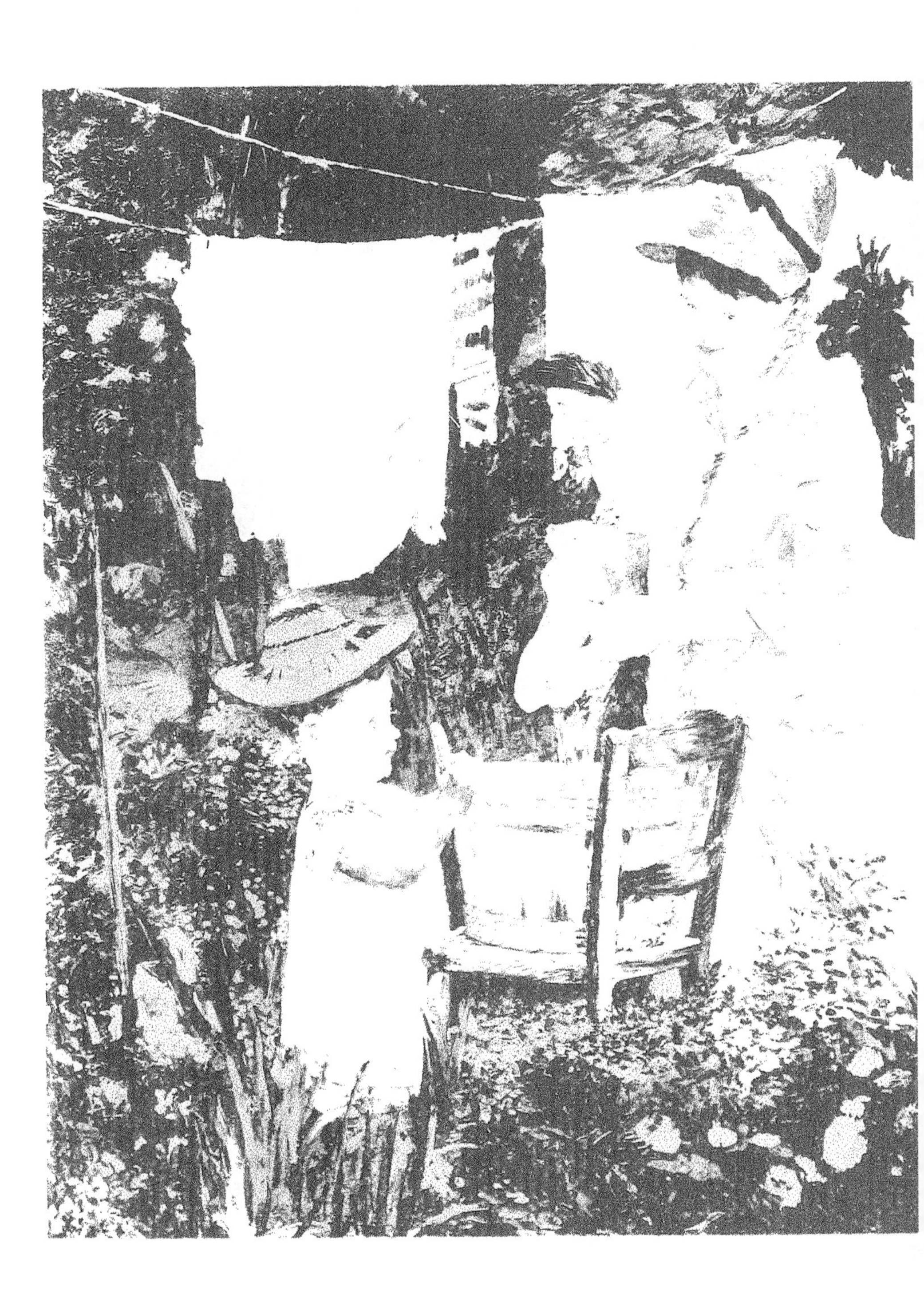

XXIX. — LE LINGE

partie à son influence. Mais ces avantages, dans un cercle restreint, ne le dédommageaient pas du jugement que le peuple au dehors continuait à élever contre lui. Il ne connaissait pas cette philosophie, qui porte les gens à se satisfaire eux-mêmes de leur mérite, en méprisant l'opinion des contemporains. Il avait eu dès l'abord, conscience de sa valeur. Il avait tout de suite vu qu'elle devait être un jour universellement reconnue et faire mettre son œuvre au premier rang. Mais cette reconnaissance, qu'il se promettait toujours devoir venir, reculait sans cesse et chaque fois qu'elle s'évanouissait, il en éprouvait de la tristesse. Il comprenait la vie d'artiste sous la forme des succès éclatants d'un Rubens. Les honneurs, les postes officiels, les distinctions des académies, l'entrée dans les Instituts, puisque ces choses existaient et étaient acquises à d'autres, lui semblaient à lui aussi son dû. Il souffrait de ne pouvoir les obtenir, alors que les autres s'en paraient à ses yeux.

Homme du monde, ayant le goût de la société, c'était pour lui un perpétuel agacement, de voir dans les salons et les réunions, les sourires et les compliments des femmes, les hommages des hommes aller à ces artistes en renom, qui le combattaient, l'expulsaient des expositions, accaparaient les honneurs, pendant que lui, traité en artiste inférieur, n'était goûté que pour les manières distinguées et l'esprit de conversation qu'on lui reconnaissait, comme seule supériorité. Et puis ! pendant que les autres encore arrivaient à la richesse, il continuait d'empiler les toiles dans son atelier et, s'il en vendait de temps en temps, il n'en retirait que des sommes minimes, qui lui permettaient tout juste de faire face aux dépenses de sa vie, tenue sur un pied modeste. Lorsqu'il travaillait, lorsqu'il était avec ses amis, son entrain naturel, son élasticité de tempérament le maintenaient à l'état d'homme gai, mais lorsqu'il se retrouvait dans le monde, lorsque les refus des jurys ou les injures et les railleries de la presse se reproduisaient, il en ressentait une très grande amertume. A mesure que les années s'écoulaient, il devenait cet homme qui a eu certaines ambitions qu'il sait justifiées et qu'il croyait réalisables et qui, les voyant s'évanouir, éprouve une intime déception.

Manet était un Parisien qui personnifiait, portés à toute leur puissance, les sentiments et les habitudes des Parisiens. Il représentait, avec sa sensibilité d'artiste, ses penchants d'homme du monde, son besoin de sociabilité, le Parisien par les côtés de raffinement où il se distingue, mais aussi où il arrive à un genre de vie presque artificiel. Il ne pouvait donc vivre qu'à Paris et, en outre, il ne pouvait y vivre que d'une certaine manière. A l'époque où il apparaissait, ce qu'on appelait le Boulevard, l'espace compris entre la rue de Richelieu et la Chaussée-d'Antin, était un lieu à part. Paris n'était point alors la ville envahie par les provinciaux et les étrangers, que les chemins de fer y versent aujourd'hui. Le Boulevard était encore libre de cohue et, dans l'après-midi, une élite de gens plus

Parisiens que les autres, pouvait venir s'y rencontrer, s'y promener et y flâner. Il y a eu trois ou quatre générations d'hommes de raffinement fixées au Boulevard, par des liens aussi puissants, que ceux qui peuvent attacher certaines plantes au sol nécessaire à leur vie. Pour ces gens-là, respirer l'air du Boulevard était un besoin et la nostalgie du boulevard, par suite d'éloignement, devenait une maladie. Manet aura été un des derniers représentants de cette manière d'être. Il sera resté un de ceux pour qui la fréquentation du Boulevard aura été une pratique de toute la vie.

Il y avait sur le Boulevard un coin comme nul autre, une maison privilégiée, où les habitués étaient traditionnellement illustres, le café Tortoni, à l'angle de la rue Taitbout. Sa réputation remontait au premier empire, alors que Talleyrand l'avait choisi, pour y dîner et s'y retrouver avec ses amis. Ensuite Alfred de Musset l'avait adopté et quand il a montré dans Mardoche le jeune homme livré aux plaisirs de Paris, il le promène naturellement sur le Boulevard et il désigne le Boulevard, en nommant Tortoni.

> Mardoche habit marron, en landau de louage.
> Par devant Tortoni, passait en grand tapage.

Après Musset étaient venus Rossini et Théophile Gautier. Manet, comme enfant de Paris, était entré dans cette tradition. Dès l'origine, puis alors qu'il était le plus honni et le plus repoussé, il allait faire sa visite quotidienne au Boulevard et sa station à Tortoni. On y était hostile ou indifférent à son art, aussi ne se trouvait-il point là comme artiste et, entre lui et les gens avec lesquels s'étaient nouées ces relations familières, qui naissent du coudoiement habituel, il n'était question ni de son esthétique, ni de ses succès ou insuccès. Il revenait tous les jours, simplement comme Parisien, mû par le besoin de fouler le sol d'élection du vrai Parisien.

Le Boulevard lieu de promenade tranquille n'existe plus, il est devenu une grande rue cosmopolite. Les théâtres, les cinémas, les banques, les brasseries attirent les foules, qui ont chassé les élégants et les raffinés. Le café Tortoni, soumis à la loi commune du changement et ne pouvant survivre à la disparition de la société dont il était le centre, s'est fermé. Il a été remplacé par une vulgaire boutique. Mais la maison subsiste et ceux qui ont connu Manet peuvent se le rappeler assis devant le perron, ou dans la salle du bas ou encore, déjeunant avec des amis au premier étage. Il reste ainsi dans le souvenir, comme un de ces anciens Parisiens sociables par dessus tout.

XI.

L'ŒUVRE GRAVÉ

L'œuvre gravé de Manet se compose principalement d'eaux-fortes et de lithographies. Les eaux-fortes s'étendent de ses débuts à sa fin. Une des premières *Silentium* marque son commencement; la derniére *Jeanne* est de 1882. C'est entre les années 1862 et 1867 qu'il s'est surtout adonné à l'eau-forte. Il est alors dans cette période où il aime à faire poser des Espagnols, et un grand nombre de ses eaux-fortes est consacré à des motifs espagnols.

Il apportait dans l'eau-forte cette coutume de ne point se répéter, qui était le fondement de son art. Il innovait, même quand il mettait sous la forme gravée des sujets déjà peints. Plusieurs de ses eaux-fortes reproduisent de ses tableaux à l'huile, mais d'une manière très libre. On a ainsi deux eaux-fortes de l'*Olympia,* en deux dimensions. Elles laissent voir entre elles des différences et montrent aussi des variantes, comparées au tableau original. La plus petite a été faite pour illustrer l'article d'Emile Zola de la *Revue du XIXe Siècle,* réimprimé en brochure. Dans cette circonstance Manet, jaloux de soutenir l'éloge que Zola présentait de lui et de son *Olympia,* s'est appliqué à obtenir une grande précision de dessin et un rare fini des traits de la pointe.

Les planches des eaux-fortes ont été laissées dans des états très divers; quelques-unes ne présentent que des esquisses ou des indications de sujets cherchés, tandis que d'autres, comme *Lola de Valence, l'Enfant à l'épée,* ont été très travaillées. Il existe aussi de très grandes différences, en ce qui concerne la valeur des tirages et le nombre d'épreuves tirées. L'ensemble de l'œuvre comprend des reproductions de tableaux anciens, comme l'*Infante Marguerite, les Petits Cavaliers, Philippe IV* de Velasquez; des reproductions de ses propres tableaux, comme le B*uveur d'absinthe, le Gamin au chien, le Chanteur espagnol, Lola de Valence, l'Acteur tragique, les* Bulles *de savon, le Liseur,* etc.; des compositions originales comme *Silentium, l'Odalisque couchée, la Toilette, la Convalescente;* des portraits comme ceux de Baudelaire, d'Edgar Poe, de son père.

Une de ses eaux-fortes, à laquelle on est particulièrement ramené par le charme qui s'en dégage, *Lola de Valence,* montre combien, quand le sujet l'y portait, il savait user des ressources de l'outil. Pendant longtemps ses œuvres gravées n'ont pourtant pas rencontré

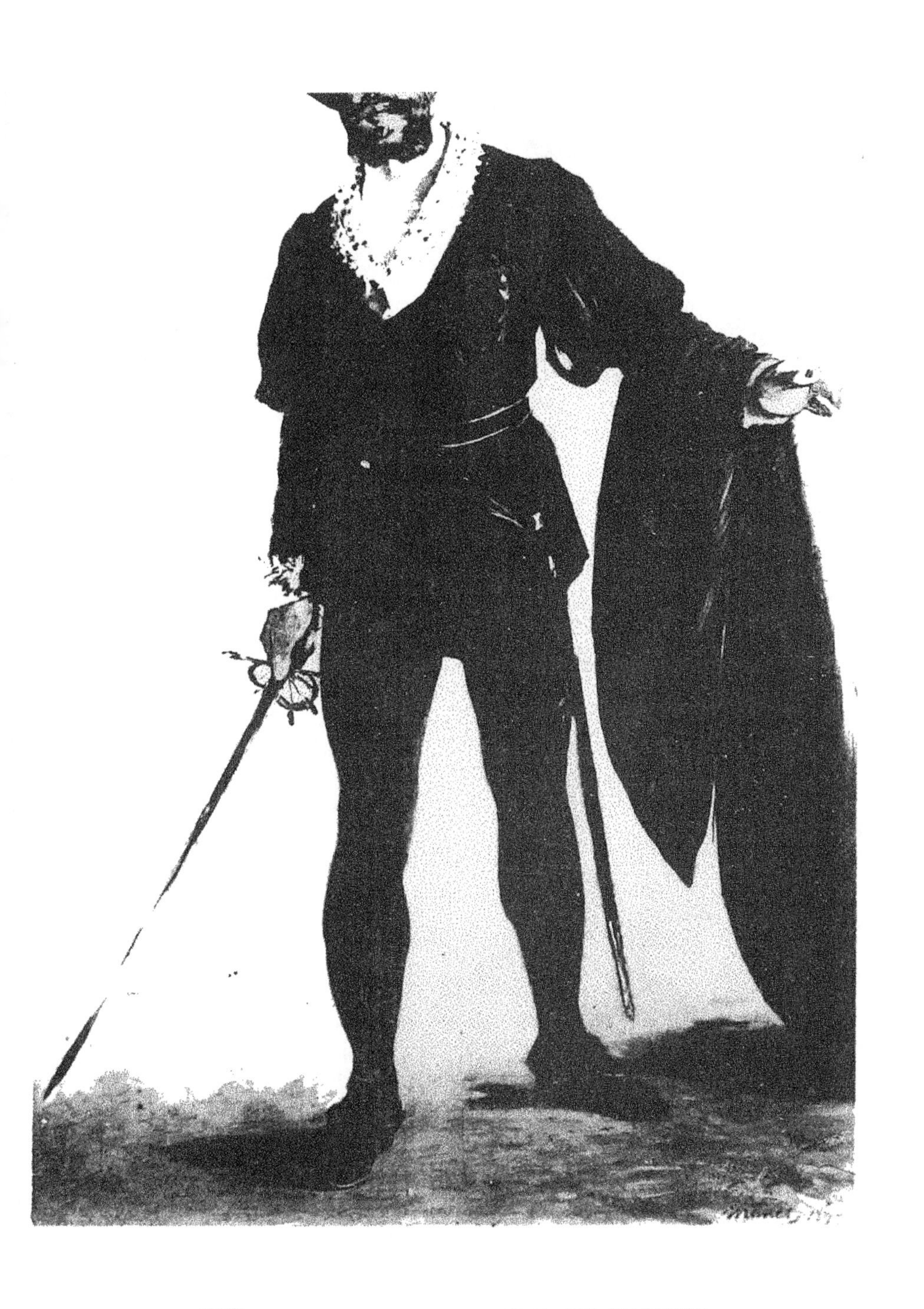

XXX. — PORTRAIT DE FAURE, EN HAMLET

Salon d

plus de faveur que ses tableaux. Elles étaient profondément dédaignées. Manet n'était, disait-on, qu'un artiste incomplet, dépourvu peut-être encore plus de science sur le terrain de la gravure que sur celui de la peinture. Mais sur les deux il avait, au contraire, étudié les maîtres et savait tout ce que l'on peut apprendre. Il aimait, à l'occasion, à disserter sur le mérite des aquafortistes ses devanciers. Ceux qu'il goûtait le mieux, vers lesquels il se sentait surtout porté, étaient Canal et Goya. Dans l'eau-forte comme dans la peinture, il était donc allé d'instinct vers Venise et l'Espagne.

Ce n'est pas que ses sujets espagnols du début, pas plus que ceux qui les ont suivis, aient été traités d'une manière qui rappelle les procédés soit de Canal, soit de Goya. Il était trop foncièrement original pour imiter les autres. Mais dans plusieurs de ses eaux-fortes, comme dans certains de ses tableaux, il a aimé, de propos délibéré, à faire apparaître la réminiscence des devanciers, ses préférés. C'est ainsi que sa F*emme à la mantille* a été exécutée ouvertement dans le genre de Goya. L'emprunt à un étranger était d'ailleurs, dans ce cas, de circonstance, car il s'agissait d'illustrer, sous une forme appropriée, un sonnet intitulé F*leur exotique,* inséré dans la collection des *Sonnets et Eaux-fortes,* publiée par Alphonse Lemerre, en 1869, à laquelle les principaux poètes et artistes du temps avaient collaboré. Dans quelques-unes de ses eaux-fortes, particulièrement dans *le Philosophe,* il a introduit des traits en zig-zag, rappelant la manière de Canal, qu'il trouvait spécialement souple et charmante.

M. Moreau-Nélaton a dressé le catalogue des eaux-fortes et des lithographies de Manet (1). Il a mis en tête une étude, pleine de renseignements sur l'exécution et la publication des pièces détachées ou réunies en ensembles. Ce catalogue se recommande à toute personne désireuse de connaître l'œuvre gravé de Manet. Le nombre des eaux-fortes, en y comprenant les sujets rares, uniques et les variantes, est porté à soixante-quinze par M. Moreau-Nélaton.

Les lithographies sont beaucoup moins nombreuses, on n'en compte pas plus de douze : *Lola de Valence* et la *Plainte Moresque,* comme frontispices à des œuvres musicales, *le Gamin au chien, le Rendez-vous de chats,* les deux *Portraits de Mlle Morisot, Course à Longchamp, le* Ballon, l'*Exécution de Maximilien, la Guerre civile, la* Barricade, *Polichinelle.* A ranger à la suite des lithographies, des dessins reportés sur pierre et tirés comme lithographies : deux pièces, *Au Café,* et une pièce, *Au Paradis* (des spectateurs au théâtre).

Il a donné à une publication spéciale, l'*Autographe,* du 2 avril 1865, une page de croquis, où se voient le buveur d'eau, un danseur et une danseuse espagnols et la tête de Lola de Valence, et à la même publication,

(1) Etienne Moreau-Nélaton. *Manet graveur et lithographe.* Un volume. Chez Loys-Delteil. Paris, 1906.

en 1867, trois croquis, la tête du buveur d'absinthe, la malade et le torero mort.

La lithographie du *Rendez-vous de chats,* de grand format, a été faite, en 1868, pour être collée au milieu d'une affiche, annonçant le livre de Champfleury sur les chats. Manet, avant de l'exécuter, avait combiné son sujet sous la forme d'une gouache, avec l'idée d'arriver à frapper les passants. Il avait donc placé un chat noir à côté d'une chatte blanche. Tous les deux déroulent une longue queue dans l'espace. Ils s'ébattent sur les toits. Dans le fond, des tuyaux de cheminée correspondent au chat noir et la lune blanche et vermeille, à travers les nuages, forme une sorte de complément à la chatte blanche. Il s'était fort diverti à cette fantaisie. Il avait promis à Champfleury qu'elle attirerait les regards. Il ne l'avait pas trompé. A cette époque, l'affiche illustrée à personnages, qui s'est tant répandue depuis, demeurait presque inconnue; l'affichage d'un motif dessiné était une nouveauté. Les passants s'attroupèrent donc devant ces chats. Ils les regardaient étonnés. Beaucoup se fâchaient, persuadés que Manet avait voulu se moquer d'eux. On revoyait ainsi, dans la rue, devant son affiche, le soulèvement qu'on avait vu aux Salons devant ses tableaux. Cette lithographie, tirée à de nombreux exemplaires, s'est perdue sur les murailles; elle est devenue comme introuvable, au désespoir des collectionneurs. Une gravure sur bois, faite d'après le motif du *Rendez-vous de chats,* a été introduite dans le livre de Champfleury, *les Chats.*

Les portraits lithographiés de Mlle Morisot sous deux formes différentes, au trait et en plein, ont été exécutés d'après un tableau à l'huile.

La Guerre civile et *la Barricade* rappellent la bataille qui a eu lieu dans les rues de Paris, à la fin de mai 1871, entre les gardes nationaux fédérés et l'armée de Versailles. *La Guerre civile* donne en particulier l'image tragique d'un garde national mort, abandonné le long d'une barricade démantelée. La scène n'a point été composée. Manet l'avait réellement vue, à l'angle de la rue de l'Arcade et du boulevard Malesherbes. Il en avait pris un croquis sur place.

Le *Polichinelle* est d'abord apparu en aquarelle, puis dans le tableau à l'huile, exposé au Salon de 1874. Il a enfin été donné, sous la forme de lihographie en couleurs et même répété, à l'huile, sur un œuf d'autruche. Théodore de Banville fit, pour la lithographie, un distique placé au bas.

> Féroce et rose, avec du feu dans sa prunelle,
> Effronté, saoul, divin, c'est lui Polichinelle.

Indépendamment des eaux-fortes et des lithographies à l'état de pièces séparées, Manet a produit des séries d'eaux-fortes, de lithographies et de dessins sur bois, pour illustrer divers ouvrages. Il a ainsi illustré d'eaux-fortes *le Fleuve,* poésie de Charles Cros, en 1874. Une libellule comme frontispice, un oiseau volant en cul-de-lampe et six légères compositions, qui représentent les divers aspects de la nature que voit le fleuve

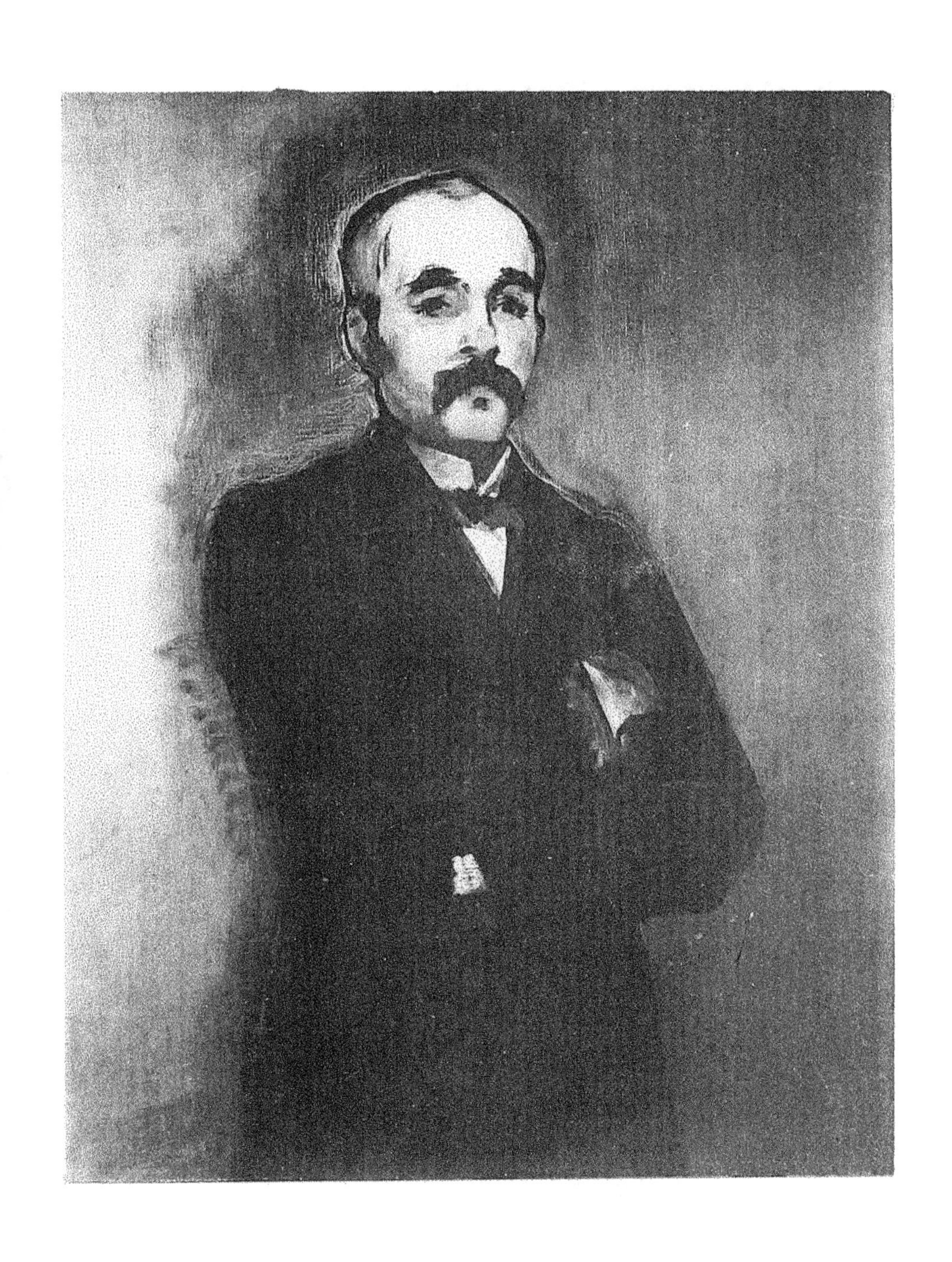

XXXL — PORTRAIT DE M. CLEMENCEAU

dans son cours, depuis la montagne où il naît, jusqu'à la mer où il se perd.

Il a illustré de six dessins, reportés sur pierre et tirés comme lithographies, *le Corbeau* d'Edgar Poe, traduit par Stéphane Mallarmé, chez Lesclide, 1875. Le premier dessin, en frontispice, est une tête de corbeau; le dernier, un *ex-libris,* un corbeau volant. Les quatre autres illustrent le texte. Ils sont d'une grande puissance et atteignent au fantastique, où s'est élevé le poète lui-même.

Il a dessiné quatre petits bois, pour l'illustration d'un tirage spécial de *l'Après-midi d'un* Faune de Stéphane Mallarmé, en 1876.

Ces nymphes, je les veux perpétuer.

Il les a perpétuées s'ébattant légères au milieu des roseaux, et le Faune les guette de loin.

En outre des bois exécutés comme illustrations de *l'Après-midi d'un* Faune, Manet a encore dessiné sur bois, pour la gravure : Une *Olympia,* montrant des variantes d'avec le tableau à l'huile, les eaux-fortes et l'aquarelle. *Le Chemin de fer,* reproduction de son tableau du Salon de 1874. *La Parisienne,* en trois variantes, pour le *Monde nouveau,* de Charles Cros, en 1874, dont deux, tirées comme épreuves, sont restées inédites.

Il a donné au journal illustré la *Vie Moderne* des croquis et dessins, reproduits dans les numéros des 10 et 17 avril et 8 mai 1880.

Il a dessiné un portrait de Courbet, pour figurer, reproduit par le procédé du gillotage, en tête du livre de M. d'Ideville sur Courbet, publié en 1878. Courbet était mort à cette époque. Ce portrait si plein de vie n'a cependant été fait que de souvenir, à l'aide d'une photographie. Mais il a fait poser Claude Monet pour le portrait, reproduit également par le gillotage dans le journal illustré la *Vie Moderne* du 12 juin 1880, et mis en tête du catalogue de l'exposition des œuvres de Claude Monet, faite en juin 1880, à la *Vie Moderne,* sur le boulevard des Italiens.

Cette exposition avait été organisée par Georges Charpentier, l'éditeur, à qui le journal appartenait. Il avait pensé qu'elle servirait utilement Claude Monet et l'art impressionniste, mais on ne change pas tout à coup le goût du public et Monet était, en 1880, si généralement méprisé, que l'exposition de ses œuvres, tenue dans un rez-de-chaussée ouvert sur le boulevard, où l'on entrait gratuitement, ne fut guère qu'un passage de gens venant rire et se moquer. Charpentier avait fait imprimer un catalogue, avec une notice sur Monet, qu'il m'avait demandée et, en tête, comme attrait spécial, se trouvait le portrait de Monet par Manet. Il s'était imaginé que cette plaquette illustrée se recommanderait au public. Il en avait fixé le prix à cinquante centimes, mais les visiteurs se succédaient, sans que pas un voulût dépenser une somme aussi énorme pour un tel objet. Il en réduisit le prix à dix centimes. Le catalogue eut après cela quelques acheteurs. On l'avait tiré à un grand nombre d'exemplaires et, deux ou trois jours avant la fermeture de l'exposition, il en restait encore beaucoup. Charpentier décida qu'on les donnerait. En effet, le gardien, d'un air engageant, en faisait l'offre aux visiteurs. Quelques-uns, les plus sages, prenaient le catalogue, c'était après tout du papier qui ne coûtait rien, mais la plupart le refusaient en riant. Ils se jugeaient ainsi fort malins. Cette exposition d'art impressionniste leur faisait l'effet d'une farce et l'offre du catalogue n'en était, à leurs yeux, que le couronnement. Ils croyaient donc prouver toute leur supériorité (à farceur, farceur et demi) en refusant l'offre et en montrant ainsi qu'ils n'étaient point dupes de la plaisanterie. Quand l'exposition se ferma, il restait un gros paquet de catalogues, qu'on n'avait réussi à faire prendre au public ni pour argent ni par amour.

Cependant depuis, il m'est tombé sous la main les catalogues de libraires vendant des livres rares, des plaquettes curieuses et j'y ai vu figurer, à diverses reprises, celle de l'exposition de la *Vie Moderne*, désignée chose rare et cotée de un jusqu'à dix francs. Quelle révolution cela indiquait dans le goût du public!

XII.

LES DESSINS ET LES PASTELS

Les dessins de Manet confirmeraient, s'il en était besoin, le fait que ses tableaux de jeunesse nous avaient déjà appris, qu'il avait sérieusement étudié les vieux maîtres à son apprentissage et au cours de ses voyages. Les dessins du voyage d'Italie, entre autres, sont nombreux et ils montrent qu'il ne s'était pas seulement arrêté devant ces maîtres, vers lesquels il pouvait se sentir plus particulièrement porté, mais qu'il avait aussi pris une réelle connaissance des autres. Beaucoup de ses croquis s'appliquent à des sujets de l'école romaine et un dessin, des plus importants, reproduit une des figures principales de l'*Incendie du Borgo,* par Raphaël, dans les chambres du Vatican.

Les dessins, chez Manet, demeurent généralement à l'état d'esquisses ou de croquis. Ils ont été faits pour saisir un aspect fugitif, un mouvement, un trait ou détail saillant. Dans cet ordre de travail, on peut dire qu'il était toujours prêt. De tout temps, il a eu près de lui, à l'atelier, des feuillets assemblés pour dessiner et, dans sa poche, un calepin avec un crayon. Le moindre objet ou détail d'un objet, qui intéressait ses regards, était immédiatement fixé sur le papier. Ces croquis, ces légers dessins, qu'on peut appeler des instantanés, montrent avec quelle sûreté il saisissait le trait caractéristique, le mouvement décisif. Je ne trouve à lui comparer, dans cet ordre, qu'Hokousaï qui, dans les dessins de premier jet de sa *Mangoua,* a su associer la simplification à un parfait déterminisme du caractère. Aussi Manet admirait-il beaucoup ce qu'il avait pu voir d'Hokousaï et les volumes de la *Mangoua* qui lui étaient tombés sous la main étaient de sa part l'objet de louanges sans restrictions.

Le dessin avait été en effet compris par Manet, de même que par Hokousaï avant lui, comme destiné surtout à fixer l'aspect saillant d'un être, d'un objet, sans complications et accessoires. Dans ces conditions, la sûreté de main doit correspondre à la justesse de vision et le mérite de l'œuvre légère réside dans sa vérité. Le croquis, tenu à sa forme sommaire, improvisée, doit cependant rendre ce qu'il rend d'une manière assez saisissante, pour offrir une œuvre vivante et intéressante, dans sa fragilité. Or les croquis de Manet font bien réellement voir, comme réalisé, ce qu'ils ont été appelés à représenter. M. de St-Albin a fourni le sujet de l'un d'eux. Le petit personnage a juste quelques centimètres; il a été crayonné d'un trait si rapide, que le contour en silhouette existe seul, sans les détails du visage ou des vêtements. Mais que cet être minuscule est donc ressemblant ! On aurait pu multiplier les séances sur un grand portrait, sans dépasser le résultat obtenu ici du premier coup. M. de St-Albin était un homme aimable, un collectionneur, un original, que l'on voyait apparaître sur le Boulevard, à une certaine heure de l'après-midi. Il personnifiait, vers 1870, ce Parisien légendaire, que l'on disait n'avoir jamais pu quitter Paris. Manet l'a croqué regardant une estampe, avec son chapeau à larges bords, sa grosse cravate, son lorgnon et, sur le papier, il se trouve aussi saisissable dans ses particularités, qu'il a jamais pu l'être rencontré sur le Boulevard.

Il en est un autre que Manet a aussi pris sur le vif, le maréchal Bazaine. Un jour, au cours du procès Bazaine, nous nous rendîmes Manet et moi, avec un groupe d'amis, à Trianon. C'était la première fois que nous y allions et je me rappelle que nous contemplâmes longtemps, en silence, la scène imposante que présentait le conseil de guerre. Manet avait fixé les yeux sur l'accusé et tout à coup, tirant de sa poche le calepin qui ne le quittait jamais, il se mit à crayonner. Il fit ainsi plusieurs légers dessins, représentant Bazaine à l'état isolé ou tel qu'il se trouvait entouré, à l'audience. Un simple trait, en rond, lui servait à fixer la tête et il y ajoutait deux ou trois points pour la bouche et les yeux. Alors se tournant de droite et de gauche, il nous montra les dessins en disant : « Mais regardez donc cette boule de billard ! » L'expression était absolument juste, car en examinant les têtes crayonnées et en les comparant avec celle de l'original placée devant soi, on constatait que la ressemblance était frappante. Plusieurs de ces dessins subsistent, ce sont des documents historiques.

Ils donnent le vrai Bazaine, le Bazaine réel, en opposition aux deux autres qu'à des moments différents, l'imagination a créés. Il y a eu d'abord le « glorieux » Bazaine, le général cru supérieur, en qui la France avait malheureusement mis son espoir. Puis, après la capitulation, est venu le grand traître, le monstre qui, ayant pu vaincre, ne l'a pas voulu. L'un est né de l'espérance, l'autre du désespoir. Le vrai était celui que Manet avait saisi et mis au point, l'homme de petite intelligence, à la tête en « boule de billard », n'ayant d'autre qualité que sa bravoure, incapable de diriger une grande armée, qui lorsqu'il s'est senti perdu dans Metz, s'est laissé aller à des actes de félonie, pour lesquels il a été jugé et condamné.

Manet a eu de tout temps l'habitude de se servir rapidement du crayon; on peut dire que son système de dessin n'a jamais varié. Mais à une pratique fondamentale, sont venus se superposer des procédés qui ont changé avec les années. A ses débuts, il employait volontiers l'aquarelle, dans des études préliminaires, pour fixer les tons ou l'arrangement de ses tableaux, ou même il répétait, par ce moyen, sous une nouvelle forme, ses œuvres déjà peintes à l'huile. Il a ainsi produit un certain nombre d'aquarelles consacrées au

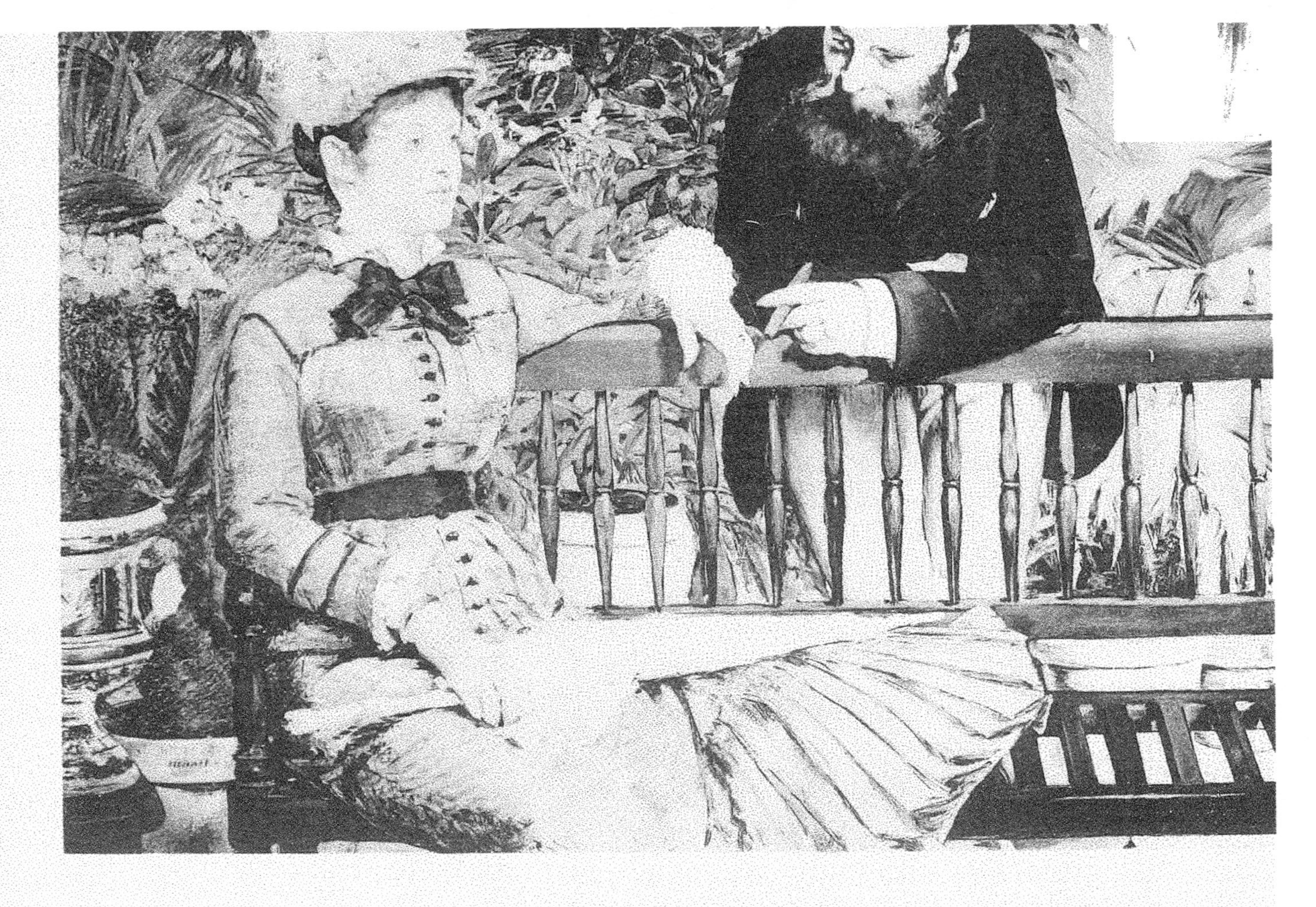

XXXII. — DANS LA SERRE

Chanteur espagnol, au *Déjeuner sur l'herbe,* aux *Anges au tombeau du Christ,* à l'*Olympia,* à la *Femme couchée en costume espagnol,* aux *Courses,* etc. Il s'est aussi servi de l'aquarelle pour prendre des vues en plein air ou s'assurer des indications de paysages. Mais en avançant, il ne recourt plus qu'accessoirement à ce moyen, pour user d'un nouveau, le pastel.

Son premier pastel date de 1874. C'est un portrait de sa femme, étendue sur un canapé, exécuté dans une gamme de tons bleus-gris, maintenant entré au Louvre. Il continue, dès lors, à se servir du pastel, surtout pour les portraits de femmes. Les productions de ce genre ont été particulièrement nombreuses à la fin de sa vie, après qu'il fut atteint par l'ataxie. Les œuvres demandant une grande dépense de force physique lui étaient devenues d'abord difficiles, puis lui furent tout à fait interdites, et le pastel lui permettait de se livrer à un travail relativement facile, qui le distrayait, en lui obtenant la société des femmes agréables qui venaient poser. Il a ainsi exécuté, dans les dernières années de sa vie, les portraits de femmes appartenant à des mondes divers : Mme Zola, Mme du Paty, Mme Guillemet, Mlle Lemaire, Mlle Lemonnier, Mlle Eva Gonzalès, Mlle Méry Laurent, Mme Martin, Mlle Marie Colombier, etc. Quelques-uns des portraits les plus caractéristiques sont restés anonymes, ou n'ont été désignés que par des titres fantaisistes : *la Femme au carlin. la Femme voilée, la Femme à la fourrure, la Viennoise, Sur le banc.*

Il avait fini par prendre grand goût au pastel. Il y trouvait le moyen de fixer la lumière, de juxtaposer les tons vifs et de rendre des types variés. Aussi ses portraits au pastel offrent-ils un ensemble où l'on peut voir la femme telle quelle s'est présentée dans la seconde moitié du XIXe siècle et, en addition, les combinaisons de coloris les plus délicates et les plus osées.

Il n'en a guère tiré avantage au point de vue pécuniaire. Il n'en a vendu que très peu à des prix fort minimes. La plupart étaient faits pour des personnes amies, auxquelles il était heureux de plaire en les leur offrant. Il exposa cependant, au journal la *Vie Moderne,* en avril 1880, une série d'œuvres où les pastels tenaient la plus grande place, et le plus grand nombre était à vendre. On lui en acheta tout juste deux.

En outre de ses portraits de femmes, Manet a aussi fait, au pastel, un certain nombre de portraits d'hommes, tels que ceux de Constantin Guys, qui lui avait été amené par Nadar, du romancier anglais George Moore, de Cabaner, le musicien incompris, en gestation perpétuelle d'œuvres extraordinaires, du docteur Materne.

XIII.

LES DERNIÈRES ANNÉES

Manet après avoir quitté son atelier de la rue de St-Pétersbourg en avait pris un, en 1879, au numéro 77 de la rue d'Amsterdam, où il devait rester jusqu'à sa mort.

Il envoya au Salon, en 1880, *Chez le Père Lathuille,* un plein air, et le *Portrait de M. Antonin Proust,* exécuté dans l'atelier. Le premier de ces tableaux avait été peint dans le jardin du Père Lathuille, un des restaurants les plus vieux et les plus connus de Paris, situé à l'entrée de l'avenue de Clichy. Avant que les limites de la ville de Paris n'eussent été portées aux fortifications, il avait été une de ces maisons, hors barrières, que les Parisiens fréquentaient le dimanche et où ils aimaient à célébrer noces et festins. Horace Vernet, en 1820, l'avait mis, comme fond à son tableau de bataille, *le Maréchal Moncey à la barrière de Clichy en 1814.* La lithographie en popularisant le tableau avait en même temps recommandé le restaurant aux patriotes, alors épris d'Horace Vernet et de ses œuvres. Manet qui habitait dans le voisinage, rue de St-Petersbourg, allait y déjeuner ou dîner de temps en temps. Il avait eu l'idée d'utiliser le jardin, lieu tranquille, pour y peindre une scène de plein air : un tout jeune homme y ferait la cour à une femme. En bon observateur, il avait conçu la scène telle que la vie l'offre généralement, où les tout jeunes gens s'éprennent de femmes plus âgées qu'eux. Le tableau représente les amoureux assis à une table, où ils achèvent de déjeuner. Le jouvenceau montre la plénitude de sa passion et laisse deviner des demandes pressantes, tandis que la femme, une personne dans les trente ans, fait la mijaurée devant lui et se tient sur la réserve, pour le mieux captiver.

On ne pouvait reprocher à Manet devant cette scène, comme on l'avait fait devant d'autres, de peindre des gens dans des attitudes incompréhensibles, ne se livrant à aucune action déterminée. Les amoureux du Père Lathuille jouaient si bien leur rôle, qu'on les comprenait à première vue. Manet, qui peignait la vie en la serrant toujours de près, pouvait trouver des motifs diversifiés à l'infini, parce que la vie est ainsi diversifiée. Aux scènes où les personnages, simplement juxtaposés, étaient tenus inactifs, telles que les yeux en rencontrent partout, il savait en faire succéder d'autres, où ils s'appliquent à des actions caractéristiques. Il avait du reste, dans le cas actuel, obtenu son effet par des moyens décisifs, quoique très simples. Le

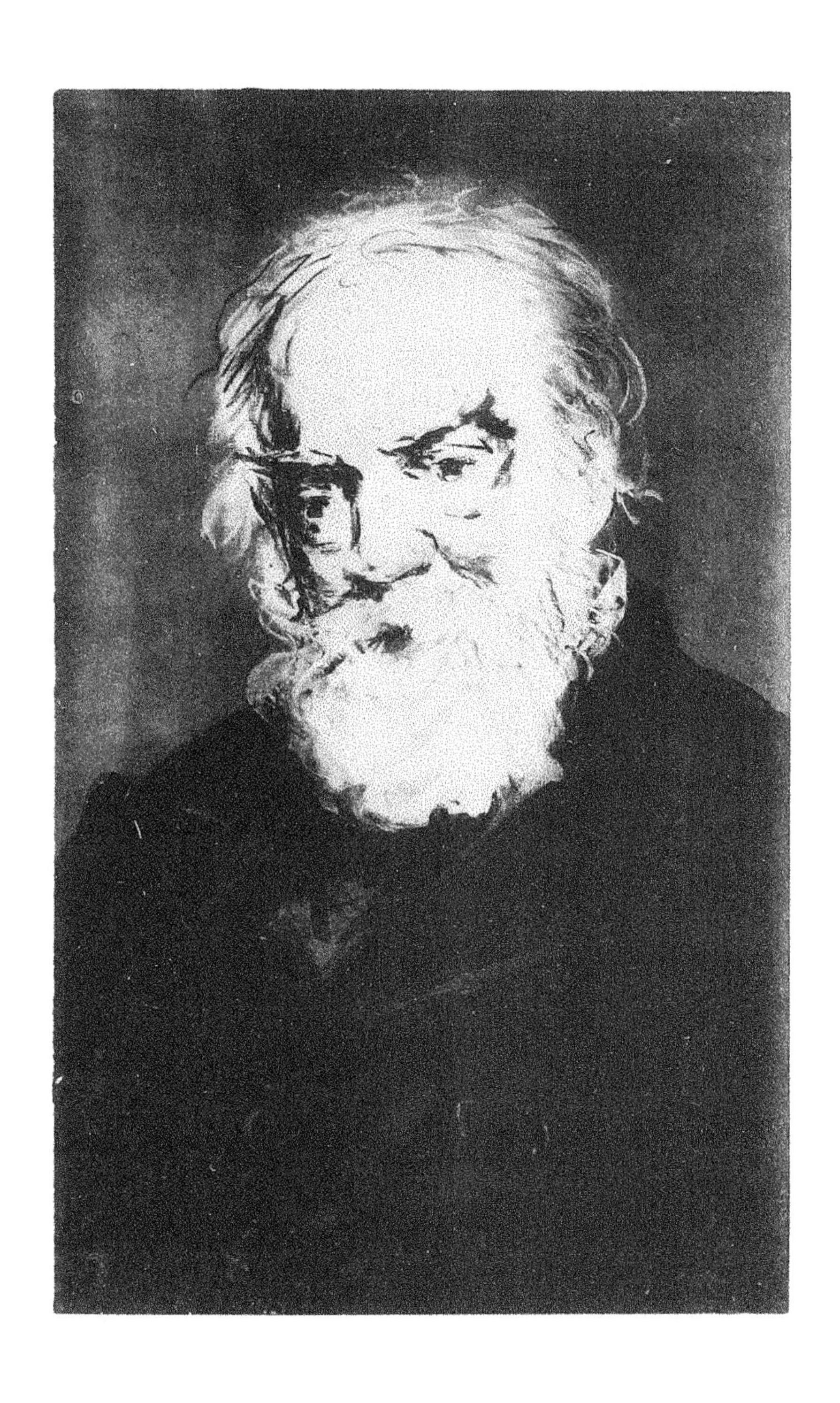

XXXIII. — PORTRAIT DE CONSTANTIN GUYS. PASTEL

jeune homme dans sa franchise, vu de face, montre, par l'animation de ses traits, la passion qui le possède, tandis que, se dissimulant presque et ne se présentant que d'un profil effacé, la femme révèle d'autant mieux sa pruderie affectée et sa réserve hypocrite.

Chez le Père Lathuille est peut-être de tous les tableaux de Manet celui qui laisse le mieux voir les particularités de la peinture en plein air. L'ensemble est tout entier maintenu dans la lumière. Les plans sont établis et les contours obtenus sans oppositions et sans contraste. Les parties qu'on voudrait dire dans l'ombre sont élevées à une telle intensité de clarté et de coloration qu'elles ne se différencient presque pas de celles que la lumière frappe directement.

L'autre tableau, le *Portrait de M. Antonin Proust,* avait été peint à l'atelier et dans les tons sobres. L'original debout, de grandeur naturelle, arrêté aux genoux, est vêtu d'une redingote et coiffé d'un chapeau à haute forme, une main appuyée sur une canne, l'autre posée sur la hanche. C'est un morceau très ferme. La redingote boutonnée, serre bien le personnage, on sent réellement l'existence du corps. Manet, lié d'amitié depuis le collège avec son modèle, l'avait peint de manière à révéler tout son caractère. En lui donnant la gravité de l'âge et de l'homme politique, il lui avait laissé la désinvolture et l'aisance de l'homme du monde et, même encore, avait su indiquer en lui, l'élégant cavalier et le conquérant des débuts et de la jeunesse.

En 1881 Manet envoya au Salon le *Portrait de M. Henri Rochefort,* peint dans l'atelier, et le *Portrait de M. Pertuiset, le chasseur de lions,* peint en plein air.

Il avait choisi Pertuiset pour lui servir de modèle, dans un plein air d'ordre particulier. Les Impressionnistes, avec leur système de travailler tout le temps devant la nature, étaient arrivés à en saisir les multiples aspects et à fixer ainsi sur la toile des effets inattendus. Ils avaient, par exemple, reconnu que l'hiver, au soleil, les ombres portées sur la neige peuvent être bleues et ils avaient peint de telles ombres bleues. Ils avaient encore découvert que, l'été, la lumière sous les arbres colore les terrains de tons violets et ils avaient peint des terrains sous bois violets. Renoir avait, pour sa part, peint un bal à Montmartre, sous le titre de *Moulin de la Galette* et une *Balançoire,* où des personnages sont placés sous des arbres éclairés par le soleil. Il avait fait tomber sur eux des plaques de lumière à travers le feuillage en colorant toute sa toile d'un ton général violet. Les tableaux peints en 1876 avaient été montrés en 1877, à l'exposition des Impressionnistes, rue Le Peletier.

Cette nouveauté d'ombres bleues et violettes avait excité une indignation générale. Personne ne s'était sérieusement demandé si, lorsqu'il fait soleil, les ombres sur la neige et sous le feuillage pouvaient apparaitre colorées, telles que les Impressionnistes les représentaient. Il suffisait que les effets montrés n'eussent pas encore été vus, pour que l'esprit de routine amenât les spectateurs à se soulever violemment. Mais Manet, pour qui les Impressionnistes étaient de vieux amis, qui s'intéressait à toutes leurs tentatives, avait été frappé par leur manière hardie de peindre les ombres en plein air colorées. Il était allé regarder en particulier les reflets que le soleil donne sous le feuillage et, ayant trouvé que les ombres prennent bien alors des tons où le violet prédomine, l'envie lui vint d'exécuter lui-même un tableau dans ces données.

Il fit poser Pertuiset, en l'été de 1880, sous les arbres de l'Elysée des Beaux-Arts, boulevard de Clichy. La lumière tamisée donne en effet une ombre violette générale, qui recouvre le terrain et enveloppe le modèle. Pertuiset était un chasseur émérite. Il avait été l'ami de Jules Gérard, célèbre sous le second Empire comme le Tueur de lions, et avait en partie hérité de sa renommée, pour avoir tué lui-même plusieurs lions. Manet a eu l'idée de le placer un genou en terre, comme à l'affût, la carabine à la main. C'est là une pose de pure fantaisie, qui lui avait été suggérée par la qualité de chasseur du modèle, mais il ne faudrait pas en inférer qu'il eût voulu représenter une chasse au lion. S'il eût eu pareille intention, d'après son système de ne peindre que des scènes vues, il eût dû se transporter en Algérie, dans une région fréquentée par des lions et y placer son modèle, ce qui n'était vraiment pas le cas, puisqu'il se contentait de le mettre au milieu d'un jardin parisien.

A la fantaisie de montrer la pose d'un chasseur à l'affût, Manet avait ajouté celle de peindre au second plan, une peau de lion, pour obtenir un ton tranchant sur l'uniformité du terrain. On a cru qu'il avait voulu figurer ainsi un lion, que Pertuiset eût été censé avoir tué sur le lieu même. Son intention n'avait point été de représenter une vraie carcasse de lion. Il avait simplement peint la peau d'un lion que Pertuiset avait tué près de Bône et qu'il conservait dans son appartement, sur le parquet. Mais le tableau au Salon, avec son ton général violet, son chasseur à l'affût et la peau de lion par derrière, excita la bonne mesure de railleries qui attendait généralement les œuvres de Manet. Comme d'habitude, on n'eut point d'yeux pour le mérite intrinsèque de la peinture, on ne vit que l'originalité et la fantaisie auxquelles l'artiste s'était laissé aller et qui, cette fois encore, dépassaient la compréhension du public.

Les tableaux exposés, en 1881, n'avaient pas eu en somme plus de succès que ceux des précédents Salons. Cependant ils étaient cause d'une chose extraordinaire, ils procuraient à leur auteur une récompense officielle, ils lui obtenaient une médaille du jury. Cet octroi d'une médaille, faveur banale en elle-même, puisque chaque année elle se répétait au profit de peintres quelconques, devenait cependant dans la circonstance un notable événement. Manet, tant de fois repoussé des Salons, écarté soigneusement des Expositions universelles et, par là, désigné à l'animadversion des artistes, comme

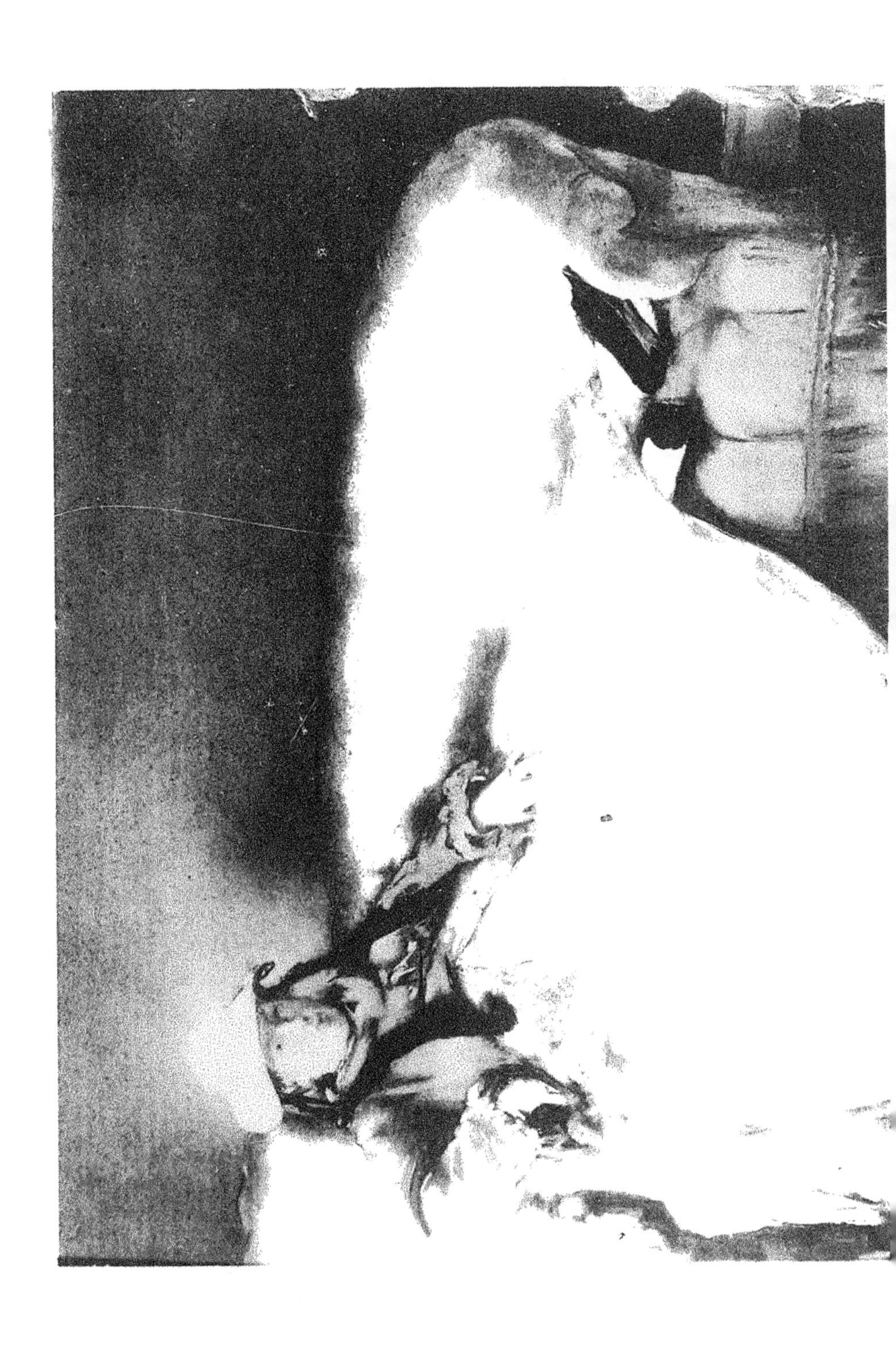

un homme de pernicieux exemple, recevait tout à coup une récompense ! Le fait en lui-même montrait un tel renversement de conduite et d'opinion, qu'on sentait tout de suite qu'un changement profond avait dû s'accomplir quelque part. Il en était bien réellement ainsi et cette simple médaille marquait que les aspirations nouvelles, longtemps comprimées, venaient enfin de prévaloir et de se manifester avec éclat.

Pour se rendre compte de l'évolution qui se produisait, il faut connaître le régime auquel le Salon était traditionnellement soumis et les règles données à la composition des jurys. Le Salon, comme ancienne institution remontant au XVIIe siècle, avait acquis un très grand prestige. Depuis une société dissidente des Beaux-Arts s'est formée, l'habitude d'expositions particulières s'est généralisée, qui lui ont enlevé son importance, mais du temps de Manet, il jouissait toujours de son monopole et d'une pleine faveur. Avoir la faculté de s'y produire devenait pour un artiste une question vitale. Là seulement il pouvait se promettre d'attirer d'abord l'attention, puis, s'il était parmi les heureux, d'obtenir la renommée, la gloire et enfin par elles la richesse et les honneurs.

Or, d'après l'organisation en vigueur, le jury était le maître du Salon. Il décidait, avant l'ouverture, quels seraient les admis et les refusés, puis après, il décernait les récompenses et elles étaient ainsi combinées, qu'elles établissaient comme des grades et fixaient le rang des artistes. En premier lieu, par l'octroi de mentions honorables et de médailles, on tirait les sujets choisis de la plèbe artistique et du milieu des débutants, pour les signaler à l'attention; puis les médailles élevaient à un certain moment leurs possesseurs à la position de hors-concours, c'est-à-dire que leurs œuvres, soustraites à l'examen du jury, étaient désormais admises sans refus possible au Salon. Dans ces conditions, les hors-concours formaient comme une compagnie de privilégiés, avec des droits supérieurs à ceux des autres artistes. En outre, les médaillés et les hors-concours étaient gratifiés de décorations par le gouvernement. Or les médailles et les croix de la Légion d'honneur entraînaient une telle présomption de talent, que les peintres qui les obtenaient acquéraient la faveur de la clientèle riche pour vendre leurs tableaux et le monopole des commandes officielles. De telle sorte qu'entre les gens favorisés par les jurys et les autres, il y avait la différence de condition existant, entre les hommes qui se voient ouvrir les chemins de la fortune et ceux qui se les voient barrés et obstrués.

Si les jurys se fussent montrés impartiaux, enclins à aider les hommes d'initiative, l'immense pouvoir qu'ils possédaient eût pu passer sans soulever de protestations et exciter la haine, mais ils étaient loin d'exercer leurs droits dans un esprit de tolérance et d'impartialité. Ils se conduisaient au contraire en maîtres injustes, jaloux d'imposer une certaine esthétique aux dépens de toute autre et de maintenir la tradition avec rigueur. Sous la monarchie de Juillet, le jury avait été réglementairement formé par les membres de l'Institut, c'est-à-dire tout entier composé de peintres de la tradition, parvenus aux honneurs, pleins de leur importance, qui regardaient dédaigneusement ces nouveaux venus, prétendant s'écarter des voies battues et méconnaître leurs règles. Dans ces conditions les artistes, pendant la première moitié du siècle, avaient formé deux peuples : d'un côté les peintres de la tradition, imbus des bons principes, admis à plaisir aux Salons, y recevant médailles, décorations, monopolisant les commandes officielles, et de l'autre côté les indépendants, traités en révoltés, qui voient se fermer les Salons ou qui, si on les leur ouvre, ne reçoivent ni honneurs ni récompenses.

Sous la monarchie de Juillet, les Salons s'étaient donc fermés à tous les artistes originaux successivement. Cette partialité pour l'école traditionnelle, cette détermination de méconnaître toute manifestation d'art nouvelle, avaient amassé de telles haines, qu'à la révolution de 1848, l'Institut fut dépouillé de sa vieille prérogative et cette année-là vit un Salon sans jury, où tous les tableaux présentés furent admis sans exception. L'absence totale de contrôle parut cependant excessive et, en 1849 et en 1850, les Salons connurent des jurys, nommés par le suffrage de tous les artistes exposants. L'Empire survenu jugea ce système trop libéral. Un nouveau régime fut inauguré qui, avec des modifications de détail, devait durer tout le temps de l'Empire et après cela se continuer sous la troisième

République. Les jurys furent composés, pour la plus grande part, d'artistes élus par les exposants, mais par les seuls exposants médaillés et hors-concours et, pour l'autre part, de membres désignés par l'administration des Beaux-Arts. C'est à de tels jurys que Manet devait d'être refusé aux Salons et exclu des Expositions universelles.

Les jurys nommés pour une part par les artistes récompensés et pour l'autre part par l'administration des Beaux-Arts avaient fini par soulever le même reproche qu'avait autrefois fait naître le jury de l'Institut. Sous une forme moins violente, ils se montraient au fond pénétrés du même esprit de partialité pour l'école de la tradition. Ils continuaient à ouvrir de préférence les portes du Salon à ces élèves qui représentaient leur manière. L'addition, aux membres du jury nommés par les artistes médaillés ou hors-concours, de ces membres choisis par l'administration n'apportait aucun élément d'indépendance d'esprit et de sympathie pour les novateurs, car l'administration des Beaux-Arts a presque toujours été un centre de routine et d'absolue médiocrité de jugement artistique. Les artistes indépendants, les novateurs, les hommes à l'écart des ateliers en vogue, d'ailleurs de plus en plus nombreux et soutenus au dehors par une élite grossissante de connaisseurs et de critiques, se voyaient donc toujours sacrifiés aux Salons. A la fin, il s'était formé un esprit de révolte contre la composition du jury, contre sa manière partiale de distribuer les récom-

XXXV. REPRODUCTION D'UNE AQUARELLE

Reproduction Chaı

XXXV. — REPRODUCTION D'UNE AQUARELLE

Reproduction Charpentier

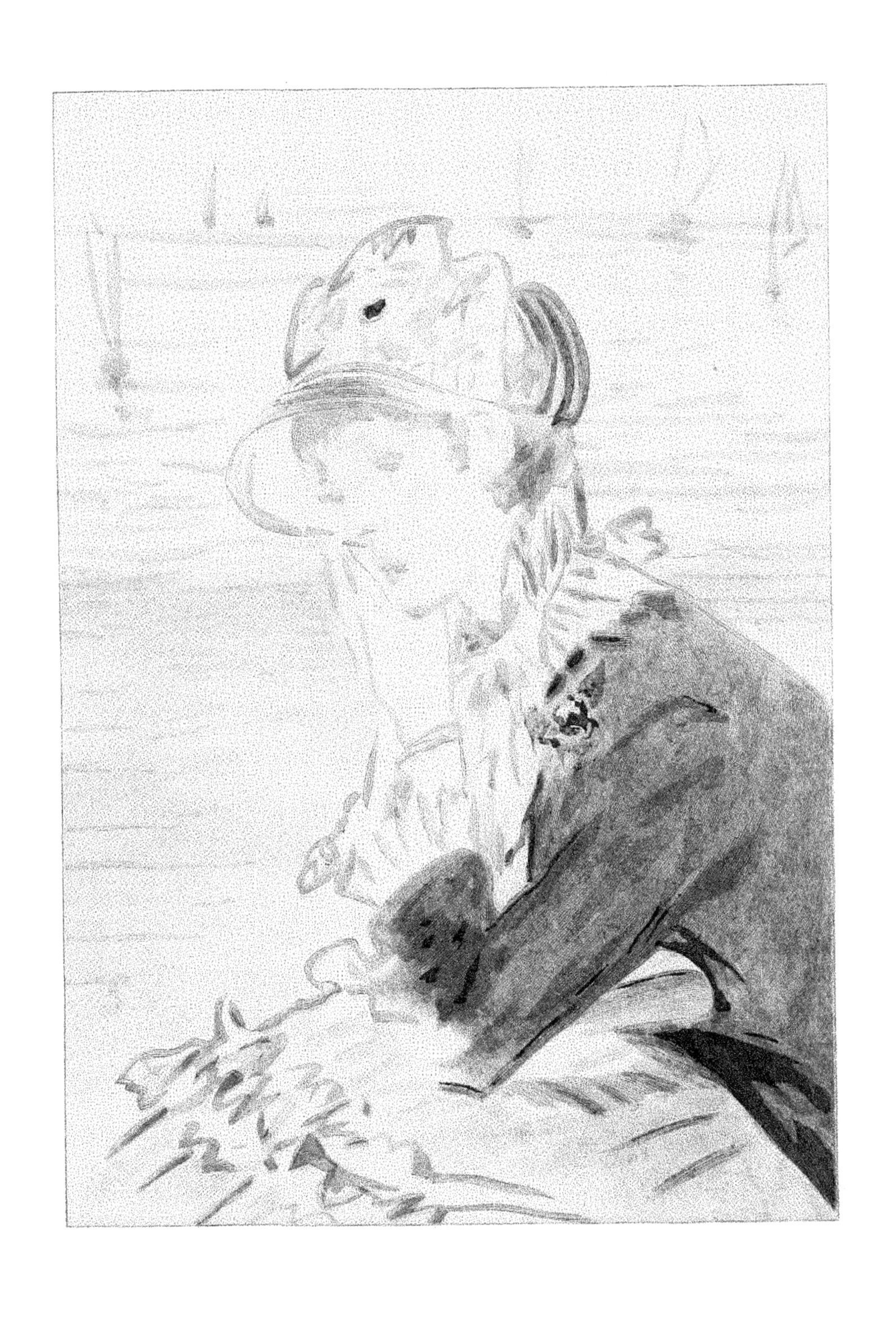

penses, et enfin contre le système même de hiérarchie établi par les récompenses, entre les artistes. L'hostilité contre le jury et la pratique des récompenses abaissait graduellement le prestige des Salons. Il devait plus tard en résulter une scission parmi les artistes, amenant la création d'une Société dissidente des Beaux-Arts qui abolirait dans son sein toute récompense, et la coutume, chez un grand nombre d'autres artistes, de se tenir à l'écart des Salons, pour se contenter de paraître dans des expositions particulières. Mais avant que le soulèvement des indépendants n'eût produit ces extrêmes résultats, il avait été assez puissant pour amener la transformation du Salon.

Le Salon, depuis sa création par Colbert, sous Louis XIV, était resté une institution d'Etat, placée sous le contrôle du gouvernement et en recevant sa loi. En 1881, l'Etat fit abandon de ses droits traditionnels. Les artistes réunis constituèrent légalement une société, qui hérita sur les Salons de l'autorité à laquelle l'Etat renonçait. La première conséquence du changement devait être d'éliminer des jurys cette part de membres nommée par l'administration des Beaux-Arts, qui s'y était trouvée si longtemps. Mais le mécontentement soulevé par la conduite des jurys, nommés en partie par l'administration et en partie par les artistes privilégiés, était devenu tel qu'en 1881 les artistes, qui allaient être délivrés des membres du jury nommés par l'administration, voulurent aussi se délivrer des autres, élus par le suffrage restreint des privilégiés. Le nouveau règlement inauguré, en 1881, par la Société des artistes français se constituant, porta que le jury des Salons serait en entier formé de membres nommés par le suffrage de tous les exposants sans distinction. Les artistes en société reprenaient donc le système libéral d'élection du jury, appliqué par la seconde République aux Salons de 1849 et de 1850.

Le jury du Salon de 1881, élu par le suffrage de tous les exposants, se trouva tout autre que les précédents. Les indépendants, les jeunes qui, avec l'ancien système, n'avaient pu se faire élire qu'exceptionnellement s'y voyaient en nombre et le jury, au lieu d'appartenir sans conteste, comme les précédents, aux partisans de la tradition fut divisé en deux parties, de force à peu près égale.

Les indépendants, les jeunes voulurent tout de suite se compter, faire essai de leur force, marquer, par une action d'éclat, leur rupture d'avec les anciens errements et pour cela l'acte le plus significatif qu'ils pussent faire était de comprendre Manet parmi les récompensés. Ils résolurent donc de lui donner une seconde médaille. Ils crurent prudent de ne pas aller jusqu'à une première médaille, ce qui eût accru l'opposition à prévoir sans avantage décisif; car Manet ayant déjà été récompensé une première fois, en 1861, par une mention honorable, une deuxième récompense, qu'elle fût sous forme d'une seconde ou d'une première médaille, avait le même résultat de le placer parmi les hors-concours, c'est-à-dire parmi ces privilégiés qui voyaient leurs œuvres admises de droit au Salon, sans subir l'examen des jurys. Or, pour ceux qui voulaient faire une manifestation sur le nom de Manet, le grand point était précisément de le sortir de l'état de paria, où on l'avait tenu si longtemps en le laissant sous le coup de la menace perpétuelle d'exclusion du Salon, pour l'élever à la position privilégiée de hors-concours. Ce résultat obtenu, la question de savoir sous quelle forme il l'avait été devenait secondaire.

La coutume pour le jury était de passer d'abord à travers les salles et là de faire un premier choix, devant les tableaux mêmes, des peintres parmi lesquels on prendrait ensuite ceux qui, au vote définitif, recevraient des récompenses. Lorsque le jury fut parvenu devant le *Portrait de Pertuiset,* une discussion violente s'engagea, entre ces membres qui voulaient le comprendre parmi les tableaux pouvant obtenir une médaille à leur auteur et les autres, déterminés à l'exclure. Au cours de la discussion Cabanel, le président du jury, d'ailleurs homme de bonne foi et de tendances libérales, se laissa aller à dire : « Messieurs, il n'y en a peut-être pas quatre ici, parmi nous, qui sauraient peindre une tête comme celle-là ! » Il montrait ainsi son bon jugement, car Manet s'était appliqué sur la tête de Pertuiset, pour la bien mettre dans l'air et la faire entrer dans le chapeau qui la coiffait. A la désignation préliminaire, la majorité des voix n'était pas requise, il ne fallait obtenir que le tiers à peu près, et le *Portrait de Pertuiset* recueillit plus que le nombre de suffrages voulus pour être accepté. Lorsque le moment du choix définitif arriva, pour lequel il fallait alors la majorité absolue des voix, les partisans de Manet s'étant comptés ne parvenaient pas à l'emporter sur l'autre parti, dont l'opposition persistait acharnée, il leur manquait une ou deux voix. Ce fut Gervex, au dernier moment, qui obtint le déplacement indispensable en décidant Vollon et de Neuville, qui s'y étaient jusque là refusés, à donner leur vote. Cabanel, malgré sa louange relative, demeuré avec ses amis les peintres de la tradition, avait voté contre.

L'octroi à Manet d'une médaille fit grand bruit et amena au dehors, parmi les artistes, une division analogue à celle dont il avait été cause au jury du Salon. Les indépendants, les jeunes gens d'esprit émancipé, témoignèrent de leur approbation, tandis que les hommes restés fidèles aux traditions, les élèves soumis aux maîtres dans les ateliers, s'indignèrent. Parmi ces derniers, on rédigea une protestation violente où, après avoir cité les noms des membres du jury favorables à Manet, on invitait les artistes à se souvenir d'eux, pour ne jamais plus les renommer. Les membres qui avaient voté la médaille étaient au nombre de dix-sept : Bin, Cazin, Carolus-Duran, Duez, Feyen-Perrin, Gervex, Guillaumet, Guillemet, Henner, Lalanne, Lansyer, Lavieille, Eug. Lévy, de Neuville, Roll, Vollon, Vuillefroy.

La récompense décernée à Manet était une protestation contre les anciens errements des jurys et tout le monde, au dehors, lui avait attribué ce caractère;

cependant, parmi les membres du jury qui l'avaient accordée, plusieurs avaient agi sans esprit de protestation, mus par la seule idée de justice. Tous en définitive s'étaient trouvés de l'opinion que Manet était un homme dont le talent et l'apport méritaient d'être reconnus. A l'encontre du dédain que le public, la presse en général et les vieux peintres attachés à la tradition persistaient à lui manifester, ceux qui savaient observer devaient reconnaître que son action sur les jeunes artistes était en réalité décisive. Ce n'était plus, il est vrai, cette influence immédiate exercée sur le groupe des audacieux devenus les Impressionnistes. La pénétration, en étant moins éclatante, atteignait cependant les mieux doués de la nouvelle génération, qui s'adonnaient à peindre, dans une manière de plus en plus claire, des scènes prises de plus en plus à la vie réelle.

Pendant que le public et la presse revenaient chaque année au Salon se livrer à leurs appréciations sans suite et à leurs critiques d'occasion, les hommes capables de porter des jugements d'ensemble ne pouvaient s'empêcher de voir que la peinture presque entière suivait le mouvement inauguré par Manet. Si on eût pu placer côte à côte, pour être vus simultanément, le Salon de 1861 où il débutait et celui de 1881, tout le monde eût constaté, avec étonnement, la profonde transformation qui s'était opérée. On eût vu que le procédé traditionnel d'association de l'ombre et de la lumière, d'après des règles fixes, qu'il avait d'abord répudié, pour peindre en tons clairs juxtaposés, était maintenant plus ou moins abandonné par les jeunes artistes, qui peignaient eux aussi en clair. On eût vu que le réalisme, la peinture du monde vivant, qui avait soulevé une telle horreur se produisant en plein avec lui, était devenu d'une pratique générale. On eût vu que le prétendu grand art traditionnel de la peinture d'histoire, de la mythologie et du nu soi-disant idéalisé, qu'il avait d'abord délaissé, était maintenant presque entièrement ignoré et ne restait plus cultivé que par les anciens, attachés aux errements de leur jeunesse. En vingt ans, procédés, sujets, esthétique s'étaient transformés.

Certes de tels mouvements d'ensemble ne sauraient avoir pour cause l'action individuelle d'un seul. Ils viennent de besoins profonds et nouveaux, arrivant à se manifester d'une manière générale. Mais quelle que fût la profondeur du mouvement et quelqu'inéluctable qu'on veuille le juger, Manet en avait été l'initiateur. Il avait été celui qui découvre la voie inexplorée et s'y engage le premier à ses risques et périls, sans esprit de retour. Les peintres de la tradition, qui se refusaient à innover, avaient tout de suite et justement reconnu en lui leur ennemi; ils avaient tout fait pour l'étouffer et le déconsidérer. Aussi maintenant que les jeunes artistes, soustraits aux vieilles pratiques et favorisés par les changements accomplis, arrivaient à leur tour à l'influence et au pouvoir dans les jurys, c'était de leur part un acte de simple justice, que de tirer Manet de

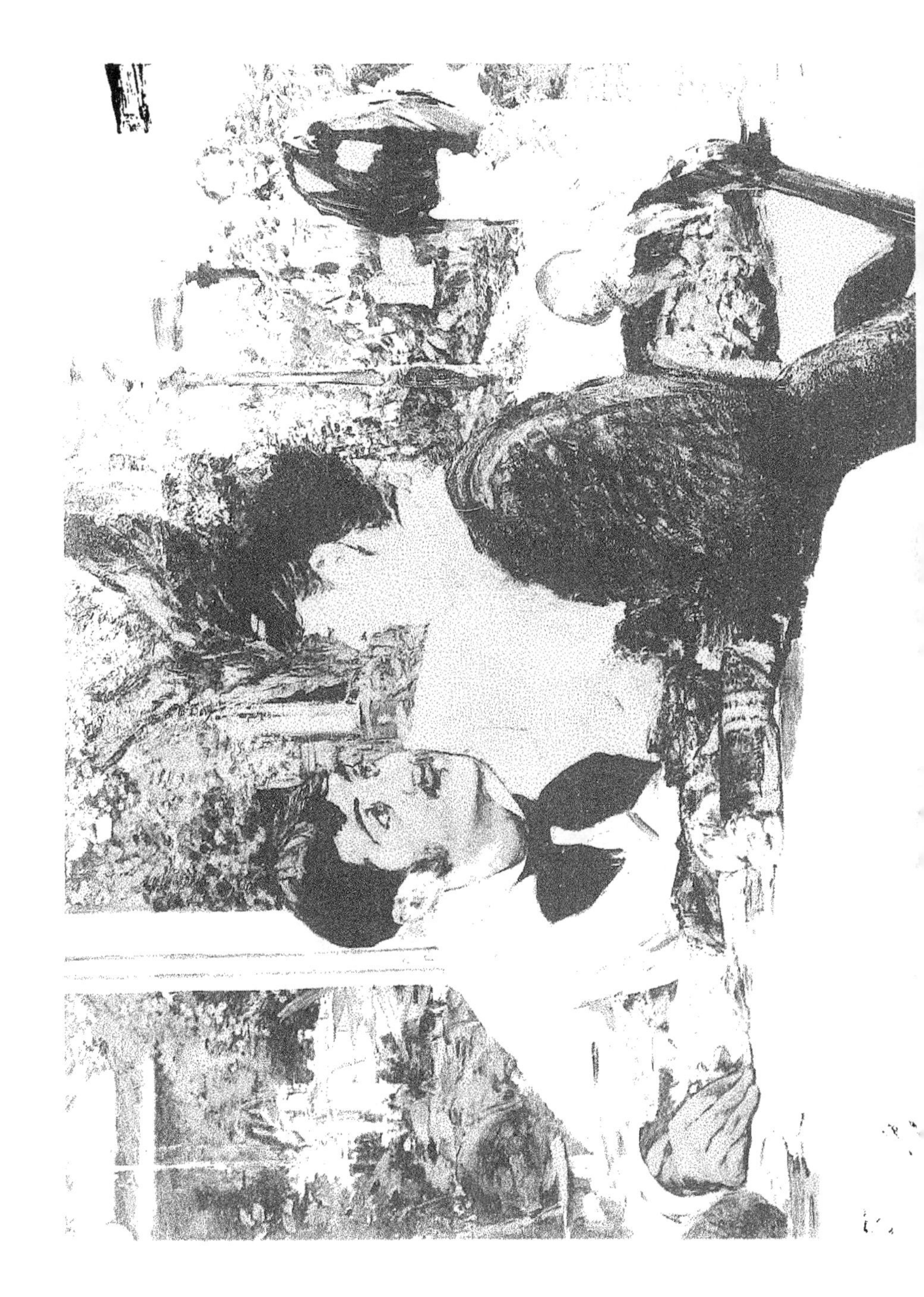

la position de réprouvé, où les autres s'étaient appliqués à le maintenir.

Une fois qu'un artiste était parvenu au rang de hors-concours, il était comme de règle que le gouvernement lui conférât la décoration de la Légion d'honneur. Cette distinction, dans de telles circonstances, semblait toute naturelle et on ne connaissait point de cas où elle eût été blâmée. Mais Manet était tellement une exception, les deux partis qui se combattaient sur son nom étaient si irréductibles, que lorsqu'au nouvel an de 1882. M. Antonin Proust, ministre des Arts, vint le décorer, l'acte étonna, fut jugé audacieux et souleva, dans le parti de la tradition, le même mécontentement qu'avait suscité l'octroi de la médaille elle-même. M. Antonin Proust, pour décerner la décoration à Manet, avait commencé par se mettre à couvert des observations à prévoir de ses collègues, en s'entendant avec le chef du cabinet Gambetta, aussi un ami de Manet, et en ne laissant par ailleurs rien transpirer de ses intentions. L'habitude pour chaque ministre était cependant de communiquer les promotions qu'il se proposait de faire au conseil des ministres et lorsque M. Antonin Proust vint lire sa liste, M. Grévy, le président de la République, prétendit mettre son veto en disant : « Ah ! Manet, non. » Mais Gambetta, avec l'autorité qui lui appartenait, répondit : « Il est bien entendu, Monsieur le Président, que chaque ministre garde le droit de désigner les titulaires, dans la Légion d'honneur, des croix attribuées à son ministère et que le président de la

République ne fait que contresigner. » M. Grévy dut se rendre, à cette sorte de rebuffade, et ces ministres qui désapprouvaient eux aussi la mesure n'osèrent hasarder d'observations.

Manet éprouva une grande satisfaction des récompenses qui lui étaient enfin décernées et qui, banales en elles-mêmes, acquéraient des circonstances une valeur exceptionnelle. Cet homme, que depuis si longtemps le public, la presse, la caricature foulaient aux pieds et traînaient dans la boue, que les peintres en renom, chargés de décorations et d'honneurs, affectaient de tenir à distance, entrait enfin dans le cercle des privilégiés et des artistes, mis à un rang honoré. La séparation qu'on avait prétendu maintenir d'avec lui s'était abaissée. Et puis cette médaille donnée par les jeunes, après tant de refus et d'expulsions de la part des autres, montrait qu'il avait été pris des deux parts comme l'initiateur d'un art sur lequel l'on s'était divisé et combattu. La médaille faisait présager le triomphe de l'esthétique qu'il avait inaugurée, sur celle de la tradition qu'il avait délaissée. Il était enfin reconnu; il voyait se produire cette appréciation de ses œuvres toujours attendue, qui jusqu'alors l'avait fui, mais qui maintenant commençait à lui venir d'une manière certaine. Il était incapable de feinte, aussi laissa-t-il voir, autour de lui, le plaisir que lui causaient les témoignages d'approbation qu'on lui donnait. Avec sa politesse coutumière, il tint à porter ses remerciements aux membres du jury qui s'étaient déclarés en sa faveur, il leur fit à chacun une visite.

Manet se trouvait donc parmi les récompensés, au Salon de 1882. Sur les cadres de ses tableaux se voyait l'écriteau, signe de respectabilité, *Hors-Concours*. Cela changeait évidemment sa situation auprès du public. Aussi ne se permettait-on plus de le railler avec le sans-gêne d'autrefois. D'ailleurs l'accoutumance venue avec les années, on avait fini par trouver naturelles chez lui les particularités qui avaient d'abord paru intolérables. Mais quoique le public fût ainsi amené à ne plus se soulever devant ses œuvres, il était encore loin de les comprendre et de les goûter. Leur originalité les tenait toujours méconnues. Lorsque les masses populaires ont formé certains jugements, elles en restent indéfiniment pénétrées, les changements ne surviennent, dans leur sein, qu'après un long temps, ou même ne se produisent qu'après l'arrivée de nouvelles générations. Si le public au Salon de 1882 ne témoignait plus à Manet le même mépris, si la presse et la critique n'osaient plus se conduire envers lui en pédagogues venant lui enseigner les règles de son art, public, presse et critique n'appréciaient guère plus qu'autrefois ses tableaux et son principal envoi de l'année offrait un motif qu'on cherchait comme d'habitude à s'expliquer.

C'était *Un Bar aux Folies-Bergère*. Au centre, vue de face, se dressait la fille tenant le bar. Une glace par derrière la représentait en conversation avec un monsieur, qui n'apparaissait, lui, que reflété. C'est cette particularité de la glace, renvoyant l'image des personnages et des objets dans la salle, qui faisait déclarer l'arrangement incompréhensible. Et puis cette fille ne se livrait à aucun acte déterminé qui pût amuser. Elle n'était sur la toile que pour y être telle quelle, dans l'attente du chaland. Il l'avait peinte de cette manière déjà appliquée à des créatures du même ordre, en lui laissant son œil vague et sa figure placide. Le bar, sur lequel reposent les produits destinés aux consommateurs, lui avait permis d'introduire une de ces natures mortes qu'il aimait. Il s'était plu à placer là, côte à côte, des flacons, des bouteilles de liqueur, des fruits variés, choisis de telle sorte qu'ils lui offrissent les tons les plus vifs et les plus opposés. Il les a peints en pleine lumière, en les harmonisant cependant et en les faisant entrer dans une même gamme d'ensemble.

.. Le tableau exposé simultanément avec le *Bar* avait pour titre *Jeanne*. Il représentait une jeune femme à mi-corps, vêtue d'une robe fleurie, coiffée d'un élégant chapeau. Elle était charmante et elle échappait au dénigrement qui accueillait, comme de règle, les œuvres de Manet. Elle trouvait auprès du public un accueil favorable.

Le Salon de 1882 était le dernier où Manet exposerait. Il ne devait point voir le succès relatif, qui lui était venu, se changer en victoire définitive. Pour cela il eût eu besoin de vivre encore longtemps, or il touchait au terme de sa carrière. La mort approchait. Dans l'automne de 1879, un jour qu'il sortait de son atelier, il

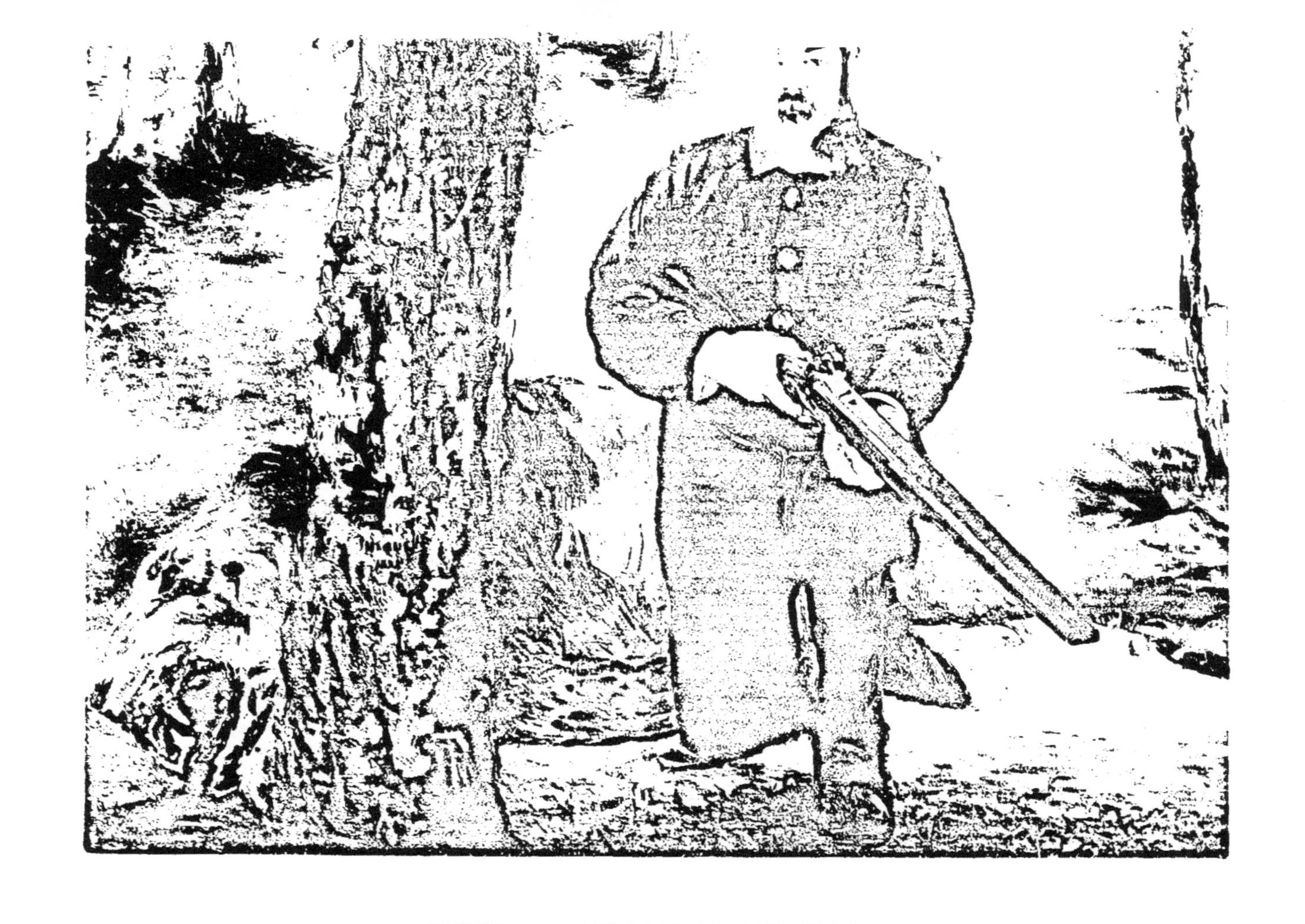

XXXVII. — PORTRAIT DE PERTUISET

avait été saisi d'une douleur aiguë aux reins, accompagnée d'une faiblesse des jambes, qui l'avait fait tomber sur le pavé. C'était la paralysie d'un centre nerveux, l'ataxie, un mal incurable qui se déclarait. Il allait encore vivre plus de trois ans, avec la paralysie, qui lui rendrait la marche de plus en plus difficile et le tiendrait à la fin presque cloué sur sa chaise, mais elle resterait tout le temps locale, elle ne lui enlèverait que la faculté de la locomotion, car la tête ne devait être nullement atteinte et l'intelligence devait garder jusqu'au dernier jour sa lucidité. Ses facultés de peintre n'ont donc point été réduites par son mal. Il a encore pu exécuter le *Portrait de Pertuiset* et le *Bar aux Folies-Bergère*. Si à la fin des œuvres de telle dimension lui sont interdites, s'il doit se restreindre à des sujets ne demandant plus la même dépense de force physique, il peut toujours travailler avec fruit et il produit un grand nombre de tableaux de fleurs, de natures mortes et des portraits au pastel.

Il exécute aussi, pendant les trois années de sa maladie, des tableaux de plein air qui, par l'intensité de la lumière, marquent comme le summum de sa peinture dans ce genre. Il ne s'éloigne plus beaucoup de Paris, il passe les mois d'été dans le voisinage. En 1880 il est à Bellevue, près d'un établissement d'hydrothérapie, où il suit un traitement spécial. Le jardin de la maison qu'il habite lui fournit les motifs de plusieurs toiles. Sur l'une, de grandes dimensions, il fait figurer une jeune femme amie de sa famille, assise, vêtue de bleu, contre un bosquet. Le tableau, sous le titre de *Jeune fille dans un jardin,* obtiendra du succès à sa vente. En 1881 il passe l'été à Versailles, avenue de Villeneuve-l'Etang. Il peint, dans le jardin de la maison, une œuvre vide d'êtres humains, où un simple banc, se détachant contre le mur couvert de plantes vertes, devient le personnage. Ce tableau se distingue par l'éclat de la lumière. Il peint encore à Versailles un *Jeune taureau,* en plein air, au milieu d'un herbage, le seul tableau de ce genre qu'il ait produit. Dans l'été de 1882, le dernier qu'il eût à vivre, il occupe à Rueil, la maison de campagne du dramaturge Labiche, qui la lui loue. Là, il peint tout simplement la façade de la maison. Elle est banale, moderne, carrée, avec des contrevents gris. Il tire de ce pauvre motif des toiles lumineuses et séduisantes.

L'ataxie qui était venue le frapper se produisait comme la fin naturelle que comportait son organisme. C'était un homme d'une sensibilité excessive, d'une nervosité extrême. C'est à cela qu'il devait son acuité de vision. Les images transmises par l'œil, passant à travers le cerveau, y prenaient cet éclat qui, fixé par le pinceau, heurtait la vision banale des autres hommes. Mais cette faculté hors ligne, qui lui conférait sa supériorité d'artiste, entraînait en même temps la fragilité physique et sous le poids du travail et de la terrible lutte qu'il avait toute sa vie soutenue, contre sa famille et contre son maître Couture d'abord, puis contre les jurys, contre la presse, contre le public, il succombait.

D'ailleurs sa nervosité extrême venait de famille, car ses frères la partageaient et, sous des formes accidentelles différentes, ils sont tous les deux morts jeunes, comme lui d'épuisement nerveux.

Il eût pu cependant prolonger son existence, dans une certaine mesure, au-delà du terme qu'elle devait atteindre, s'il s'était résigné à subir son mal, sans essayer de vains remèdes. Mais cet homme si plein d'entrain ne pouvait supporter l'arrêt du mouvement. Il se confia à un médecin prétendant guérir les maladies nerveuses, qui fit sur lui l'essai de ses remèdes, des poisons. Il s'en trouva momentanément bien, c'est-à-dire qu'agissant comme stimulants, ils lui procuraient un retour d'activité temporaire. Il en continua indéfiniment l'usage et abusa en particulier du seigle ergoté, qui amena un empoisonnement du sang. Un jour, le bas de sa jambe gauche, une partie du corps déjà malade et affaiblie par la paralysie, se trouva tout à fait morte. Il s'alita. La gangrène se mit dans sa jambe. L'amputation dut être pratiquée. Il était trop atteint pour pouvoir survivre. Il mourut le 30 avril 1883 et fut inhumé au cimetière de Passy. Son ami M. Antonin Proust fit entendre un dernier adieu sur sa tombe.

Manet offrait le type du parfait Français. J'ai entendu Fantin-Latour dire : « Je l'ai mis dans mon Hommage à Delacroix, avec sa tête de Gaulois. » Les peintres jugent par les yeux et Fantin, de cette manière, jugeait bien. Il était blond, agile, de taille moyenne, le front s'était découvert de bonne heure. D'une physionomie ouverte, expressive, aucune feinte ne lui était possible, la mobilité de ses traits indiquait immédiatement les sentiments qui l'animaient. Le geste accompagnait chez lui la parole et une certaine mimique du visage soulignait la pensée. Il était tout d'impulsion et de saillie. Sa première vision comme peintre, son premier jugement comme homme étaient d'une étonnante sûreté. L'intuition lui révélait ce que la réflexion découvre aux autres. Il était fort spirituel, ses mots pouvaient être acérés et, en même temps, il laissait voir une grande bonhomie et, dans certains cas, une véritable naïveté. Il se montrait extrêmement sensible aux bons et aux mauvais procédés. Il n'a jamais pu s'habituer aux insultes dont on l'abreuvait comme artiste, il en souffrait à la fin de sa vie de même qu'au premier jour. Il s'emportait d'abord contre ses détracteurs, quand leurs attaques se produisaient. Dans ses rapports d'homme à homme, il apparaissait également susceptible. Il eut un duel avec Duranty, pour un échange de paroles aigres ayant conduit à un soufflet. Mais avec cette susceptibilité et cette promptitude à relever les offenses, il ne gardait ensuite aucune sorte de rancune. C'était en somme un homme d'autant de cœur que d'esprit et son commerce était aussi sûr que plein de charme.

XIV.

APRÈS LA MORT

La pensée vint tout de suite aux amis de Manet mort de faire une exposition générale de son œuvre. Dans une réunion préliminaire, formée de sa veuve, de ses frères, de M. Antonin Proust et de celui qui écrit ces lignes, nous décidâmes de demander la salle de l'Ecole des Beaux-Arts, sur le quai Malaquais. L'espace dont on disposerait serait suffisant et le prestige attaché à l'Ecole donnerait à l'exposition le caractère d'une sorte de triomphe posthume, que nous recherchions précisément. Manet m'avait, dans son testament, prié d'être son exécuteur testamentaire et on jugea qu'il m'appartenait de faire, auprès de qui de droit, une première démarche, pour obtenir la salle de l'Ecole des Beaux-Arts. J'expliquai qu'il faudrait m'adresser à M. Kaempfen, directeur des Beaux-Arts, dont les idées m'étaient assez connues pour que je pusse assurer que nous subirions un refus. Mais on décida de passer outre à mon objection, de suivre la filière, en voyant d'abord le directeur. sauf à s'adresser ensuite au ministre.

J'allai donc trouver M. Kaempfen. C'était un vieil ami. Quand je lui eus exposé ma demande, qui l'étonna fort, il me répondit qu'il ne pouvait l'accueillir et, avec une bienveillante candeur, il me reprocha de l'avoir mis dans l'obligation de m'opposer un refus, en lui faisant visite pour un but aussi extraordinaire. C'était à peu près comme si j'eusse prétendu que le curé de Notre-Dame m'ouvrît sa cathédrale pour célébrer Voltaire. J'étais préparé à la réponse de M. Kaempfen que, connaissant ses goûts, je trouvais toute naturelle et après lui avoir dit, fort amicalement de mon côté, que ma visite était surtout due au désir d'observer les convenances, j'ajoutais que nous allions porter notre demande au ministre.

Lorsque j'eus fait connaître le refus éprouvé à la direction des Beaux-Arts, il fut décidé qu'on irait maintenant trouver le ministre, qui était Jules Ferry. J'étais lié aussi depuis longtemps avec lui et ses préférences artistiques, semblables à celles de M. Kaempfen, m'étaient assez connues pour me convaincre que, si on m'envoyait vers lui, comme on m'avait envoyé vers son subordonné, l'échec serait le même et cette fois sans recours. Ce fut donc M. Antonin Proust, député et ancien ministre, qui dut faire la démarche décisive. M. Proust, dans ses *Souvenirs sur Edouard Manet,* a dit que Jules Ferry lui avait, par bienveillance pour Manet, accordé la salle de l'Ecole des Beaux-Arts. Je n'ai aucune raison d'être défavorable à Jules Ferry, mais la vérité doit passer avant tout et elle est que M. Proust a perdu le souvenir des faits ou que, par délicatesse, il cherche à laisser à un autre le mérite qui lui revient à lui-même. M. Proust était à ce moment, non seulement un des députés qui soutenaient le ministère, mais il était de plus membre de la Commission du budget et spécialement rapporteur du budget des Beaux-Arts, il avait été ministre des Arts dans le cabinet Gambetta, et, sur une question touchant aux arts, ses demandes ne pouvaient qu'avoir une force irrésistible.

Lorsque nous fûmes reçus par Jules Ferry, M. Proust lui dit, en termes exprès, qu'il demandait l'Ecole des Beaux-Arts, pour une exposition posthume de l'œuvre de Manet. Je vois encore le soubresaut de Ferry, fort contrarié, mais la question de jugement artistique s'effaçait devant la nécessité politique et il dut accorder, sans résistance, la faveur que nous sollicitions. Je crus devoir alors lui exprimer, au nom de la famille et des amis de Manet, nos remerciements. Il m'arrêta, par un geste significatif et quelques mots, en me donnant à comprendre que nous n'avions aucune gratitude personnelle à lui témoigner, que sa bienveillance ne s'adressait qu'à un homme politique auquel il ne pouvait songer à déplaire. C'est donc à l'influence possédée alors par M. Antonin Proust que les amis de Manet ont dû d'obtenir l'Ecole des Beaux-Arts, pour exposer ses œuvres.

M. Proust eut ensuite la pensée d'inviter le président de la République, M. Grévy, à venir visiter l'exposition projetée. Quelque temps auparavant il avait, avec Castagnary, fait une exposition posthume de l'œuvre de Courbet à l'Ecole des Beaux-Arts, dans cette même salle qui nous était maintenant accordée. Sur son invitation, le président Grévy était venu la visiter. Il n'avait dû s'y rendre qu'avec la pensée d'honorer l'œuvre d'un concitoyen, d'un Franc-Comtois comme lui, car son goût décidé pour l'art traditionnel ne devait aucunement le porter vers un talent aussi original que celui de Courbet. C'était donc trop prétendre, que de croire qu'il viendrait visiter l'exposition d'un artiste comme Manet, tenu à cette époque pour encore plus hors des règles que Courbet et n'ayant pas, comme lui, l'attache personnelle de la communauté de province. M. Proust eût dû aussi se souvenir, que lorsqu'il avait naguère communiqué au conseil des ministres sa détermination de décorer Manet, M. Grévy avait hautement manifesté sa désapprobation. Mais il pensait qu'après avoir amené le président à l'exposition de Courbet, il l'amènerait peut-être à celle que nous projetions et qu'alors il devait, par amitié pour Manet, essayer d'y parvenir. Il me prit donc encore avec lui et nous nous rendîmes à l'Élysée.

M. Grévy nous remercia fort courtoisement de notre démarche. Il avait connu, alors qu'il était au barreau,

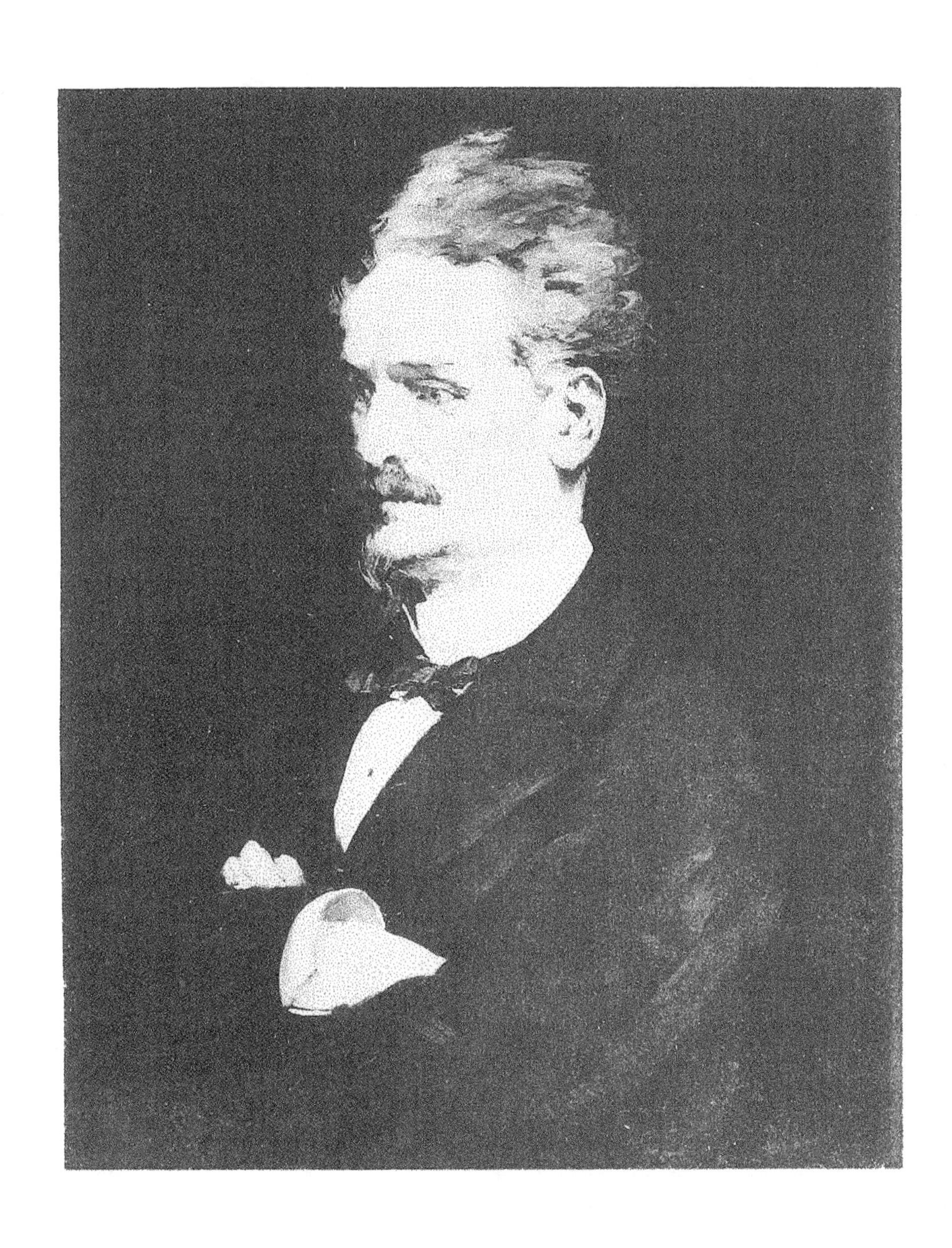

XXXVIII. — PORTRAIT DE ROCHEFORT

M. et Mme Manet, les père et mère de l'artiste, chez lesquels il avait fréquenté. Il nous retint assez longtemps pour nous parler d'eux. Il nous raconta des anecdotes sur M. Manet juge et ses collègues du tribunal, devant lesquels il avait plaidé. Je crois qu'il aurait eu plaisir à se rendre à notre invitation, à faire honneur au fils, en souvenir des parents, qui avaient été ses amis; cependant il ne voulut prendre aucun engagement. Je compris qu'à ses yeux il était impossible qu'un président de République se commît au point de visiter l'exposition d'un peintre aussi attaqué que Manet. Il ne devait donc point y venir. Nous avions ainsi rencontré, en remontant l'échelle administrative et gouvernementale, du directeur des Beaux-Arts au ministre et au président de la République, trois hommes également attachés au poncif, à l'art traditionnel et partageant cette opinion, encore dominante chez la foule, que l'œuvre de Manet ne méritait aucune reconnaissance et aucune consécration.

L'Ecole des Beaux-Arts ne nous ayant pas moins été accordée, nous songeâmes à réaliser l'exposition. Un comité de patronage et d'organisation fut formé, qui comprit : MM. Edmond Bazire, Marcel Bernstein, Philippe Burty, Jules de Jouy, Charles Deudon, Durand-Ruel, Fantin-Latour, J. Faure, de Fourcaud, Gervex, Henri Guérard, Guillemet, Albert Hecht, l'abbé Hurel, Ferdinand Leenhoff, Eugène Manet, Gustave Manet, de Nittis, Georges Petit, Léon Leenhoff, Roll, Alfred Stevens, Albert Wolff, Emile Zola, Antonin Proust, Théodore Duret. On décida de faire une exposition sans triage. On allait donc présenter au public, réunies et groupées, les toiles qui avaient le plus excité sa colère ou ses rires et celles que les jurys avaient refusées : *le Buveur d'absinthe, le Déjeuner sur l'herbe, Olympia, le Fifre, l'Acteur tragique, le Balcon, Argenteuil, le Linge, l'Artiste.* C'était l'homme non expurgé, tel qu'il s'était produit au cours de sa carrière, qu'on montrerait. De telles expositions sont la pierre de touche, l'épreuve décisive. Lorsqu'un artiste meurt, il s'opère un changement immédiat dans la façon de voir son œuvre. L'amour ou la haine, la popularité ou la défaveur, le manque ou la possession des honneurs attachés à la personne même et capables d'influencer le jugement, ont disparu. L'homme n'est plus là et avec lui s'en est allé tout ce qui lui appartenait en propre. Les œuvres isolées vont maintenant commencer à être jugées pour elles-mêmes. Or seules surmontent pareille épreuve, qui sont originales et puissantes.

Il est des peintres qui atteignent de leur vivant, à un grand renom et qui souvent n'ont produit, en les répétant, que deux ou trois tableaux. L'étroitesse de la création échappe au public et à la moyenne des critiques, jugeant au jour le jour. Comme ils ne voient les œuvres envoyées aux Salons ou aux expositions privées que successivement et de loin en loin, ils s'en montrent satisfaits, sans reconnaître qu'ils n'ont devant eux que des choses déjà vues, des répétitions de répétitions. Mais après la mort de tels artistes, si on entreprend une exposition générale de ce qu'ils laissent, la pauvreté en apparaît tout de suite et vient crever les yeux. Les toiles accumulées se réduiront en définitive aux deux ou trois que l'homme, comme arrangement et comme sujet, a seules eu le pouvoir de trouver et le nombre n'aura d'autre résultat que de faire éclater l'indigence de l'ensemble. L'exposition posthume des œuvres d'un peintre se produit donc comme une épreuve décisive qui, selon les cas, confirmera ou cassera le jugement provisoire antérieurement porté.

L'exposition de l'œuvre de Manet eut lieu à l'Ecole des Beaux-Arts , en janvier 1884. Elle attira un grand concours de visiteurs et toute la presse et les critiques lui donnèrent leur attention. Dans les années qui avaient précédé sa mort, Manet était devenu celui sur lequel on s'était divisé, les indépendants, les jeunes en faisant leur porte-drapeau et les hommes attachés à la tradition continuant à voir en lui leur ennemi. Deux partis de force inégale, il est vrai, s'étaient ainsi formés qui, des artistes, s'étaient étendus aux critiques et aux amateurs et maintenant ils allaient se rencontrer, à l'exposition, avec la pensée de se confirmer, l'un dans son approbation, l'autre dans son hostilité. Mais si les partisans eurent tout de suite sujet d'accentuer leurs louanges, les ennemis ne purent persévérer dans leur réprobation et leurs critiques intransigeantes. Ils fléchissaient. On voyait ce spectacle curieux de gens qui, se rappelant l'ancien mépris qu'ils avaient sincèrement ressenti devant les œuvres montrées pour la première fois aux Salons, et venus maintenant à l'exposition d'ensemble, avec la pensée de le retrouver et de le manifester à nouveau, quoi qu'ils en eussent, ne le retrouvaient plus et, à leur étonnement, se sentaient maintenant tout autres.

Les œuvres étaient demeurées les mêmes, mais eux avaient changé. Le monde ambiant s'était modifié. Les années en s'écoulant, avaient vu une esthétique nouvelle prévaloir, une vision différente se former et on ne pouvait nier que la transformation ne se fût accomplie dans le sens indiqué par Manet et en suivant sa voie. Ce réalisme, apparu avec ses œuvres, jugé alors une chose grossière, mais qui était simplement la peinture du monde vivant, maintenant accepté, était devenu d'une pratique courante. Cette façon de juxtaposer les tons clairs, d'abord condamnée chez lui comme une révolte individuelle, s'était aussi généralisée. Elle avait presque entièrement remplacé la manière de peindre sous des ombres épaisses. Toute la peinture s'en était ainsi allée vers la clarté et la séparation si profonde au début, constatée entre sa gamme de tons et celle des autres, n'existait plus.

Il fallait donc bien reconnaître, devant son œuvre exposée aux Beaux-Arts, que Manet avait été un novateur fécond. Le ton général de la presse et des critiques, les commentaires des connaisseurs, montraient par suite un grand changement. On revenait des dédains antérieurs. L'époque de méconnaissance absolue était encore trop voisine, la période des insultes s'était trop

XXXIX. — REPRODUCTION D'UN TABLEAU DE FLEURS

Reproduction Char

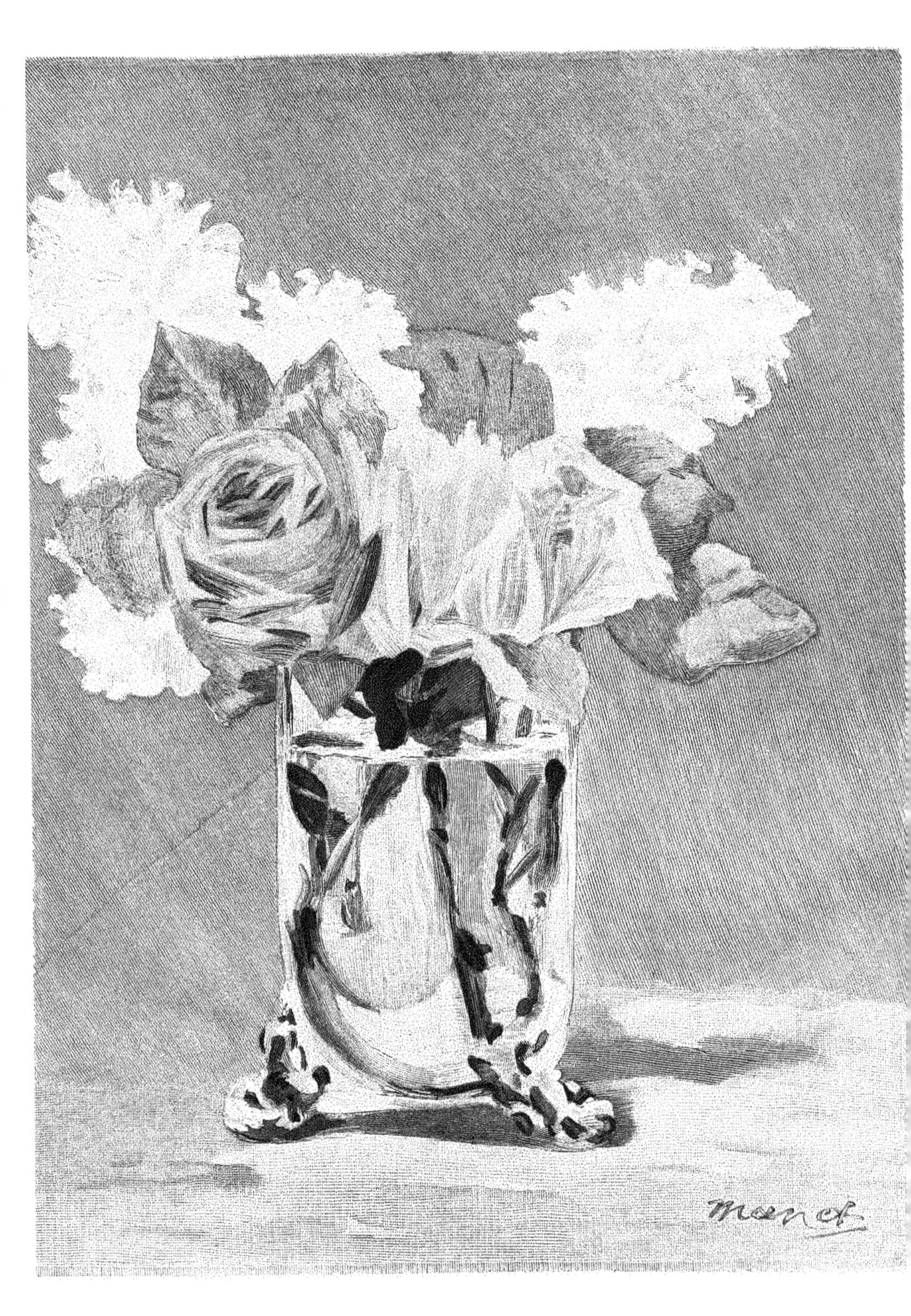
manet

prolongée, pour qu'on pût généralement louer sans réserves, mais tous en définitive admettaient maintenant que Manet avait été un artiste doué de puissance et d'invention. Cette conclusion s'imposait, par l'évidence de ce que l'on voyait. Il n'existait point de répétition dans l'œuvre exposée. Contrairement à ces artistes qui, lorsqu'ils ont trouvé un genre qui leur a valu la faveur publique, s'y tiennent ensuite, immuables, Manet, lui, n'avait cessé de se renouveler. On pouvait constater qu'il était allé sans cesse vers plus de clarté et plus de lumière. On reconnaissait qu'il avait toujours varié ses sujets et ses arrangements. Dans les cent soixante-dix-neuf numéros du catalogue, composé de peintures à l'huile, d'aquarelles, de pastels, de dessins, d'eaux-fortes et de lithographies, on découvrait une incessante diversité.

L'exposition de l'Ecole des Beaux-Arts devait être suivie de la vente de l'atelier et d'œuvres diverses. Il en résulterait une nouvelle épreuve, soutenue avec un nouveau public. Manet avait atteint une telle notoriété, que son nom était descendu aux derniers rangs. Quand on le prononçait, n'importe quel garçon de café, cocher ou balayeur pouvait dire : «Ah! oui, Manet! je connais,» en se représentant un artiste excentrique et dévoyé. Dans ces milieux où la capacité manque pour se former une opinion propre sur les choses d'art, les jugements ne peuvent venir que du dehors et sont donnés par les couches supérieures et la presse. Or la caricature, les insultes des journaux, le mépris des artistes en renom et des critiques s'étaient si longtemps exercés contre Manet, que le peuple en dessous en avait été empoisonné.

Quand la vente fut annoncée, par les journaux et des affiches, l'étonnement des passants fut donc grand. Une semblable tentative était-elle vraiment réalisable ? Certes on savait que Manet possédait des défenseurs parmi les journalistes, les artistes et les amateurs, mais tous ceux-là étaient considérés dans le peuple comme des originaux, désireux de se signaler et d'attirer n'importe comment l'attention. Cependant qu'il y eût des gens capables d'aller jusqu'à donner leur argent, pour se distinguer des autres, paraissait à la plupart invraisemblable. La vente devint donc un événement qui surexcitait la curiosité. Aussi l'exposition préalable, à l'Hôtel des ventes, attira-t-elle un très grand concours de ces promeneurs du dimanche qui, à son intention, se détournaient du Boulevard et, le premier jour des enchères, l'Hôtel de la rue Drouot fut-il littéralement envahi. La vente avait lieu dans les salles du fond, 8 et 9, dont on avait enlevé la cloison et qui, réunies, formaient un assez grand local, mais il se trouva trop petit. La foule, entassée dans le corridor et les pourtours, déborda, par une poussée formidable. Le commissaire-priseur et les experts durent opérer à l'étroit, au milieu de la cohue. On avait fait précédemment des ventes d'Impressionnistes, où les tableaux avaient été adjugés à des prix infimes, accompagnés de rires et de quolibets, et la foule était venue à la vente de Manet dans de telles dispositions d'esprit qu'elle eût trouvé plaisir à voir se reproduire les avanies déversées sur les Impressionnistes.

Les ventes des grands collectionneurs, des artistes célèbres, après décès, attirent un monde d'élite, de critiques, de collectionneurs, d'hommes de goût en vue, qui s'y rendent, comme à des réunions où leur présence est obligée. Ceux-là n'assistaient point à la vente de Manet. Les grands marchands manquaient aussi. Les experts M. Durand-Ruel, M. Georges Petit, le commissaire-priseur M. Paul Chevalier avaient fait de leur mieux, pour parer à l'absence de leur clientèle habituelle, en stimulant les amis et les partisans connus de Manet. M. Durand-Ruel surtout s'était mis en campagne, à la recherche des acheteurs. La vente, commencée dans des conditions si précaires, prit bientôt une allure qui, pour l'époque, devenait un succès. Sur toutes les œuvres on mettait des enchères et beaucoup, parmi les acheteurs, étaient des amateurs nouveaux et inattendus, venant grossir le groupe des amis. On vendait, entre autres, sept tableaux exposés aux Salons : *Un Bar aux Folies-Bergère* réalisait 5800 francs; *Chez le Père Lathuille,* 5000 francs; le *Portrait de Faure en Hamlet,* 3500; *la Leçon de musique,* 4400 francs; *le Balcon,* 3000 francs. Puis *le Linge* faisait 8000 francs; *Nana,* 3000 francs; la *Jeune fille dans les fleurs,* 3000 francs. L'*Olympia* était retirée à 10000 francs et l'*Argenteuil* à 12000 francs. Ces prix, qui paraissent aujourd'hui si minimes, semblaient, alors qu'on les criait, extraordinaires. Manet se vend ! disait la foule étonnée à la sortie et la nouvelle courut immédiatement tout Paris. La vente, en deux vacations, les 4 et 5 février 1884, produisit 116.637 francs.

Les ventes sont devenues des épreuves qui permettent de déterminer la position des artistes. Il est certain que la valeur artistique et la valeur marchande d'une œuvre ne s'accordent d'abord généralement pas, qu'elles sont le plus souvent en divergence. Mais à la longue, l'intervalle tend à se combler. Les marchands, les collectionneurs, qui possèdent certaines connaissances ou tout au moins du flair, doivent finir par ne mettre de grosses enchères que sur ces œuvres laissant voir un mérite assez certain pour les garantir d'une dépression de prix dans l'avenir. Le succès aux enchères est donc devenu comme un criterium qui sert approximativement à fixer l'opinion sur le mérite d'un artiste. La vente de l'atelier de Manet ayant réussi et les prix payés dépassant ce qu'on avait pu supposer, le public en reçut l'impression qu'il avait dû après tout se tromper, en plaçant Manet si bas, et qu'il fallait revenir envers lui à un meilleur jugement. Et comme l'exposition de son œuvre à l'Ecole des Beaux-Arts, l'avait d'ailleurs fait monter dans l'estime de l'élite capable de se former une opinion raisonnée, il se trouva que l'exposition des Beaux-Arts et la vente combinées le laissaient fort grandi dans l'opinion générale.

Cinq ans s'écoulèrent, après l'exposition de l'Ecole des Beaux-Arts, sans qu'une nouvelle occasion s'offrît

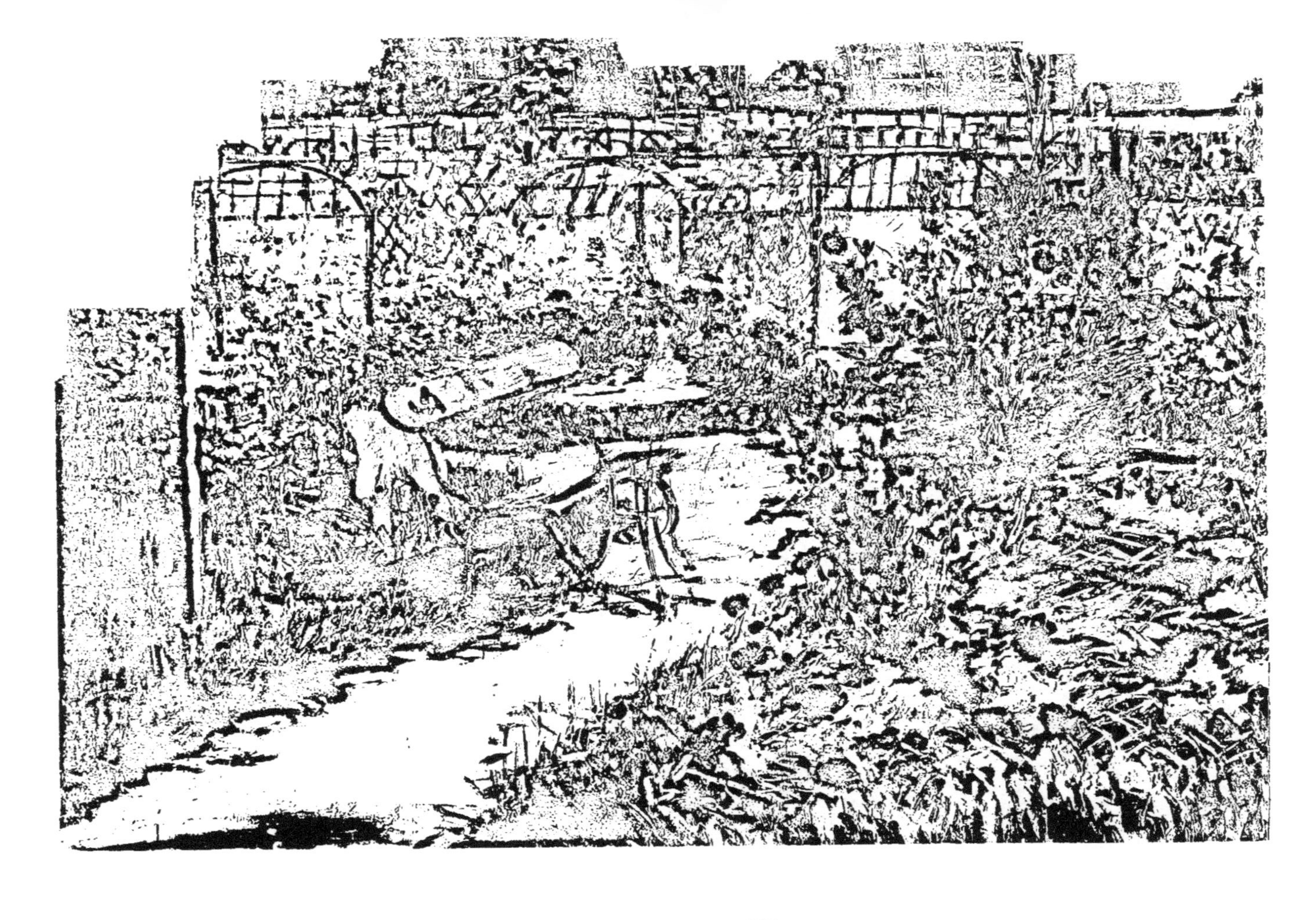

XXXX. — LE BANC

de montrer un ensemble d'œuvres de Manet, lorsqu'en 1889 une Exposition universelle avait lieu, où il serait représenté. Il allait ainsi obtenir réparation de l'injure qu'on lui avait faite, en l'excluant des Expositions universelles de 1867 et de 1878. La réparation serait d'autant plus éclatante que, par suite du règlement de la nouvelle exposition, il y figurerait au milieu des maîtres du siècle entier. Les Expositions universelles de 1867 et 1878 ne s'étaient ouvertes qu'à des tableaux peints pendant la période décennale qui les avait précédées. Espacées de dix ans en dix ans, elles n'avaient reçu que des œuvres produites dans l'intervalle de l'une à l'autre. Mais celle de 1889 devait, dans la pensée de ses auteurs, servir à commémorer le centenaire de la Révolution. Il fut donc décidé, par une innovation, qu'elle offrirait, à côté d'une exposition décennale comme les autres, une exposition dite centennale, qui s'étendrait aux peintres survenus entre les dates de 1789 et 1889. Manet mort en 1883 se trouvait du nombre.

L'exposition centennale était précisément aux mains de M. Antonin Proust, directeur, secondé, pour le choix et le placement des tableaux, par M. Roger Marx, inspecteur des Beaux-Arts. Tous les deux, comme admirateurs de Manet, allaient placer ses œuvres en vue, dans le salon principal. C'était un honneur plein de conséquences. Il lui faudrait entrer dans le rang des maîtres du siècle entier et être jugé en parallèle avec eux. Les œuvres exposées étaient au nombre de quatorze; au premier rang : l'*Olympia, le* Fifre, *le Bon* B*ock,* l'*Argenteuil,* le *Portrait de M. Antonin Proust, Jeanne.* Ces tableaux soutenaient avantageusement la comparaison avec ceux des plus grands du siècle. Tout ce public spécial de peintres, de critiques, de connaisseurs, de gens de goût devait maintenant reconnaître sans réserves la maîtrise de l'homme qui les avait produits. L'Exposition universelle amenait les étrangers, dont le jugement était encore plus favorable. L'Exposition universelle de 1889 venait ainsi compléter le travail favorable réalisé à l'Ecole des Beaux-Arts. A son issue il n'y avait presque plus personne, parmi les gens capables de juger, qui se refusât à admettre que Manet était un maître à placer au premier rang des maîtres du siècle.

A la vente de l'atelier de Manet on avait fait retirer à sa veuve l'*Olympia* et l'*Argenteuil.* L'intention avait été de réserver des œuvres que plus tard on pourrait faire entrer dans les collections publiques. L'*Olympia,* à l'Exposition universelle de 1889, avait séduit un collectionneur américain, qui avait exprimé sa détermination de l'acquérir. Le peintre Sargent, en ayant eu connaissance, jugea fâcheux que l'œuvre pût être perdue pour le public et qu'au lieu de prendre place dans un musée ouvert à tous, elle fût ensevelie au loin dans une collection particulière. Il crut qu'il y aurait moyen de la retenir en France et, pour aviser aux mesures à prendre, il fit part de ses craintes à Claude Monet. Celui-ci pensa qu'il fallait faire entrer le tableau dans un musée de l'Etat, selon la prévision qu'on avait eue en amenant Mme Manet à le garder. Il prit donc l'initiative d'une souscription. On réunirait vingt mille francs, à donner à Mme Manet, en échange de l'*Olympia*, qui serait remise au musée du Luxembourg.

L'intention d'offrir l'*Olympia* à l'Etat fut portée à la connaissance du public par les journaux. Alors il apparut que Manet avait fait, dans l'estime générale, assez de progrès, pour qu'on admît l'idée de le voir pénétrer dans les musées. Oui ! on acceptait qu'une de ses œuvres entrât au Luxembourg, cependant on trouvait à redire au choix de l'*Olympia*. On voulait bien un tableau de lui, mais pas celui-là. On demandait un de ceux qui montraient ses qualités, sans ce qu'on appelait ses défauts, par exemple le *Chanteur espagnol* du Salon de 1861, récompensé par une mention honorable, ou le *Bon Bock*, accueilli par la faveur publique, au Salon de 1873. Manet, présenté sous sa forme jugée sage, eût convenu à tout le monde et si ses amis avaient voulu se plier à la concession demandée, on était prêt à accepter leur offre d'un tableau, à les en louer et à les en remercier.

Mais les amis de Manet n'entendaient faire aucune concession. Ils avaient précisément choisi l'*Olympia* pour l'offrir à l'Etat, comme une des œuvres où l'originalité de l'artiste se manifestait dans sa plénitude. C'était le tableau historique, qui rappelait l'universel mépris, alors que seuls Baudelaire et Zola avaient osé affronter la colère publique, en déclarant leur admiration. Manet homme de combat n'avait jamais songé à faire de concessions; quand il avait envoyé aux Salons des tableaux jugés sages, c'était par hasard, sans qu'il s'en doutât. Mais l'*Olympia* était demeurée comme l'enfant préféré de ses créations. Après l'avoir une première fois montrée au Salon de 1865, il l'avait encore produite à son exposition particulière de 1867 et depuis l'avait toujours tenue en vue, dans son atelier. Ses amis, désireux de continuer la lutte après lui jusqu'au triomphe définitif, l'avaient reprise comme l'occasion de bataille par excellence. Ils l'avaient fait figurer, au premier rang, à l'exposition de l'œuvre entière à l'Ecole des Beaux-Arts en 1884, ils l'avaient comprise parmi les toiles envoyées à l'Exposition universelle de 1889, et maintenant ils la choisissaient, de préférence à toute autre, pour l'offrir à l'Etat.

Il devint donc évident que c'était une revanche éclatante, le triomphe pour Manet, que ses amis recherchaient, par une souscription publique, en vue d'acheter l'*Olympia*. Mais alors les anciens adversaires, les hommes dévoués à la tradition s'indignèrent de telles prétentions, qu'ils trouvaient excessives. Comment ! on voulait les forcer à recevoir le tableau qui les avait le plus révoltés, qui continuait le plus à leur déplaire, dans lequel ils ne voyaient toujours qu'un exemple corrupteur. Puisqu'il en était ainsi, ils s'opposeraient à ce que l'offre qu'on ménageait fût acceptée. Ce fut donc, parmi les peintres de la tradition, dans les commissions des musées, parmi les fonctionnaires des

Beaux-Arts, parmi certains critiques, un véritable soulèvement et la détermination de faire repousser par l'Etat le tableau qu'on voulait offrir. Les amis de Manet n'en persistèrent que davantage dans leur dessein. Alors on vit les deux partis, qui avaient existé pour et contre Manet et qui s'étaient longtemps tenus aux prises, se reformer et reprendre le combat. Chacun mit en œuvre ses moyens d'influence et la presse servit de véhicule à des appels et à des lettres de toute sorte.

La bataille ainsi engagée se poursuivit, mais en se prolongeant elle amena à se ranger avec les amis de Manet tous ces artistes, hommes de lettres, connaisseurs qui, partisans de l'originalité en art, se soulevaient contre la prétention des défenseurs de la tradition de tenir les musées fermés, comme ils avaient autrefois essayé de faire pour les Salons, aux œuvres hors de leurs formules et de leurs règles. La souscription finit ainsi par recueillir l'adhésion d'un tel nombre d'hommes célèbres ou en vue, qu'elle en prit un grand poids. En outre Claude Monet, sachant qu'en 1884 on n'avait obtenu l'usage de l'Ecole des Beaux-Arts pour exposer l'œuvre de Manet, qu'en passant par-dessus les subordonnés et en s'adressant personnellement au ministre avec l'appui d'un homme politique, était allé offrir l'*Olympia* directement au ministre des Beaux-Arts, M. Fallières, présenté et soutenu par le député Camille Pelletan. Avant que le ministre n'eût pris de détermination, un changement de cabinet amenait le remplacement de M. Fallières par M. Bourgeois, et ce fut lui qui eut à prendre la décision. Mais à ce moment la souscription, par l'adhésion des noms éclatants recueillis, avait acquis une telle importance, que les opposants fléchissaient. M. Bourgeois sous l'influence de M. Camille Pelletan, un de ses amis personnels et un de ses soutiens à la Chambre, donnant alors son approbation, le tableau fut définitivement reçu par la Commission et les directeurs du musée. Un arrêté ministériel, en date du 17 novembre 1890, l'acceptait, pour être placé au Luxembourg.

Claude Monet avait dû combattre pendant plus d'un an, avant de triompher, mais la résistance opposée n'avait servi qu'à mieux mettre en relief son entreprise. Il avait réussi à forcer la porte du musée et Manet y entrait sous sa forme la plus caractéristique. Voici quels avaient été les souscripteurs :

Bracquemont, Philippe Burty, Albert Besnard, Maurice Bouchor, Félix Bouchor, de Bellio, Jean Béraud, Bérend, Marcel Bernstein, Bing, Léon Béclard, Edmond Bazire, Jacques Blanche, Boldini, Blot, Bourdin, Paul Bonnetain, Brandon.

Cazin, Eugène Carrière, Jules Chéret, Emmanuel Chabrier, Clapisson, Gustave Caillebotte, Carriès.

Degas, Desboutin, Dalou, Carolus Duran, Duez, Durand-Ruel, Dauphin, Armand Dayot, Jean Dolent, Théodore Duret.

Fantin-Latour, Auguste Flameng.

Guérard, Mme Guérard-Gonzalès, Paul Gallimard, Gervex, Guillemet, Gustave Geffroy.

Huysmans, Maurice Hamel, Harrison, Helleu.

Jeanniot, Frantz Jourdain, Roger Jourdain.

Lhermitte, Lerolle, M. et Mme Leclanché, Lautrec, Sutter Laumann, Stéphane Mallarmé, Octave Mirbeau, Roger Marx, Moreau-Nélaton, Alexandre Millerand, Claude Monet, Marius Michel, Louis Mullem, Oppenheim.

Puvis de Chavannes, Antonin Proust, Camille Pelletan, Camille Pissarro, Portier, Georges Petit.

Rodin, Th. Ribot, Renoir, Raffaelli, Ary Renan, Roll, Robin, H. Rouart, Félicien Rops, Antoine de la Rochefoucauld, J. Sargent, Mme de Scey-Montbéliard, Thornley.

De Vuillefroy, Van Cutsem.

L'*Olympia*, entrée depuis quelques années au Luxembourg s'y trouvait toujours isolée, lorsqu'un événement inattendu vint l'entourer de toute une famille. Le peintre Caillebotte mourait encore jeune, en 1894, léguant sa collection de tableaux au musée du Luxembourg. Elle se composait exclusivement d'œuvres de Manet, de Degas, et des Impressionnistes Renoir, Claude Monet, Pissarro, Cézanne, Sisley. C'était toute cette partie de l'école moderne la plus attaquée, qui venait prendre place dans le musée de l'Etat. Manet se trouvait principalement représenté dans la collection par *le Balcon*, du Salon de 1869. De telle sorte que le Luxembourg, après avoir été contraint d'accepter, avec l'*Olympia*, celui de ses tableaux qui avait soulevé la plus violente colère, était maintenant appelé à recevoir, avec *le Balcon,* celui qui avait excité le plus les railleries. Il semblait ainsi que le sort réservât à Manet la réparation de placer d'abord, dans les musées de l'Etat, les œuvres qui lui avaient le plus attiré d'avanies aux Salons.

Le legs Caillebotte consterna le parti de la tradition. Les gens qui s'étaient auparavant échauffés, pour faire repousser l'*Olympia*, gémissaient. Ils prophétisaient la corruption du goût public. Ils annonçaient une irrémédiable décadence de l'art. Mais cette fois, ils durent s'en tenir aux plaintes. Vaincus dans le combat livré pour tenir la porte fermée à l'*Olympia,* ils ne se sentaient plus en mesure de reprendre la lutte avec chance de succès. Comment, en effet, eût-on pu refuser un legs, formé d'objets, certes toujours décriés par beaucoup, mais que d'autres aussi prônaient? Qui eût décidé dans la circonstance ? Il ne put donc être question de faire repousser la collection en bloc, mais l'hostilité se manifesta par la prétention de ne point l'accepter tout entière. On y ferait un choix restreint.

Le donateur, dont le testament remontait à 1876, à une époque où Manet et les Impressionnistes étaient tellement décriés que leurs œuvres lui paraissaient avoir peu de chances d'être acceptées, au cas de sa mort immédiate, avait eu la précaution de stipuler que les tableaux seraient gardés, par ses héritiers, jusqu'au moment où les progrès du goût public pourraient assurer leur acceptation par l'Etat. Il avait, en outre, eu le soin d'exiger qu'ils ne fussent envoyés à aucun musée de province, ni emmaganisés dans les greniers, mais fussent tous placés au musée du Luxembourg. Ce fut sur l'impossibilité matérielle d'exécuter cette clause dans son intégralité, en arguant du manque de place, que les représentants de l'Etat s'appuyèrent, pour arriver à faire un choix dans l'ensemble.

Ils se déclaraient prêts à prendre la collection tout entière, mais à condition qu'on les laissât libres de n'exposer au Luxembourg que les œuvres ayant leurs préférences et pouvant y trouver place, alors que les autres seraient envoyées aux palais de Compiègne et de Fontainebleau. Les héritiers de Caillebotte et son exécuteur testamentaire Renoir craignirent, s'ils laissaient entière liberté à l'Etat, qu'il ne plaçât que très peu des tableaux au Luxembourg et n'en envoyât le plus grand nombre à Compiègne et à Fontainebleau, où ils seraient perdus pour le public et se trouveraient comme relégués dans ces musées de province, que le testateur avait prétendu écarter. Ils préférèrent donc consentir à ce que l'Etat fît avec eux un choix dans la collection, mais alors en s'imposant l'obligation de tenir tous les tableaux choisis au Luxembourg.

La Commission des Musées prit, pour les mettre au Luxembourg, deux tableaux de Manet sur trois, *le Balcon* et *Angelina,* en laissant *la Partie de crocket.* Elle prit six Renoir sur huit. Renoir était très bien représenté dans la collection, par son *Moulin de la Galette* et sa *Balançoire,* qui furent parmi les premiers acceptés. Elle ne prit que huit Claude Monet sur seize, que six Sisley sur neuf, que sept Pissarro sur dix-huit, mais elle prit tous les Degas, de petites dimensions, au nombre de neuf. Devant les tableaux de Cézanne, qui inspiraient encore un effroi général, les répugnances se manifestèrent très fortes. Enfin la Commission se laissa aller à prendre, sur les quatre, les deux moindres, en abandonnant les plus caractéristiques, des *Baigneurs*, de vrais géants, et un *Bouquet de fleurs*, plein de grandeur. Quel aveugle état d'esprit, que celui qui a conduit à refuser ainsi tant d'œuvres de l'impressionnisme, qui s'offraient !

L'art de Manet et des Impressionnistes, introduit, malgré tout, au musée de l'Etat, allait aussi prendre sa place aux ventes publiques. Aucune vente importante n'était venue s'ajouter à celle de l'atelier, en 1884, lorsque, dix ans après, les circonstances m'obligèrent à me défaire de la collection que j'avais personnellement formée d'œuvres de Manet, de Degas et des Impressionnistes. Cinq tableaux de Manet allaient, entr'autres, passer aux enchères. La vente, qui eut lieu le 19 mars 1894, à la galerie Petit, rue de Sèze, attira cette fois le public d'habitués, marchands, collectionneurs, critiques qui suivent les grandes ventes. On ne vit point cette invasion extraordinaire du peuple de la rue, survenue en 1884, à l'Hôtel Drouot. On ne pensait plus, à ce moment, qu'une vente d'œuvres de Manet fût une occasion de venir se moquer et s'ébahir.

Les prix atteints, quoique en comparaison de ceux d'aujourd'hui ils ne puissent paraître encore que fort minimes, n'en montraient pas moins une sensible avance sur ceux où l'on était resté en 1884. *Chez le Père Lathuille,* du Salon de 1880, était adjugé 8000 francs; *le Repos,* du Salon de 1873, 11000 francs; *le Torero saluanl,* 10500 francs; le *Port de Bordeaux,* 6300 francs. Les tableaux de Degas et des Impressionnistes réalisaient des prix proportionnels. On voyait apparaître, pour la première fois aux enchères, des œuvres de Cézanne, celui des peintres impressionnistes qui avait conservé en dernier la réputation de n'être qu'un barbare, foulant aux pieds toutes les règles. Et ses œuvres trouvaient des acheteurs, qui se les disputaient devant un public surpris, mais ne pensant nullement à manifester de désapprobation.

Les tableaux vendus allaient prendre place dans les grandes collections de l'Europe et de l'Amérique. La *Conversation* de Degas devait en effet bientôt entrer à la National Galerie de Berlin et la *Jeune femme au bal* de Berthe Morisot était acquise, à la vente même, par le musée du Luxembourg. Cet achat devait compléter la collection d'œuvres de Manet et des Impressionnistes que le don de l'*Olympia* et le legs Caillebotte avaient fait entrer au Luxembourg. Le legs Caillebotte comprenait des exemples de tous les Impressionnistes, sauf de la seule Berthe Morisot. Lorsque ma vente survint, Stéphane Mallarmé, qui éprouvait pour Mlle Morisot — Mme Eugène Manet — une vive amitié et qui tenait son talent en grande admiration, se mit en rapport avec M. Roujon, le directeur des Beaux-Arts. Il lui représenta que la *Jeune femme au bal* de ma collection offrait un excellent exemple de son auteur, et que le musée comblerait avec elle une lacune regrettable. M. Roujon, qui connaissait le goût sûr et fin de Mallarmé, se laissa facilement convaincre et, d'accord avec M. Bénédite, le conservateur du musée du Luxembourg, décida l'acquisition de l'œuvre signalée.

A partir de 1889 on avait vu se succéder une série d'événements, d'où Manet avait tiré la consécration. Le calme s'était donc fait et on ne s'attendait plus à des incidents particuliers, lorsqu'il s'en produisit un, au loin. La National Galerie à Berlin est un édifice récent, inauguré en 1876. Il a été construit pour recevoir les œuvres des peintres allemands modernes, cependant les admissions se sont étendues aux étrangers et des peintres de toutes les nationalités ont fini par y ère représentés. Le directeur, dans les dernières années du XIXe siècle, M. de Tschudi, a été un des premiers en Allemagne à juger à leur valeur Manet et les Impressionnistes et, en homme convaincu, il voulut les faire figurer eux aussi dans sa galerie. Il se rendit d'ailleurs compte que ce serait une chose trop risquée, que de prétendre acheter de leurs œuvres avec les fonds mis à sa disposition par l'Etat, mais il sut gagner des personnes riches et en obtint en don des sommes avec lesquelles il acquit *Dans la Serre* du Salon de 1879 de Manet, *la Conversation* de Degas, deux *Vues de Vétheuil* de Claude Monet et des paysages de Pissarro, de Cézanne et de Sisley.

M. de Tschudi possesseur de cet ensemble le groupa dans une salle, à la partie principale de la galerie, au premier étage. Cette entrée de Manet, de Degas et des Impressionnistes dans un musée national fit grand bruit à Berlin. Elle donna lieu aux commentaires divers de la presse et des connaisseurs. L'empereur Guillaume II voulut se rendre compte personnellement de quoi il s'agissait et venu, sans l'apprentissage nécessaire, devant les œuvres d'artistes originaux et nouveaux pour lui, il ne sut les apprécier. Il ne les jugea pas plus favorablement que n'avaient fait autrefois les « bourgeois » parisiens. Il ordonna donc leur enlèvement et il les fit remplacer par d'autres. Peut-être que, dans des circonstances différentes, il les eût tout à fait expulsées du musée, mais eu égard à la manière dont elles y étaient entrées, il borna son action à les faire sortir de la place choisie où elles avaient été mises, pour les tenir, en un lieu moins apparent, au second étage.

En rappelant les obstacles que, dans les années qui ont suivi la mort de Manet, ses œuvres ont eu à vaincre pour se faire accepter, les prix modestes que, dans les ventes, elles ont eu peine à obtenir, on ne saurait plus causer que de l'étonnement. En présence de la faveur générale qui leur est venue à l'heure actuelle, des hauts prix auxquels les musées et les collectionneurs se les disputent, on reste surpris que la méconnaissance et le dédain aient pu ainsi se prolonger.

Aujourd'hui les jugements se sont transformés, l'opinion s'est retournée. On avait attaqué, honni Manet, on l'admire définitivement. L'Administration et la Direction des Musées en ont, pour leur part, offert une preuve éclatante. Après s'être opposées le plus possible au don de l'*Olympia,* après avoir fait rejeter du legs Caillebotte une œuvre charmante, *la Partie de crocket,* elles ont fait amende honorable, en 1918, à la vente Degas, en achetant, pour le Louvre, soixante mille francs, un pastel : le *Portrait de Mme Manet.*

XV.

EN 1919

Dans la première édition de ce livre, je constatais le travail du temps accompli en faveur de Manet, qui avait amené une grande avance de sa renommée, entre la date de sa mort, en 1882, et celle de la publication du livre, en 1902. J'ajoutais : « En observant combien lent a été le mouvement qui a fini par mettre les grands maîtres à leur vraie place, on doit penser que le travail du temps en faveur de Manet n'est pas terminé et que l'avenir lui réserve un surcroît d'estime. » Cette vue s'est trouvée juste. La place, sans cesse agrandie, occupée par l'œuvre de Manet est venue en montrer l'exactitude, et le mouvement d'extension continue et continuera.

C'est que l'œuvre de Manet ne doit pas seulement la place qu'elle prend à la valeur individuelle de son auteur, son importance s'accroît, comme comprise dans un grand mouvement de rénovation accompli, qui l'emporte avec lui. L'art français s'est en effet profondément transformé, dans la seconde moitié du XIXe siècle et en grande partie sous l'action de Manet.

On peut noter trois étapes de la transformation, marquées par Courbet, par Manet et par les Impressionnistes. Avant la survenue de ces hommes, l'art suivait sa voie avec des traits traditionnels, dus à l'état d'esprit et de culture des siècles à travers lesquels il s'était développé. Il se tenait uni au classicisme latin, formant le fond de l'éducation nationale. Il demeurait relié à la mythologie et à l'histoire antiques. A la base de l'esthétique et de l'enseignement se trouvait ce dogme que l'art, pour être de l'art, devait se mouvoir en dehors de ce que l'on appelait le terre à terre de la vie réelle et de l'existence journalière. La sphère de l'art, conçue de la sorte, était comme une région supérieure, où l'artiste devait s'élever et se maintenir à l'aide de l'imagination. Par l'application de cette idée, passant de maîtres en élèves, la peinture d'histoire était arrivée à dominer, pour constituer ce qu'on appelait « le grand art ».

Les peintres d'histoire, comprenant à cette époque les maîtres sur lesquels le peuple tenait les regards, s'écartaient avec mépris des motifs qu'eût pu leur fournir le monde réel, vu par les yeux, pour se consacrer à des sujets empruntés aux siècles écoulés. Les procédés d'exécution en usage, les formes, le style, le coloris, transmis, selon un enseignement d'école, donnaient aux œuvres un caractère conventionnel. Comme résul-

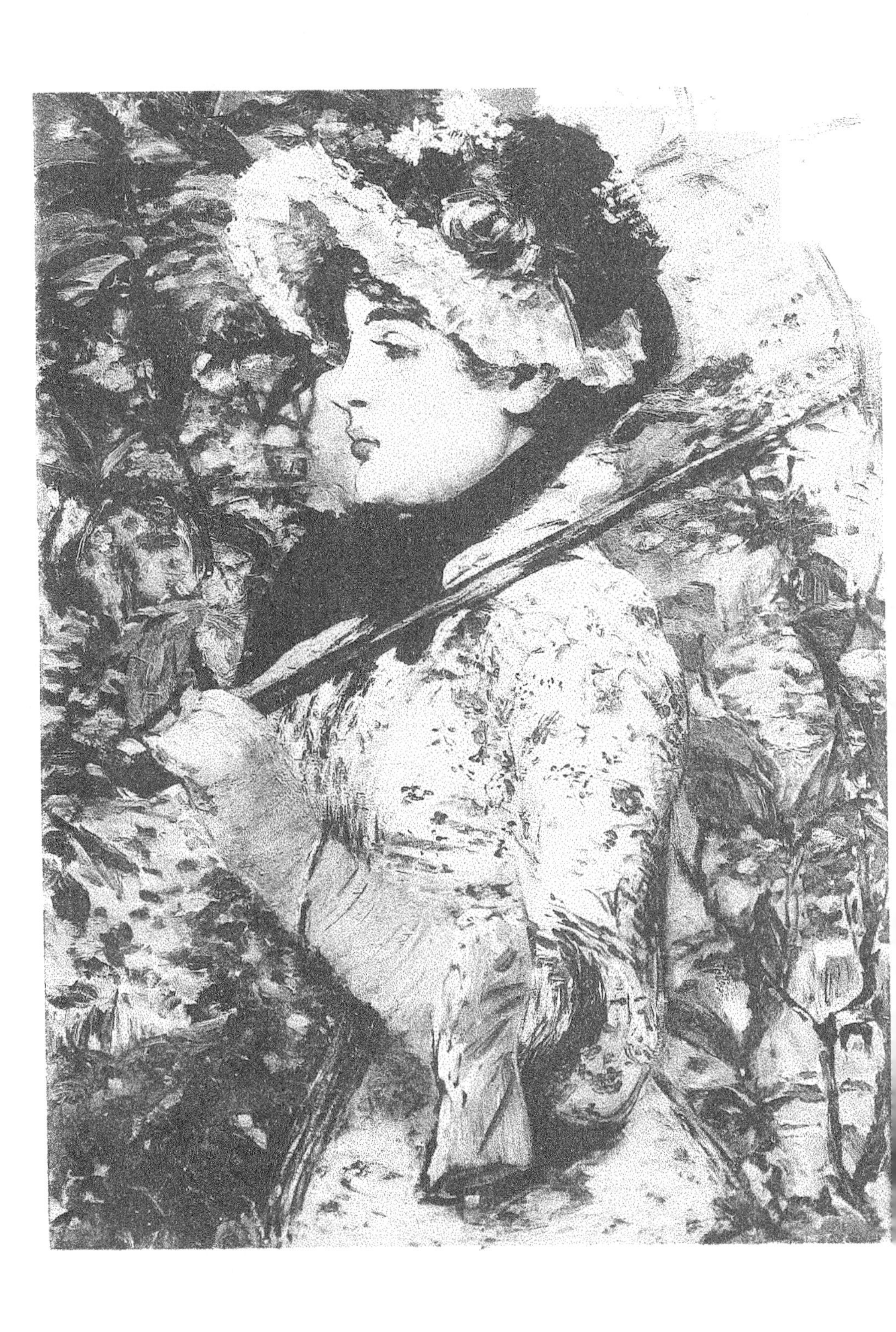

XXXXII. — JEANNE, LE PRINTEMPS

tat, la peinture dans son ensemble s'offrait alors sous un aspect d'où le rendu de la vie réelle, la sensation de la nature extérieure, les hardiesses de la création individuelle étaient bannis.

C'est alors que se produisit un homme, dont on peut considérer l'action comme survenant avec cette puissance que manifestent les forces naturelles. Courbet, au Salon de 1850, avec son *Enterrement à Ornans,* ses *Casseurs de pierres,* ses *Paysans de* Flagey *revenant de la foire,* introduisait, dans sa plénitude, le réalisme. Avec lui la tradition latine, l'attache à la mythologie et à l'histoire antiques étaient répudiées. Il n'en restait trace. On voyait surgir les hommes de la terre de France, avec leurs formes de corps précises, dans les états et les occupations où les mettaient les exigences de leur vie réelle. Et les enveloppant, formant le cadre rustique où ils se mouvaient, apparaissait la vraie nature, le paysage avec ses horizons, ses bois, ses rochers, ses eaux véritables.

Manet, en 1863, avec *le Déjeuner sur l'herbe* et, en 1865, avec l'*Olympia,* introduisait à son tour des êtres appartenant à la vie réelle, en opposition à l'art traditionnel. Manet était essentiellement un citadin, l'homme d'une culture raffinée et ce qu'il apportait était la peinture de la réalité, prise à l'ambiance parisienne. Il apportait surtout, comme élément de profonde transformation, une vision nouvelle, une manière audacieuse de juxtaposer les tons et les couleurs, dans leur éclat.

Il introduisait les procédés de la peinture claire qui, en se généralisant, allaient amener un changement complet du coloris. Lorsqu'il inaugurait son système hardi d'appliquer les couleurs, ce qu'on appela son « bariolage », la pratique enseignée dans les ateliers et suivie au dehors était que, pour harmoniser l'ensemble d'un tableau, y maintenir l'unité, il convenait de n'employer les couleurs variées qu'en les atténuant et surtout que la lumière ne pouvait y être introduite qu'accompagnée d'ombre. De ces procédés était sortie une facture sans vigueur, ne donnant plus la sensation de la vraie clarté, ne présentant que les reflets éteints des ateliers.

Après Courbet et Manet survenaient des hommes, qui adoptaient leur esthétique et mettaient en œuvre leurs procédés, pour les étendre. Ceux-là, qu'on a appelés les Impressionnistes, délivrés de toute attache avec la tradition se sont avancés hardiment dans les voies nouvelles. Ils ont porté la peinture claire, la peinture du plein air à ses dernières conséquences. Sur leurs toiles, le monde réel est apparu, dans l'infinie variété de ses formes et de ses colorations.

Il y a maintenant 70 ans que Courbet s'est produit dans toute sa force, 53 ans que Manet a fait son premier effort, 44 ans que les Impressionnistes se sont montrés à une exposition d'ensemble et la rénovation de l'art qu'ils sont venus entreprendre est accomplie. Leur succès a été décisif. La lutte qu'ils avaient engagée et qu'ils ont eu à soutenir s'est terminée par une victoire éclatante. L'art traditionnel vieilli, qui se reliait au classicisme latin et à la mythologie, a disparu. La peinture d'histoire, à laquelle on donnait par excellence le nom de « grand art », n'est plus qu'un souvenir du passé.

CATALOGUE

des

PEINTURES ET DES PASTELS

d'EDOUARD MANET

Le présent catalogue est la reproduction de celui qui a paru, dans la première édition de ce livre, en 1902. Un catalogue n'est jamais tout à fait complet. Il se trouve toujours, par le monde, quelques œuvres ignorées, qui se découvrent à l'occasion et qu'on doit y ajouter. Tel est le cas pour ce catalogue, remontant à seize années. Depuis sa publication, un certain nombre d'œuvres, qui m'avaient échappé, sont venues à ma connaissance et celles-là ont donné lieu à un supplément, qu'on trouvera à la suite.

De plus, en reproduisant ici, dans sa teneur, le catalogue d'abord paru en 1902, j'y ai introduit, à titre complémentaire, la mention, pour certaines œuvres, des ventes où elles ont pu figurer et aussi, pour d'autres, la mention des changements de possesseurs qu'elles ont subi.

PEINTURES

ŒUVRES DE PREMIER DÉBUT

1. — TETE DE CHRIST (larg., 36 cent.; haut., 45 cent.).

Vue de face, les cheveux, tombant de chaque côté, encadrent la tête, qui est entourée d'une auréole. Draperie rouge. Un roseau sur l'épaule gauche. En bas, Manet. 1856.

M. l'abbé Hurel, Paris.

2. — FEMME COUCHEE (larg., 72 cent.; haut., 61 cent.).

Elle est appuyée sur un gros oreiller blanc, le haut du corps nu, le bas recouvert d'une draperie blanche. Le bras droit recourbé, la main vers le cou, le bras gauche étendu le long du corps, la main posée sur la draperie. Fond de paysage conventionnel.
Ce morceau a du être peint quand Manet fréquentait encore l'atelier de Couture.

M. Théodore Duret, Paris.

3. — PETIT PAYSAGE (larg., 40 cent.; haut., 25 cent.).

Un gros arbre à droite, dont les branches s'étendent sur la gauche et couvrent presque tout le haut du tableau; au pied deux femmes, l'une debout, l'autre assise. Au fond la mer, avec quelques barques. Signé à droite.
Ce tableau, qui a dû être peint vers 1857, rappelle la manière qui prévalait alors parmi les avancés et que pratiquait surtout Corot.

4. — TETE D'ETUDE. Exposition 1867. N° 46 (larg., 46 cent.; haut., 55 cent.).

La tête de profil, tournée vers la gauche, est celle d'un homme âgé, cheveux et barbe incultes. Le col de la chemise blanche se voit ouvert.

Madame Sirdey, Paris.

5. — COPIE DE LA BARQUE DU DANTE ET DE VIRGILE de Delacroix, faite au Luxembourg (larg., 41 cent.; haut., 33 cent.).

Madame H. O. Havemeyer, New-York.

6. — COPIE DES PETITS CAVALIERS ou *Réunion d'artistes* de Velasquez, faite au Louvre. Exposition 1867 (larg., 76 cent.; haut., 46 cent.).

7. — COPIE DE LA VIERGE AU LAPIN BLANC du Titien, faite au Louvre. Exposition 1867. Exposition 1884. N° 2 (larg., 81 cent.; haut., 68 cent.).

8. — COPIE DU PORTRAIT DU TINTORET par lui-même, faite au Louvre. Exposition 1867. Exposition 1884. N° 3.

9. — COPIE D'UNE TETE DE JEUNE HOMME de Filippo Lippi, faite à Florence. Exposition 1884. N° 1.

Il subsiste très peu d'œuvres du premier début de Manet. Il a lui-même détruit, à l'occasion des déménagements successifs accompagnant ses changements d'atelier, un grand nombre de ses études ou essais des premiers temps.

1858-1859-1860

10. — L'ENFANT A LA TOQUE ROUGE (larg., 37 cent.; haut., 47 cent.).

Vu de face, tête et buste. Toque rouge, penchée sur le côté gauche de la tête. Léger col de chemise blanc. Vêtement gris noir, avec quelques boutons en haut. Signé E. M. légèrement, à droite.

M. Peytel, Paris.

[Ce tableau et le suivant ont en commun la même tête d'enfant, coiffée de la même toque rouge.]

11. — L'ENFANT AUX CERISES. Exposition 1884. N° 4 (larg., 55 cent.; haut., 65 cent.).

Un jeune garçon mi-corps, vu de face, coiffé d'une toque rouge, tient des cerises entre ses mains.

12. — LE BUVEUR D'ABSINTHE. — Refusé au Salon de 1859. — Exposition 1867. N° 29. Exposition 1884. N° 5 (larg., 99 cent.; haut., 1 m. 30 cent.).

Musée Ny Carlsberg. Copenhague.

13. — PORTRAIT DE L'ABBE HUREL (larg., 37 cent., haut., 47 cent.).

Tête de jeune homme, vue des trois quarts. Le costume est la soutane noire, avec un mince col blanc; grandeur à peu près naturelle.

M. l'abbé Hurel, Paris.

14. — LA FEMME AUX CHIENS (larg., 65 cent.; haut., 92 cent.). Une femme debout, la tête enveloppée d'un mouchoir, tient deux chiens de la main droite. Dans le fond, à gauche, on aperçoit une petite voiture d'enfant.

[Ce tableau a fait partie de la vente Manet, quoique n'ayant pas été inscrit dans le catalogue.]

15. — LA FEMME A LA CRUCHE OU LA VERSEUSE (larg., 45 ce.nt; haut., 55 cent.).

Elle est tournée vers la droite, tête nue, cheveux blonds, vêtue de blanc. Elle tient, de la main droite, un bassin, dans lequel elle verse l'eau d'une petite cruche ou vase, tenu de la main gauche. A gauche, fond de cloison vert; à droite, échappée, par une fenêtre, sur la campagne et le ciel.

M. Laurent-Cély, Asnières.

16. — LA MUSIQUE AUX TUILERIES. Exposition 1867. N° 24. Exposition 1884. N° 9 (larg., 1 m. 19 cent.; haut., 76 cent.).

Une foule élégante sous des arbres. Des dames assises, au milieu desquelles des messieurs, entre autres Baudelaire et Théophile Gautier, se tiennent debout.

National Gallery, Londres.

17. — Il existe une étude, faite dans le Jardin des Tuileries, vers le même temps que le tableau de la *Musique aux Tuileries*, et représentant des enfants sous les arbres.
(Larg., 46 cent., haut., 38 cent.).

18. — PORTRAIT DE RUBINI. Vente Manet. N° 37 (larg., 50 cent.; haut., 61 cent.).

Il est vu de face avec moustaches, une raie sur le côté gauche de la tête sépare les cheveux. Col droit, cravate remplissant l'ouverture du gilet. Vêtement noir. Tête et buste.

Ancienne collection Pellerin, Paris.

19. — ANGELINA. Cataloguée *Une dame à sa fenêtre*, à l'Exposition de 1867. N° 39. *Legs Caillebotte*.

Musée du Luxembourg, Paris.

20. — JEUNE DAME EN 1860. Cataloguée Portrait de Mme B..., à l'Exposition de 1867. N° 20. Vente Manet. N. 45.

Elle est de grandeur naturelle, debout, vue de face, coiffée d'une toque ou chapeau noir. Vêtue d'une sorte de mante ou pardessus noir. Le bras droit tombant le long du corps, le bras gauche est replié sur la ceinture, la main maintenant un gant. La figure se détache sur un fond d'arbres avec une échappée sur le ciel, à droite.

M. Jacques Blanche, Paris.

21. — LE GAMIN OU ENFANT AU CHIEN. Exposition 1867. N° 23. Exposition 1884. N° 7 (larg., 72 cent.; haut, 92 cent.).

Un gamin nu-tête vu presque de face, tient, du bras droit replié, une corbeille dans laquelle il prend quelque chose pour donner à un chien, dont la tête se voit à droite, en bas du tableau. Fond de ciel.

M. Reber, Barmen.

22. — PORTRAIT DE M. ET Mme M.. (Manet). Salon de 1861.

Madame Ernest Rouart, Paris.

Exposition Universelle de 1889.

23. — LE CHANTEUR ESPAGNOL OU LE GUITARERO. Salon de 1861. Exposition Universelle de 1889.

M. Osborn, New-York.

1861-1862

24 — LA NYMPHE SURPRISE. Exposition 1867. N° 30 Exposition 1884. N° 18. Vente Manet. N° 14 (larg., 14 cent.; haut., 1 m. 46).

Elle est assise nue, tournée vers la gauche, sur une draperie rouge orientale. Les cheveux dénoués pendent dans le dos. Une draperie blanche s'enroule autour de la jambe Fond de paysage vert.

25. — Il existe une esquisse de cette nymphe (larg, 46 cent.; haut., 36 cent.), qui a aussi fait partie de la vente Manet. N° 18.

26. — LES ETUDIANTS DE SALAMANQUE. Exposition 1867. N° 44 (larg, 92 cent.; haut., 79 cent.).

Deux étudiants, au milieu de la toile, en costume traditionnel, vêtus de noir, avec rabat et col blanc et ceinture de cuir, l'un debout, coiffé d'un chapeau, l'autre nu-tête, à genoux, les deux mains appuyées sur le sol, au milieu d'un paysage avec de grands arbres

27. — SCENE D'ATELIER ESPAGNOL. (Atelier de Velasquez. Fantaisie). Vente Manet. N° 46 (larg., 37 cent.; haut, 45 cent).

Velasquez assis devant une toile, la palette à la main. Tout près de lui un cavalier debout, vu de dos, une canne à la main. A droite, autre cavalier debout, appuyé des deux mains sur une canne. Les deux cavaliers sont la reproduction de deux des figures, qui se trouvent dans la *Réunion d'artistes*, de Velasquez, au Musée du Louvre.

M. Jacques Blanche, Paris.

28. — PETITS CAVALIERS ESPAGNOLS. (Fantaisie). (Larg, 25 cent.; haut., 45 cent.).

A gauche, deux cavaliers, nu-tète, debout. L'un en gris-noir, l'autre en rouge, avec une collerette blanche. A droite, au second plan, un cavalier en rose, vu de dos. Devant, un petit garçon portant un plateau. Fond d'appartement avec porte ouverte.

Vente Chéramy. Mai 1908.

Ce petit tableau, dont les personnages sont peints en réminiscence des petits cavaliers de la *Réunion d'artistes*, de Velasquez, a dû être exécuté en même temps que le précédent.

29. — LE BALLET ESPAGNOL. Exposition 1867. N° 28. Exposition 1884. N° 12 (larg., 91 cent.; haut., 62 cent.).

A droite, un danseur et une danseuse dansent, en s'accompagnant des castagnettes. A gauche, un danseur debout et une danseuse assise sur un banc, se reposent. Sur le parquet, un bouquet de fleurs, entouré de papier blanc. Signé et daté : Ed. Manet, 1862.

M. Durand-Ruel, Paris.

Le danseur debout, qui figure à la droite du tableau, s'appelait Camprubi. Manet l'a représenté à part dans une eau-forte, dans un petit tableau à l'huile et dans un dessin, rehaussé de couleurs.

30. — PORTRAIT DE VICTORINE MEUREND (larg., 40 cent.; haut., 42 cent.).

La tête et les épaules. Elle est de face, un peu tournée vers la gauche. L'oreille droite, avec une boucle d'oreille, est seule visible. Cheveux blonds, roux, divisés par une raie, au milieu du front. Ruban bleu, noué au sommet de la tête. Vêtement blanc, avec quelques filets noirs. Signé en haut, à droite.

M. Alphonse Kann, Paris.

Victorine Meurend était une jeune fille que Manet avait rencontrée, par hasard, au milieu de la foule, dans une salle, au Palais de Justice. Il avait été frappé de son aspect original et de sa manière d'être tranchée. L'ayant fait venir à son atelier, il avait d'abord peint d'elle cette tête. Puis il l'avait utilisée, comme modèle, dans deux œuvres la *Chanteuse des rues* et *Mlle V... en costume d'espada.* A partir de de ce moment, elle était devenue son modèle préféré et tous ceux qui, entre les années 1862 et 1875, ont connu Manet et fréquenté son atelier, ont connu Victorine. Elle lui a aussi servi pour la femme du *Déjeuner sur l'herbe*, pour *l'Olympia*, la *Jeune femme* du Salon de 1868, la *Joueuse de guitare*, la Femme en bleu du *Chemin de fer.*

31. —LA CHANTEUSE DES RUES. Exposition 1867. N° 19. Exposition 1884. N° 10 (larg. 1 m. 18 cent.; haut. 1 m. 74 cent.).

Debout, en pied, de grandeur naturelle, vêtue d'une robe grise, elle tient sa guitare sous le bras et mange des cerises.

Madame Montgomery-Sears, Boston.

32. — JEUNE HOMME EN COSTUME DE MAJO. Exposition 1867. Exposition 1884. N° 11 (larg., 1 m. 30.; haut. 1 m. 96 cent.).

Il est debout, appuyé sur un long bâton et a sur le bras un châle espagnol, fond rouge, déployé.

C'est le frère du peintre, Eugène, qui a servi de modèle.

Madame H. O. Havemeyer, New-York.

33. — LA PECHE (larg., 1 m. 22.; haut., 77 cent.).

Dans le ciel à gauche, un arc-en-ciel. Rivière au milieu d'un paysage boisé. Sur la rivière un bateau avec trois occupants, dont l'un pêche à l'aide d'un filet.
A droite Manet et sa femme avec un chien lévrier, vêtus de costumes à la Rubens.

34. — Il existe une étude d'un sujet analogue, LA PECHE (larg., 56 cent.; haut., 46 cent.).

On y voit un pêcheur en manches de chemise, dans un bateau, tenant un filet. Le fond est formé par la rive boisée de la rivière.

35. — JEANNE DUVAL. Femme étendue sur un canapé, dite la Maîtresse de Baudelaire. (Larg., 1 m. 13 cent.; haut., 90 cent.).

La tête représentée de face, les cheveux pendants de chaque côté. La femme, très brune, est vêtue d'une robe à rayures légèrement échancrée. Le jupon, d'une largeur exagérée et bouffant, d'où sort un pied et le bas de la jambe. Au fond, un rideau de mousseline devant un vitrage.

La femme, une quarteronne, avait été amenée dans l'atelier de Manet par Baudelaire et elle passait pour être sa maîtresse.

En Allemagne.

36. — LOLA DE VALENCE. Exposition 1867. N° 17. Exposition 1884. N° 14 (larg., 93 cent.; haut., 1 m. 05 cent.).

Originairement, la figure se détachait sur un fond neutre. Les portants de théâtre ont été ajoutés ensuite.

Collection de Camondo, Musée du Louvre.

37. — MADEMOISELLE V... (Victorine Meurend) EN COSTUME D'ESPADA. Exposition 1867. N° 12. Exposition 1884. N° 15 (larg., 1 m. 29 cent.; haut., 1 m. 66 cent.).

Elle est debout, de grandeur naturelle, s'avançant dans la corrida, les deux bras relevés, d'une main un drapeau de couleur, de l'autre une épée.

Madame H.-O. Havemeyer, New-York.

38. — HUITRES. (Nature morte.) Exposition 1884. N° 18. Vente Manet. N° 90 (larg. 46 cent.; haut,. 38 cent.).

Six huîtres ouvertes dans un plat; à gauche, deux huîtres ouvertes avec les deux moitiés d'un citron coupé et un poivrier de faience, à droite. Une fourchette, au milieu, par devant.

M. Gallimard, Paris.

39. — GUITARE ET CHAPEAU, DESSUS DE PORTE. Exposition 1884. N° 17. Vente Manet. N. 93 (larg., 1 m. 24 cent.; haut., 77 centimètres).

Par-dessus une sorte de panier et un linge blanc, une guitare est posée, le manche tourné vers la droite et par-dessus la guitare, un chapeau rond, à larges bords.

40. — LE VIEUX MUSICIEN. Exposition 1867. N° 10. Exposition 1884. N° 16 (larg., 2 m. 51 cent.,; haut., 1 m. 90 cent.).

Musée de Vienne, Autriche.

41. — L'ENFANT A L'EPEE. Exposition 1867. N° 4.

Metropolitan Museum, New-York.

42. — Il existe une petite reproduction de *l'Enfant à l'Epée,* par Manet. Larg., 31 cent.; haut., 42 cent.).

1863-1864-1865

43. — LE DEJEUNER SUR L'HERBE. Salon des refusés, 1863. Exposition Universelle de 1900 (larg. 2 m. 78 cent.; haut., 2 m. 44 cent.).

Collection Moreau. Musée des Arts décoratifs, Paris.

44. — OLYMPIA. Salon de 1865. Exposition Universelle de 1889.

Musée du Louvre.

45. — LA NEGRESSE (long. 49 cent.; haut., 59.).

Une négresse vue de face, à mi-corps, la tête entourée d'un foulard multicolore, un collier au cou, chemise blanche.

46. — JEUNE FEMME COUCHEE, en costume espagnol (long., 1 m. 05 cent., haut., 95 cent.).

Elle est couchée sur un sopha, couleur grenat, le bras droit relevé et la main placée sur la tête. A droite, sur le plancher, un petit chat joue avec une orange.
Ce tableau avait été donné par Manet, à Nadar, et il porte l'inscription : A mon ami Nadar.

M. Eduard Arnhold, Berlin.

47. — LA POSADA. Exposition 1884. N° 21 (larg., 89 cent.; haut., 52 centimètres).

Des toreros assemblés, en partie revêtus de manteaux. Au milieu, un groupe d'hommes debout. A gauche, l'un d'eux, est assis sur un banc. A droite, un autre, est assis sur une table.

M. A. Pope. Farmington Etats-Unis.

48. — PORTRAIT DE ZACHARIE ASTRUC. Exposition 1867. N° 34 (larg., 1 m. 15 cent.; haut., 90 cent.).

Musée de Brême.

49. — POIRES (Nature morte). Exposition 1884. N° 22 (larg., 24 cent.; haut., 17 cent.).

Deux grosses poires. L'une à gauche debout, la queue tournée vers le haut. L'autre renversée, la queue tournée vers la droite.

MM J. et G. Bernheim-Jeune, Paris.

50. — CHAMP DE COURSES (long., 31 cent.; haut., 41 cent.).

Deux dames debout, contre les cordes, et poteaux du champ de courses. L'une, à gauche, vêtue d'une robe à crinoline et d'un par-dessus gris, une ombrelle verte, ouverte, à la main; l'autre, à droite, vêtue d'une robe jaune, avec ruban bleu et chapeau. Signé : Manet, 1863.

M. Gallimard, Paris.

51. — L'HOMME MORT. Exposition 1867. N° 5. Exposition 1884. N° 24 (long., 1 m. 59 cent.; haut., 75 cent.).

Il est de grandeur naturelle, étendu mort, vêtu d'un costume de torero, vu en raccourci, la tête en avant.
Ce tableau est le fragment principal du tableau exposé au Salon de 1864, sous le titre *Episode d'un combat de taureaux,* qui a été coupé et divisé en deux.

M. Widener, Philadelphie.

52. — Le second fragment du COMBAT DE TAUREAUX (larg., 1 m. 08 cent.; hauteur., 48 cent.).

Représente trois toreros, contre la balustrade de la corrida, avec un taureau noir par devant, coupé à moitié dans sa longueur. Deux des toreros ont aussi, en partie, les jambes coupées, par le bas.

Le baron Vitta, Paris.

53. — LE BUVEUR D'EAU. Exposition 1884. N° 27 (larg., 48 cent.; haut., 57 cent.).

Un jeune garçon, vu de profil, en manches de chemise, tient de ses bras levés, un vase rempli d'eau, et la tête renversée reçoit, pour le boire, un filet d'eau.
Ce tableau est un fragment pris au grand tableau les *Gitanos,* Exposition 1867, N° 9, que Manet a coupé, et dont il a détaché, pour les conserver, ce petit personnage et deux figures — 54-55 — cataloguées à la vente : *Bohémien,* N° 52 (larg., 73 cent.; haut., 92 cent.); *Bohémienne,* N° 53 (larg., 73 cent.; haut., 92 cent.).

56. — LE CHRIST MORT ET LES ANGES, dénommé aussi LES ANGES AU TOMBEAU DU CHRIST. Salon de 1864.

New-York.

57. — JESUS INSULTE PAR LES SOLDATS. Salon de 1865.

New-York.

58. — Il existe une étude de la tête du JESUS INSULTE PAR LES SOLDATS (larg., 30 cent.; haut., 40 cent.).

La tête est penchée et tournée vers la gauche, entourée d'une couronne d'épines.

Indépendamment des deux tableaux exposés aux Salons de 1864 et 1865, ayant pour motifs des épisodes empruntés à la vie du Christ, Manet en avait projeté un troisième, le *Christ et Madeleine,* qui n'a pas été exécuté. Il ne demeure de ce projet qu'un arrangement préliminaire de l'ensemble — 59 — une ébauche (long., 32 cent.; haut, 39 cent.), et une étude plus poussée — 60 — représentant le Christ, tête et buste, de grandeur naturelle, ovale (long. 50 cent. environ; haut. 69 cent.). La tête est vue de face, avec de grands cheveux, tombant des deux côtés, la main droite est ouverte, tendue en avant.

61. — LE FUMEUR. Exposition 1867. N° 49. Exposition 1884. N° 26. Vente Pertuiset, Juin 1888, catalogué *Bonne pipe* (larg., 80 cent.; haut., 1 mètre.).

Il est de grandeur naturelle, à mi-corps, coiffé d'une sorte de casquette de loutre, fumant sa pipe, qu'il tient du bras droit, appuyé sur le coude.

New-York.

62. — UN MOINE EN PRIERE. Exposition 1867. N° 21. Exposition 1884. N° 25 (larg., 1 m. 14 cent.; haut., 1 m. 46 cent.).

Il est de grandeur naturelle, agenouillé, dans l'acte de prier, les deux bras étendus, une corde à la ceinture. A côté de lui une tête de mort.

M. Jacques Blanche, Paris.

63. — LE LISEUR. Exposition 1867. N° 27. Exposition universelle de 1889 (larg., 82 cent.; haut., 1 m. 20 cent.).

Il est de grandeur naturelle, à mi-corps, la tête nue, penchée sur un grand livre ouvert.

Musée de Saint-Louis, Etats-Unis.

64. — LA LISEUSE (larg., 80 cent.; haut., 64 cent.).

Tête nue, vue de profil, tournée vers la gauche, assise dans un fauteuil grenat, tenant, de la main droite un livre ouvert. En haut, la reproduction de *l'Homme mort,* sur laquelle se lit la signature de Manet.

65. — UN PHILOSOPHE. Exposition 1867. N° 32. Exposition 1884 (larg., 1 m. 10 cent.; haut., 1 m. 85 cent.).

Il est debout, de grandeur naturelle, enveloppé d'un manteau. A ses pieds sont des coquilles d'huitres.

M. Eddy, Chicago.

66. — UN PHILOSOPHE. Exposition 1867. N° 31. Exposition 1884. N° 30 (larg., 1 m. 10 cent.; haut., 1 m. 85 cent.).

Il est debout, couvert d'une sorte de court manteau. Il avance la main droite, comme pour demander l'aumône.

Art Institute, Chicago.

67. — UNE ITALIENNE (Etude). Vente Manet, N° 99 (larg., 60 cent.; haut., 74 cent.).

Vue de face, mi-corps, en cheveux, la tête surmontée d'une pièce d'étoffe blanche, carrée. Un mince collier au cou. Les bras nus croisés devant elle.

M. Alexandre Cassatt, Philadelphie.

68. — LES COURSES AU BOIS DE BOULOGNE. Exposition 1867. N° 25 (larg., 1 m. 19 cent.; haut., 76 cent.).

M. Wittemore, Boston.

69. — PELOUSE DU CHAMP DE COURSES DE LONGCHAMP. Vente Doria, Mai 1899. N° 190 (larg., 23 cent.; haut., 38 cent.).

A gauche, appuyée contre le fil de fer, une jeune femme en toilette blanche et chapeau de paille jaune, à rubans noirs. Elle tient une ombrelle ouverte, grenat. Près d'elle, à droite, une femme enveloppée dans un cache-poussière a la tête couverte par une ombrelle. Derrière elle, dans une voiture, plusieurs chapeaux fleuris. Daté : 1865.

70. — POISSONS (Nature morte). Exposition 1867. N° 38. Exposition 1884. N° 31. Exposition Universelle de 1900 (larg., 92 cent.; haut., 72 cent.).

Un gros rouget sur le devant, avec des huitres, une anguille et un citron. Au second plan un chaudron.

71. — FRUITS (Nature morte). Exposition 1867. N° 17. Exposition 1884. N° 32 (larg. 71 cent.; haut., 45 cent.).

Sur une nappe blanche, des amandes, des raisins, des groseilles et un couteau au premier plan. Corbeille de pêches et prunes et un verre, au second plan.

Collection Moreau. Musée des Arts décoratifs, Paris.

72. — FIGUES ET RAISINS (larg., 26 cent,: haut., 21 cent.).

Deux grappes de raisin, une grappe noire devant et une blanche derrière. Sur la droite, une figue. Un grain de raisin noir au premier plan. Signé à gauche, en bas.

MM. J. et G. Bernheim-Jeune, Paris.

Il existe trois tableaux de Manet, faits à la fin de 1865 ou en 1866, après son voyage en Espagne, ayant un commun motif et portant le même titre : COMBAT DE TAUREAUX.

73. — Le plus grand, Exposition de 1884, N° 96, et Exposition Universelle de 1900 a fait partie de la vente Pertuiset, en juin 1888 (larg., 1 m. 10 cent.; haut., 90 cent.).

Il représente le moment de la course où le taureau vient attaquer le picador. A gauche, au premier plan, un picador, plus au fond un autre picador. Au milieu de l'arène, le taureau s'acharne contre un picador et son cheval renversés. Le fond est formé par les arènes en pleine lumière.

74. — Le second tableau, de moindres dimensions (larg., 60 cent.; haut., 48 cent.), représente le moment de la course, où le matador va tuer le taureau.

A gauche, le taureau regarde le matador qui, le drapeau rouge d'une main et l'épée de l'autre, lui fait face. Dans l'arène, trois ou quatre toreros et un cheval mort.

M. Inglis, New-York.

75. — Le troisième tableau, moins poussé comme exécution, a fait partie de la Vente Manet, N° 45 (larg., 78 cent.; haut., 64 cent.).

Un taureau de petite taille, au premier plan, regarde quatre toreros, qui s'avançent vers lui. Contre le taureau, à gauche, un picador en arrêt, prêt à le recevoir.

1866-1867-1868

76. — LE FIFRE. Refusé au Salon de 1866. Exposition de 1867. N° 11. Exposition de 1884. N° 33. Exposition universelle de 1889 (larg., 1 m. 02 cent.; haut., 1 m. 66 cent.).

Collection de Camondo. Musée du Louvre.

77. — L'ACTEUR TRAGIQUE. Refusé au Salon de 1866. Exposition de 1867. N° 18 (larg., 1 m. 10 cent.; haut., 85 cent.).

C'est l'acteur Rouvière dans le rôle de *Hamlet*. Debout, vêtu de noir.

M. G. Vanderbilt, New-York.

78. — LE MATADOR SALUANT. Exposition 1867. N° 16. Exposition 1884. N° 34. Vente Théodore Duret, mars 1894. N° 20 (larg., 1 m. 13 cent.; haut., 1 m. 71 cent.).

Un matador, vêtu d'une casaque gris-argenté est debout. De la main gauche, il tient l'épée et le drapeau rouge; de la droite levée en l'air, il salue, au moment d'obtenir la permission de tuer le taureau.

Madame H.-O. Havemeyer, New-York.

79. — VUE DE MER (temps calme). Exposition universelle de 1900. Catalogué, *La sortie du port de Boulogne* (larg., 92 cent.; larg., 72 cent.).

La mer bleue, unie, s'étend vers l'horizon. Des barques de pêche à la voile. Un bateau à vapeur s'éloigne, en laissant échapper un nuage de fumée.

80. — MARINE (larg., 26 cent.; haut., 21 cent.).
A gauche une goëlette, sous voiles, deux autres bateaux aussi sous voiles. Des oiseaux dans l'air.

M. Max Liebermann, Berlin.

81. — COMBAT DU KEARSAGE ET DE L'ALABAMA. Salon de 1872.

M. John Johnson, Philadelphie.

82. — L'ALABAMA (MARINE). (Larg., 1 m. 10 cent.; haut., 79 cent.).
Au milieu, à gauche, un navire à vapeur tourné vers la droite.

M. de Mendelssohn, Berlin.

83. — L'ALABAMA AU LARGE DE CHERBOURG. Vente G... (Goupy), mars 1898 (larg., 1 mètre; haut., 91 cent.),

Au premier plan, un bateau de pêche, voiles dehors, s'éloigne de *l'Alabama*. Celui-ci, vu de profil, se détache sur le ciel chargé de nuages. Les pavillons arborés au beaupré et à l'arrière. Plusieurs embarcations sillonnent la mer.

Madame H. O. Havemeyer, New-York.

84. — PIVOINES. Exposition 1884. N° 37. Catalogué comme *Vase de fleurs* à l'Exposition de 1867. N° 33. Exposition universelle de 1900 (larg., 69 cent.; haut., 91 cent.).

Un bouquet de pivoines blanches et rouges, avec des feuilles, est placé dans un vase blanc, à fleurs lui-même. Au pied du vase, sur la table, une pivoine et quelques pétales effeuillés.

Collection Moreau. Musée des Arts décoratifs, Paris.

85. — PIVOINES. Vente Manet. N° 76 (larg. 34 cent.; haut., 59 cent.).

Un bouquet de pivoines blanches et rouges, avec leurs feuilles, dans un vase blanc grisâtre, sur plateau de laque rouge. Une pivoine blanche avec quelques feuilles au bas du vase.

M. Albert Moullé, Paris.

86. — UNE BRANCHE DE PIVOINES. Vente Chocquet, juillet 1899 (larg., 44 cent.; haut., 29 cent.).

Sur une table, près d'un sécateur, une branche de pivoines avec deux fleurs blanches.

Collection de Camondo, Musée du Louvre.

87. — TIGE ET FLEURS DE PIVOINES (larg., 45 cent.; haut. 55 cent.).

Une tige de pivoines, relevée vers le haut de la toile. A droite, sur le devant, un sécateur.

Collection de Camondo, Musée du Louvre.

88. — UNE JEUNE FEMME (DITE LA FEMME AU PERROQUET). Exposition de 1867. N° 15. Salon de 1868.

Metropolitan Museum, New-York.

89. — CHIEN KING-CHARLES (long., 37 cent.; haut., 45 cent.).

Il est placé sur un coussin rouge, la tête vue de face, les oreilles de couleur fauve, tombant de chaque côté. Une balle sur le devant.

90. — UN LAPIN (Nature morte). Exposition 1867. N° 48 (larg., 48 cent.; haut., 62 cent.).

Il est suspendu par les pattes de derrière, la tête et le haut du corps reposant sur une table.

M. Doucet, Paris.

91. — LA JOUEUSE DE GUITARE. Exposition 1867. N°26. Exposition 1884. N° 40 (larg., 82 cent.; haut., 66 cent.).

Demi-grandeur naturelle, nu-tête, vêtue de blanc. Elle est assise de profil, sur fond neutre.

M. A. Pope, Farmington, Etats-Unis.

92. — VUE DE L'EXPOSITION UNIVERSELLE DE 1867. Exposition de 1884. N° 41. Vente Manet. N° 67 (larg., 1 m. 97 cent.; haut., 1 m. 07 centimètres).

Au premier plan, où se voient un jeune garçon tenant un chien, une amazone, un homme qui arrose le gazon, trois soldats. Au fond les bâtiments de l'Exposition sur le Champ de Mars. En haut un ballon qui plane.

Madame Angelot, Paris.

93. — PORTRAIT D'EMILE ZOLA. Salon de 1868.

Madame Zola, usufruitière, Paris, Musée du Louvre.

94. — PORTRAIT DE THEODORE DURET. Exposition 1884. N° 43.

Musée de la Ville de Paris, Petit-Palais des Champs-Elysées.

95. — LE MENDIANT. Exposition 1884. N° 44.

Barbe grise. Coiffé d'un chapeau de feutre, debout, de grandeur naturelle, blouse grise, pantalon bleu, s'appuyant de la main gauche sur un bâton, de la droite tenant une pièce d'étoffe, passée sur l'épaule.

96. — LES BULLES DE SAVON. Exposition 1884. N° 45 (larg., 82 cent.; haut., 1 mètre.).

Un jeune garçon, de grandeur naturelle, à mi-corps, un bol d'eau de savon dans la main gauche, souffle des bulles dans l'air.

M. Georges Bernheim, Paris.

97. — LA LECTURE. Exposition 1884. N° 46 (larg., 73 cent.; haut,. 61 centimètres).

Une femme, vêtue de blanc, est assise tournée vers la gauche, sur un canapé blanc. A gauche, le fond est formé par un rideau blanc. Derrière la femme, un jeune homme tient dans la main un livre qu'il lit.
C'est Mme Manet et Léon Leenhoff, qui ont posé pour les deux personnages.

Madame de Polignac, Paris.

98. — AU PIANO (portrait de Mme Manet). Exposition 1884. N° 47 (larg., 46 cent.; haut., 38 cent.).

Elle joue du piano, en robe noire.

Collection de Camondo, Musée du Louvre.

99. — JEUNE FEMME AU SOULIER BLANC. Vente Manet. N° 19 (larg., 32 cent.; haut., 46 cent.).

Elle est debout, vêtue de noir, nu-tête. Le bras gauche recourbé, la main ramenée sous le menton. Le bras droit tombant, appuyé sur une chaise. Un soulier blanc au pied droit. Fond de ciel bleu.

Ancienne collection Pellerin, Paris.

100. — PORTRAIT D'UN JEUNE HOMME (Léon Leenhoff). (Larg., 74 cent., haut., 85 cent.).

Mi-corps. Le jeune homme est assis en manches de chemise, à une table verte et pèle une pomme.

National Museum, Stockholm.

EXECUTION DE L'EMPEREUR MAXIMILIEN.

Avant le grand tableau, tel qu'il existe achevé, à l'état définitif, deux autres avaient été entrepris par Manet et portés à un point plus ou moins avancé.

101. — Dans le tout premier (larg., 2 m. 60 cent.; haut., 1 m. 96 cent.), qui donne une impression particulièrement dramatique, on voit, à droite du peloton d'exécution, un homme de face, en costume mexicain gris-jaune, coiffé d'un large chapeau, debout, tenant un fusil entre ses mains. Cette première composition a dû être peinte en 1867.

Musée de Boston, Etats-Unis.

102. — Le second (larg., 3 mètres; haut. 2 m. 75), où tous les hommes de l'exécution sont en soldats, coiffés de képis, a été coupé en morceaux, pour une grande part remis ensemble.

Vente Degas, mars *1918.*

103. — Enfin, dans le tableau définitif (larg. 3 m. 05 cent., haut,. 2 m. 52 cent.), tous les hommes sont aussi en képis.

Musée de Mannheim.

104. — Manet a fait, en dernier lieu, une reproduction soignée du tableau définitif, de dimensions réduites (larg., 60 cent.; haut., 40 cent.).

105. — PORTRAIT DE Mme MANET (larg., haut., 60 cent.).

Tête et buste. Elle est de face nu-tête. Avec un médaillon attaché autour du cou, par un cordon noir. Léger col de chemisette blanche. Robe grise.

M. George Moore, Londres.

106. — PORTRAIT DE Mme MANET (Esquisse). (Larg., 76 cent.; haut., 1 mètre).

Elle est vêtue d'une robe grise. Debout, de profil, tournée vers la droite, coiffée d'un chapeau noir.

Madame Ménard-Dorian, Paris.

1869-1870

107. — LE BALCON. Salon de 1869.

Legs Caillebotte, Musée du Luxembourg.

108. — Il existe une petite reproduction du BALCON faite par Manet (larg., 27 cent.; haut., 36 cent.).

109. — Une esquisse ou première pensée du tableau (larg., 38 cent.; haut., 46 cent.) a fait partie de la vente Manet, N° 19. On y voit une jeune fille assise, en blanc, à laquelle Manet, dans le tableau définitif, a substitué Berthe Morisot.

M. John Sargent, Londres.

110. — LE DEJEUNER. Salon de 1869. Exposition de 1884. N° 18. Catalogué sous le titre : *Après le café.*

Ancienne collection Pellerin, Paris.

111. — LA JEUNE FEMME AU MANCHON. Vente Manet. (larg., 60 cent.; 73 cent.).

Elle est vue de profil, tournée vers la gauche. Chapeau avec dentelles. Des mèches de cheveux lui tombent sur le front. Les mains dans un manchon. Vêtue d'un paletot ou pelisse. Esquissé à grands coups de pinceau.

M. Jules Strauss, Paris.

112. — LE PORT DE BOULOGNE. Catalogué sous le titre *Clair de lune* à l'Exposition de 1884. N° 49 (larg., 1 mètre; haut,. 80 cent.).

Collection de Camondo, Musée du Louvre.

113. — LE DEPART DU BATEAU A VAPEUR. Exposition 1884. N° 54. Vente Monet. N° 78 (larg., 1 m. 01 cent.; haut 63 cent.).

C'est le départ du bateau faisant le service entre Boulogne et Folkestone.
Le bateau, dont on voit les tambours et les cheminées, est encore le long du quai. La foule se presse devant le bateau.

Vente Degas, mars 1918.

114. — Il existe un autre tableau du même sujet (larg., 71 cent.; haut., 59 cent.).

Le bateau est encore le long du quai, mais on voit, avec les tambours et les cheminées, un mât par derrière. Des ballots sur le quai. Au fond, à gauche, l'autre rive du port avec des bateaux accostés.

En Allemagne.

115. — JETEE DE BOULOGNE (larg., 45 cent.,; haut., 33 cent.).

A gauche, un haut de jetée, en pierres, qui se continue par une estacade en bois, sur laquelle s'élève une petite cabane et une sorte de belvédère. Par delà, la mer avec des bateaux à voiles et un bateau à vapeur.

116. — Il existe un second tableau portant le même titre de JETEE DE BOULOGNE. Exposition de 1884. N° 51.

Les jetées formées par les estacades en bois, sont vues de côté et se profilent l'une sur l'autre. Entre elles, au milieu, se voit le mât d'un bateau, avec la voile en partie tombante. Par delà la mer, avec trois bateaux de pêche à la voile.

117. — PLAGE AVEC PERSONNAGES (larg., 64 cent.; haut., 31 cent.).

La plage sablonneuse, la mer calme et le ciel de tons très clairs. Sur la plage, de nombreux personnages, des baigneuses, sont debout ou assis. Bateaux de pêche sur la mer et un bateau à vapeur à l'horizon.

118. — BATEAUX (Etude). Vente Manet. N° 79 (larg., 96 cent.; haut., 24 cent.).

La mer, le soleil se couchant au fond, dans un nuage. A gauche un bateau à vapeur. A droite, un navire avec voile carrée, déployée au mât d'arrière.

119. — LE SAUMON (Nature morte). Exposition 1884. N° 50.

Sur une nappe blanche, étendue sur une table, se voit une queue de saumon sur un plat. Au second plan, à droite, un verre, une fiole et un grand bol en porcelaine. Un couteau, à gauche, devant le saumon. *Madame H. O. Havemeyer, New-York.*

120. — NATURE MORTE. Exposition 1884. N° 55 (larg., 71 cent.; haut., 44 cent.).

Un gros poisson, en long sur une serviette blanche, posée elle-même sur une table. La tête du poisson vers la gauche et un long brochet en travers, à droite. *Le marquis de Biron, Paris.*

121. — POISSONS ET NATURE MORTE (long., 46 cent.; haut., 38 cent.).

A gauche un couteau, à lame triangulaire. Au milieu une anguille, repliée comme en un demi-cercle, sur une nappe blanche.

M. Durand-Ruel, Paris.

122. — TETE DE FEMME. Vente Manet. N° 31 (larg., 46 cent.; haut., 75 cent.).

Elle est vue de face, un ruban noué autour du cou, coiffée d'un chapeau.

123. — PORTRAIT DE GUILLAUDIN, A CHEVAL (larg., 1 m. 16 cent.; haut., 88 cent.).

Cheval gris pommelé, la queue et la tête coupées par le cadre; le haut du corps seul visible. Le cavalier nu-tête, tient son chapeau rond de la main droite, comme saluant.

Le Docteur Linde, *Lubeck.*

124. — PORTRAIT DE Mme MANET MERE (larg., 80 cent.; haut., 1 m. 05 cent.).

Elle est de grandeur naturelle, vêtue de noir, assise, les mains posées sur les genoux, tenant un lorgnon. Les cheveux sont disposés en bandeaux. Fond gris.

Aux Etats-Unis.

125. — LE REPOS. Salon de 1873. Vente Théodore Duret. N° 29.

C'est un portrait de Berthe Morisot, couchée, assise sur un sopha, les deux bras jetés de chaque côté d'elle.

M. G. Vanderbilt, New-York.

126. — L'ENTERREMENT (larg., 92 cent.; haut., 73 cent.).

Au premier plan, à droite, un convoi funèbre; à gauche, un bonquet d'arbres. Le convoi est mené par une dizaine de personnes, dont un soldat. Au fond, à l'horizon, le Panthéon.

127. — LA LEÇON DE MUSIQUE. Salon de 1870. Vente Manet. N° 3.

Vente Henri Rouart, décembre 1912, New-York.

128. — Il existe une ébauche séparée, en noir, de la jeune femme figurant dans la *Leçon de musique* (larg., 81 cent.; haut., 95 cent.).

Madame Ménard-Dorian, Paris.

129. — PORTRAIT D'EVA GONZALES. Salon de 1870. Exposition universelle de 1900.

National Gallery, Londres.

130. — PORTRAIT D'EVA GONZALES, peignant dans l'atelier (larg., 46 cent.; haut., 56 cent.).

Elle est vue de dos, la palette à la main, debout, vêtue d'une robe grise, peignant. A côté, à droite, un jeune homme, vêtu d'un costume espagnol, est assis sur une table.

131. — LE JARDIN. Exposition 1884. N° 68. Vente G... (Goupy), mars 1898 (larg., 55 cent.; haut., 43 cent.).

Une jeune mère, vue de face, tête nue, et vêtue d'une claire toilette, est assise sur la pelouse. Près d'elle, un jeune homme est étendu dans l'herbe. Vers la gauche, un enfant repose dans sa petite voiture.

Madame H. O. Havemeyer, New-York.

1871-1872

132. — PAYSAGE PEINT A OLORON (Etude). (Larg., 45 cent.; haut., 60 cent.).

Une route montante, au premier plan, une plaque carrée de verdure à gauche; à droite un mur, une grande maison blanche, au tournant de la route. Hautes collines fermant l'horizon. Signé en vert.

Le marquis de Biron, Paris.

133. — LE BASSIN D'ARCACHON (larg., 55 cent.; haut., 33 cent.).

Sur le premier plan des arbres, à travers lesquels on voit sur l'eau, à gauche, un petit bateau à vapeur, au milieu une goélette à voile et quelques bateaux de pêche. L'horizon est fermé par des dunes.

134. — Il existe une autre vue ou esquisse du BASSIN D'ARCACHON, de moindre dimension (larg., 30 cent.; haut., 25 cent.).

A l'angle gauche, le sable de la grève. L'eau du bassin s'étend entourée par un cercle de dunes. Des barques près du rivage.

135. — PLAGE, MAREE BASSE (larg., 49 cent.; haut., 34 cent.).

A droite et au fond des barques de pêche, échouées sur le sable. Sur la gauche, trois petits bateaux, également échoués. Ciel gris. Signé en bas, à droite : Manet. Peint à Arcachon.

Succession du Docteur Evans, Paris.

Indépendamment de ce tableau, le Docteur Evans en possédait trois autres, de Manet, de petites ou moyennes dimensions, qu'il a dû léguer à un musée ou à une institution des Etats-Unis.

136. — MARINE (larg., 42 cent.; haut., 25 cent.).

Au milieu de l'eau bleue se voient des barques de pêche à la voile. Au fond, des dunes ou collines. Au premier plan, une plage sablon neuse et à droite des tours et murailles avec un drapeau tricolore au sommet. Probablement peint dans les environs d'Arcachon.

MM. J. et G. Bernheim-Jeune, Paris.

137. — SCENE D'INTERIEUR (larg., 54 cent.; haut., 39 cent.).

Au fond une fenêtre ouverte laisse entrevoir la mer. Au milieu de l'appartement une table ronde, sur laquelle un jeune homme assis s'appuie du bras droit. A gauche, une dame assise regarde vers la mer.
Peint à Arcachon en 1871. La dame est Mme Manet avec son frère Léon Leenhoff.

Madame H. O. Havemeyer, New-York.

138. — LE PORT DE BORDEAUX. Exposition 1884. N° 39 (larg., 1 m.; haut., 63 cent.).

Dans le fond, à droite, la cathédrale de Saint André et une partie de la ville. Au milieu, et à gauche le fouillis des mâts et des navires à l'ancre, dans le port.

Vente Théodore Duret, mars 1894.

139. — AMANDES. Exposition 1884. N° 60 (larg., 26 cent.; haut., 21 cent.).

Trois amandes ouvertes, sur le premier plan, d'autres non ouvertes, derrière. Deux à droite avec leur tige.

MM. J. et G. Bernheim-Jeune, Paris.

140. — LA FEMME AU LORGNON (larg., 42 cent.; haut., 38 cent.).
Une femme assise, renversée dans un fauteuil, le bras droit étendu, gantée, un lorgnon sur les yeux. Près d'elle, sur un guéridon, une carafe d'eau, avec un verre.

141. — TETE DE FEMME AVEC OMBRELLE (larg., 32 cent.; haut., 52 cent.).

Elle est vue de face, coiffée d'un petit chapeau noir, rond. Nœud de cravate rose. Les deux mains tiennent le manche d'une ombrelle bleue, ouverte, qui couvre tout le fond de la toile.

142. — COURSES A LONGCHAMP. Exposition 1884. N° 61 (larg., 83 cent.; haut., 43 cent.).

A gauche le public serré et étagé sur des voitures se presse contre la barrière. Au milieu, un peloton de chevaux et jockeys atteint le poteau d'arrivée. Au fond et à droite, des arbres. A droite encore le public pressé contre la barrière.

Madame Potter-Palmer, *Chicago.*

143. — LES COURSES AU BOIS DE BOULOGNE. Exposition 1884. N° 62.

A droite, coupés par la toile, deux figures et deux des piquets qui bornent la piste. Des chevaux vus de profil, avec quatre jockeys. L'étendue du champ de course avec des équipages et la foule. Le fond est formé par les hauteurs de Saint Cloud.

M. Wittemore, Boston.

144. — VUE DE HOLLANDE (Marine). Exposition de 1884. N° 64. (larg., 61 cent., haut., 80 cent.).

Au premier plan, un bateau sur un canal, se présente avec la voile déployée. A gauche au second plan, un autre bateau à la voile, puis un moulin à vent. Au fond, divers moulins, bateau à la voile et un bateau à vapeur.

M. Alex. Cassatt, Philadelphie.

145. — LE PORT DE CALAIS.

Au fond les clochers et maisons de la ville. Par devant les mâts des navires dans le port et les jetées et quais du port. Une goelette, avec sa voile de misaine déployée, vogue pour entrer dns le port.

M. Wittemore, Boston.

146. — JEUNE FEMME VOILEE. Vente Manet. N° 30 (larg., 47 cent.; haut., 61 cent.).

Elle est vue presque de face, coiffée d'un chapeau d'où descend un voile sur le visage. Les deux bras ramenés vers le milieu du corps, les mains jointes.

Madame Deudon, Nice.

147. — JEUNE HOMME SUR UN VELOCIPEDE. Exquisse (larg., 20 cent.; haut., 53 cent.).

Il est vu de face coiffé d'un chapeau rond, tenant des mains le guidon du vélocipède.

M. Moreau-Nélaton, Paris.

148. — FEMME A L'EVENTAIL. Exposition 1884. N° 65 (larg., 43 cent.; haut., 58 cent.).

Elle est assise dans une chaise, tournée vers la droite, vêtue d'une robe noire, souliers roses, les jambes croisées. Tenant de la main gauche un éventail déployé.

Collection Moreau. Musée des Arts décoratifs, Paris.

149. — ETUDE DE BUSTE NU. Exposition 1884. N° 66 (larg., 49 cent.; haut., 61 cent.).

Une jeune femme brune, le buste découvert jusqu'à la ceinture, tournée vers la droite. Au cou un ruban ou collier noir. Une écharpe de gaze noire recouvre une partie du bras droit

Vente Henri Rouart, décembre 1912.

150. — LES HIRONDELLES. Exposition 1884. N° 65 (larg., 81 cent.; haut., 65 cent.).

Au premier plan deux dames assises sur l'herbe. Une vaste prairie s'étend à l'horizon. Quelques hirondelles volent.

Madame Albert Hecht, Paris.

1873-1874

151. — LE BON BOCK. Salon de 1873. Exposition universelle de 1889.

M. Eduard Arnhold, Berlin.

152. — LE CHEMIN DE FER. Salon de 1874.

Une femme assise et une petite fille vue de dos, se profilent sur la grille d'un jardinet de la rue de Rome, surplombant les abords de la gare Saint-Lazare, à Paris.

Madame H. O. Havemeyer, New-York.

153. — LE BAL MASQUE OU BAL DE L'OPERA. Exposition 1884. N° 69 (larg., 73 cent.; haut., 60 cent.).

Des femmes en domino noir sont entremêlées avec des messieurs en habit noir. Sur le fond noir de l'ensemble, quelques femmes travesties mettent des notes de couleur.

Madame H. O. Havemeyer, New-York.

Il existe deux esquisses ou études préliminaires, ayant servi à établir *le Bal masqué.*

154. — La plus grande, qui a fait partie de la vente Manet. N° 20 (larg., 46 cent.; haut., 38 cent.) appartient à

M. Georges Bernheim, Paris.

155. — La plus petite (larg., 26 cent.; haut., 95 cent.) appartient à

M. Cherfils, Paris.

156. — JEUNE FEMME ASSISE (larg., 45 cent.; haut., 55 cent.).

Elle est à mi-corps, de face, nu-tête, les cheveux dénoués, en peignoir blanc, assise sur un canapé vert. Le coude droit appuyé sur un des bras du canapé, la tête sur la main. Bagues aux doigts.

Madame H. O. Havemeyer, New-York.

157. — INTERIEUR. Vente Manet. N° 47 (larg., 19 cent.; haut., 37 cent.).

Une femme nu-tête, assise, vue de face, en train de lire, se détache en clair sur le fond d'un appartement.

158. — FEMME AU BALCON (Esquisse). (Larg., 48 cent.; haut., 43 cent.).

La tête et les épaules, vue de dos, des trois quarts. Vêtement bleu, cheveux blonds. Le bras appuyé sur un balcon. Fond de paysage, des maisons sur une colline, ciel par-dessus. Certifié par Mme Manet, à droite, en bas.

159. — PECHEURS EN MER, aussi dénommés *les Travailleurs de la Mer*. Exposition 1884. N° 79 (larg., 80 cent.; haut., 63 cent.).

Au premier plan, un bateau à voile en mer, coupé par le milieu, dont l'avant s'élève et sur lequel se voient trois pêcheurs. Au fond, la mer et le ciel.

160. — LE BATEAU GOUDRONNE (larg., 60 cent.; haut., 59 cent.).

A gauche de la toile, un bateau de pêche échoué et à demi-renversé sur la plage est goudronné par deux hommes. Flammes pétillantes et fumée. La marmite de goudron à droite. L'ancre par devant.

161. — SUR LA PLAGE. Exposition 1884. N° 71 (larg., 72 cent.; haut., 57 cent.).

Au fond, la mer bleue montant très haut, près du cadre. A l'extrême horizon quelques barques. Au premier plan, la plage sablonneuse, sur laquelle est couché, à droite, Eugène Manet, le frère du peintre, en béret bleu, et est assise, à gauche, Mme Manet, la femme du peintre, en gris, avec un chapeau de paille.

Vente Henri Rouart, décembre 1912. M. Doucet, Paris.

162. — FEMMES SUR LA PLAGE (larg., 44 cent.; haut., 38 cent.).

Deux jeunes femmes, en costume de bain, sont sur une plage de sable. L'une, à gauche, est couchée, appuyée sur le coude droit; l'autre, à droite, est debout. Au fond, la mer et le ciel. Quelques baigneuses dans la mer.

163. — MARINE OU PLAGE (Esquisse). (Larg., 61 cent.; haut. 50 cent.).

Trois personnages ébauchés au premier plan sur la plage, deux à gauche auprès d'un petit bateau à sec, un au milieu, vu de dos. Une ancre à droite. Un grand bateau noir échoué dans l'eau, un autre à droite en pleine mer. La mer déferle sur la plage.

Madame Fantin-Latour, Paris.

164. — MARINE.

Sur une mer bleue, qui moutonne, deux barques de pêche à la voile, voguant vers la droite. Au fond, un grand nombre de barques, également à la voile.

165. — MAREE MONTANTE. Vente Manet. N° 77. Vente Chocquet. N° 69. Cataloguée *Marine* (larg., 58 cent.; haut., 47 cent.).

Sur la plage, la mer qui déferle et une barque noire échouée. Ciel gris, couvert. A gauche, l'avant d'un bateau coupé par le cadre.

Vente Chocquet, juillet 1889.

166. — MARINE. TEMPS D'ORAGE. Vente Manet. N° 80 (larg., 72 cent.; haut., 55 cent.).

La mer s'étend vers l'horizon, où l'on voit un navire et une barque de pêche à la voile. Le ciel est couvert de nuages.

167. — MARINE. TEMPS CALME. Vente Manet. N° 81 (larg., 72 cent.; haut., 55 cent.).

Au premier plan, une plage sablonneuse découverte. La mer au milieu, montant vers la droite. Trois bateaux de pêche sont échoués. Quelques nuages.

168. — POLICHINELLE. Salon de 1874.

M. Claude Lafontaine, Paris.

169. — LA PARTIE DE CROCKET. Exposition 1884. N° 73 (larg., 73 cent.; haut., 46 cent.).

Cinq personnes, deux hommes et trois femmes, jouent au crocket sur un gazon, un mur bas dans le fond et la mer fermant l'horizon. Ce tableau, compris dans le legs fait par le peintre Caillebotte au Musée du Luxembourg, a été rejeté par la commision des Musées.

Madame Caillebotte, Paris.

170. — Il existe une seconde PARTIE DE CROCKET. Vente Manet. N° 44 (larg., 1 m. 06 cent.; haut., 70 cent.).

Quatre personnes, deux hommes et deux femmes, jouent sur un gazon, devant un bouquet d'arbres. A gauche, un homme, vu de dos, assis sur le gazon, coiffé d'un chapeau de paille. Près de lui, une des joueuses, vue de profil, vers la droite. A l'arrière plan, un des joueurs debout.

Institut Staedel, Francfort-sur-Mein.

171. — ARGENTEUIL. Salon de 1875. Exposition universelle de 1889.

Musée de Tournay, Belgique.

172. — ARGENTEUIL. Exposition universelle de 1900 (larg., 1 mètre; haut.; 61 cent.).

La Seine bleue, bordée au fond par la berge, plantée d'arbres. A gauche, au premier plan, une femme, vue de dos, avec un enfant coiffé d'un chapeau de paille. Sur l'eau des bateaux de plaisance.

Ancienne collection Auguste Pellerin.

173. — VUE D'ARGENTEUIL. Vente Manet. N° 60 (larg., 81 cent.; haut., 60 cent.).

Sur la rivière, trois bateaux alignés les uns à côté des autres, avec leurs mâts. Au fond, la berge de la rivière, plantée d'arbres; les arbres et les bateaux se reflètent dans l'eau.

174. — CLAUDE MONET DANS SON ATELIER. Vente Manet. N° 82.

Le peintre est installé dans son bateau, sous une tente et il peint. Au fond sa femme assise.

Vente Chocquet, juillet 1889.

175. — Il existe une esquisse, ou première pensée de MONET PEIGNANT DANS SON ATELIER, auprès de sa femme, où les deux figures sont placées côté à côte. (Larg., 1 m. 95 cent.; haut., 30 cent.)

176. — LA FAMILLE MONET DANS SON JARDIN. Exposition universelle de 1900 (larg., 95 cent.; haut., 48 cent.).

Au milieu de la toile, Mme Monet, vêtue d'une robe claire, est assise sous un arbre. Son fils, vêtu de bleu, est étendu à côté d'elle. Monet, contre une rangée d'arbres, s'occupe à jardiner, ayant près de lui un arrosoir. Un coq et une poule, au premier plan, à gauche.

Ancienne collection Pellerin, Paris.

177. — JEUNE FEMME. Vente Manet. N° 16. (Vendue à la place de *l'Exécution de l'Empereur Maximilien,* du catalogue imprimé, qui n'a pas été mise en vente.) (Larg., 74 cent.; haut., 92 cent.).

Elle est tournée vers la gauche, de trois quarts, coiffée d'un chapeau. Vêtue d'une jaquette marron avec boa en fourrure, les mains dans un manchon. Au bas, la jupe n'est qu'indiquée.

M. Hazard, Orrouy.

178. — TOILETTE DE JARDIN (Etude). (Larg., 33 cent.; haut., 41 cent.).

Une jeune femme debout, vue de face, sur un fond de verdure à peine frotté. Elle est vêtue d'une robe blanche et s'appuie sur une ombrelle de la même couleur. Le corps est très peu fait, mais la tête est assez finie.

179. — LA JEUNE FEMME AU LIVRE (Esquisse). Vente Manet. N° 32 (larg., 32 cent.; haut., 24 cent.).

Elle est assise tournée vers la gauche, tête nue, appuyée sur le dossier de la chaise. Un livre ouvert sur les genoux. A gauche, fond de fenêtre clair.

180. — BAIGNEUSES (larg., 98 cent.; haut., 32 cent.).

Dans un paysage avec fond de ciel bleu, deux femmes nues sont placées près de l'eau d'une rivière. L'une assise à gauche, tournée vers la droite, les deux bras ramenés au sommet de la tête, arrangeant sa chevelure. L'autre debout est vue des trois-quarts, de dos.

181. EN BATEAU. Salon de 1879. Exposition universelle de 1889.

Madame H. O. Havemeyer, New-York.

182. — LA DAME AUX EVENTAILS. Exposition 1884. N° 70. Vente Manet. N° 13 (larg., 1 m. 68 cent.; haut., 1 m. 13 cent.).

En robe noire, assise, étendue sur un sopha, la tête appuyée sur le bras gauche. Dans le fond, sur la muraille, des éventails japonais sont appliqués.

Madame Ernest Rouart, Paris.

PORTRAITS OU TABLEAUX

FAITS AVEC Mlle BERTHE MORISOT POUR MODÈLE.

Mlle Morisot ayant d'abord travaillé dans son atelier et étant devenue ensuite sa belle-sœur, Manet a pu la faire poser constamment. Outre le *Balcon* du Salon de 1868, où elle lui a servi à peindre la femme assise, et le *Repos* du Salon de 1873, il a encore fait divers portraits ou peint des tableaux, où elle lui a servi de modèle.

183. — TETE DE JEUNE FEMME (en 1869). Vente Manet. N° 28 (larg., 32 cent.; haut., 41 cent.).

La tête de profil, tournée vers la gauche. Chapeau avec plume claire. Cheveux tombant en longues boucles le long du cou et sur l'épaule droite. Ruban noir en collier autour du cou. Corsage légèrement échancré.

184. — LA JEUNE FEMME AU CHAPEAU NOIR (en 1872). Vente Théodore Duret, mars 1894. N° 22 (larg., 38 cent.; haut., 55 cent.).

Une jeune femme, en buste, vue de face et coiffée d'un chapeau noir, au corsage un bouquet de violettes. La figure, en partie dans l'ombre, se détache sur le fond clair et lumineux.
C'est d'après ce tableau, qui est réellement un portrait, qu'ont été faits les deux portraits lithographiés de Mlle Morisot.

Madame Ernest Rouart, Paris.

185. — UNE ETUDE (en 1873). (Larg., 50 cent.; haut., 62 cent.).

Elle est coiffée d'un chapeau noir, penché en avant, un long voile noir, descend sur le côté droit du visage. La figure, de face, appuyée sur la main du bras droit, accoudé. Boucles de cheveux descendant des deux côtés sur le front. *Vente Degas,* mars *1918.*

186. — PORTRAIT DE Mme E... M... (Mme Eugène Manet, en 1874). Exposition 1884. N° 74.

Elle est à mi-corps, nu-tête, tournée vers la droite. En robe noire, légèrement échancrée, un cordon noir autour du cou. La main gauche en avant de la poitrine, appuyée sur un éventail.

Madame Ernest Rouart, Paris.

187. — De dimensions moindres que le précédent et peint vers le même temps, un tableau, reproduit par l'héliogravure, en tête de la notice de Stéphane Mallarmé, dans le Catalogue de l'Exposition posthume des œuvres de Mlle Berthe Morisot, chez Durand-Ruel, en mars 1896. Elle est nu-tête. Les cheveux retombant en mèche sur le front, qu'ils couvrent en partie. Un ruban au cou. Corsage échancré sur la poitrine. Robe noire et ceinture. Etendue couchée, la tête sur la gauche de la toile. Fond de papier peint.

Madame Ernest Rouart, Paris.

188. — ETUDE OU PORTRAIT EN PLEIN AIR (fait à Bellevue, en 1880). (Larg., 65 cent.; haut., 82 cent.).

Elle est assise à droite de la toile, tournée vers la gauche. Vue de de profil. Coiffée d'un chapeau de campagne, retenu sous le menton par une bride. Dans le fond, le feuillage vert d'un jardin, avec deux troncs d'arbres.

Madame Ernest Rouart, Paris.

1875-1876-1877

189. — L'ARTISTE (Portrait de Desboutin). Refusé au Salon de 1876. Exposition universelle de 1900.

Ancienne collection Pellerin, Paris.

190. — LE LINGE. Refusé au Salon de 1876. Vente Manet. N° 12. Une femme dans un jardin, en plein air, lave du linge dans un baquet, sur lequel s'appuie un enfant.

M. Gallimard, Paris.

191. — LE MODÈLE. Vente Manet. N° 40 (larg., 60 cent.; haut., 73 cent.).

Elle est assise sur une chaise, tournée vers la gauche. Le buste et les bras nus, croisés. Les cheveux amassés sur le sommet de la tête sont surmontés par un peigne. Au fond, un rideau.

Le modèle qui a posé pour ce buste est le même d'aprés lequel a été peint le *Linge.*

MM. J. *et* G. *Bernheim-Jeune, Paris.*

192. — JEUNE FILLE EN BLANC. Exposition 1884. N° 81. Vente Manet. N° 33 (larg., 46 cent.; haut., 56 cent.).

Une jeune fille, vue de face, a la tête entourée d'une sorte de capuchon blanc. La tête est appuyée sur la main et le bras droits. Au poignet un bracelet. La main gauche est ramenée sur la poitrine, où elle presse le vêtement.

193. — AU BAL (Esquisse). Vente Manet. N° 42 (larg., 31 cent.; haut., 54 cent.).

Une femme en toilette décolletée, de profil, tête nue, tournée vers la droite.

194. — TETE DE FEMME (Alice Legouvé). Vente Manet. N° 34 (larg., 28 cent.; haut., 26 cent.).

Elle est vue de face, avec un chapeau et un col blanc. Les cheveux recouvrant les deux côtés du front.

MM. J. *et* G. *Bernheim-Jeune, Paris.*

195. — PORTRAIT DE Mlle DE MARSY (larg., 46 cent.; haut., 56 cent.).

La tête et le haut des épaules, de face. Une fleur dans les cheveux, au côté droit. Ruban bleu clair, noué autour du cou. Vêtement gris. Fond brun.

M. Mayet, Béziers.

196. — PARISIENNE (Hélène Andrée). (Larg. 1 m. 23 cent.; haut., 1 m. 90 cent.).

De grandeur naturelle, debout, vue de face. Coiffée d'un petit chapeau à bord relevé, du côté gauche. Cheveux blonds. Les bras pendants. Une ombrelle fermée, à la main droite. Robe violette. Fond gris.

M. le Docteur Linde, Lubeck.

197. — PORTRAIT DE L'ABBE HUREL (larg., 30 cent.; haut., 42 cent.).

Il est debout, vu de face, coiffé du tricorne, avec le rabat et la soutane. Les mains simplement esquissées ramenées sur le devant du corps et croisées..
A droite, au bas : A mon ami l'abbé Hurel. Manet 1875.

M. l'abbé Hurel, Paris.

198. — TAMA, CHIEN JAPONAIS (larg., 50 cent.; haut., 60 cent.).

Le petit chien noir et blanc se tient sur ses pattes. Devant lui, sur le parquet, une poupée japonaise. Contre le mur de l'appartement, qui forme le fond du tableau, une canne.
Ce petit chien avait été amené du Japon, en 1872, par M. Cernuschi, le fondateur du Musée Cernuschi.

M. Théodore Duret, Paris.

199. — TETE DE CHIEN. Vente Manet. N° 75 (larg., 33 cent.; haut., 41 cent.).

C'est une sorte de chien barbet, à poil hirsute. La tête est retournée vers la droite. L'oreille droite surtout visible.

M. Haviland, Paris.

200. — TETE DE CHIEN (larg., 25 cent; haut., 33 cent.).

Tournée vers la droite. Poil blanc, gris, noir, ébouriffé. Trois bouts de ruban rouge attachés autour du cou. Le nom, en haut, à droite : Douki.

201. — PORTRAIT DE M. ARNAUD, A CHEVAL (Esquisse). (Larg., 1 m. 57 cent.; haut., 2 m. 22 cent.).

Il est à cheval, tourné vers la droite. Habit rouge, chapeau gris, bottes à l'écuyère. Fond de la toile non recouvert, avec indications d'arbres.

Le baron Vitta, Paris.

202. — L'AMAZONE. Vente Manet. N° 50 (larg., 1 m. 16 cent.; haut., 90 cent.).

Elle est coiffée d'un chapeau noir à haute forme, entouré d'un voile. La figure de profil. Montée sur un cheval, dont on ne voit que le haut du corps et la tête. Le fond est formé par des arbres.

M. le Docteur Linde, Lubeck.

203. — LE COUPE (Esquisse). Vente Manet. N° 55 (larg., 81 cent.; haut., 65 cent.).

Sur le côté droit d'une rue à peine indiquée, stationne un coupé, vu par devant, dans la rue, un homme cause avec le cocher.

204. — LE GRAND CANAL A VENISE. Exposition 1884. N° 19.

Peint à Venise pendant le voyage que Manet y fit en 1875.
Les grands poteaux de couleur alternantes, bleue et blanche, placés

dans l'eau, devant la porte d'un palais, ont servi de motif principal au tableau. Une gondole entre les poteaux.

Madame H. O. Havemeyer, New-York.

205. — Il existe une esquisse ou étude préliminaire du tableau terminé. (Larg., 48 cent.; haut., 57 cent.).

206. — ENFANT DANS LES FLEURS (Dessus de porte). Exposition 1884. N° 83. Vente Manet. N° 66 (larg. 98 cent.; haut., 60 cent.).

Un enfant coiffé d'un chapeau de paille et dont on ne voit que la tête et le haut de la poitrine, est enfoncé dans la verdure et les fleurs.

207. — JEUNE FEMME DANS LES FLEURS (Esquisse). Vente Manet N° 61 (larg. 81 cent.; haut., 65 cent.).

Sur le fond de bosquets, une femme se détache au milieu de massifs de fleurs, coiffée d'un chapeau brun, tenant son ombrelle de la main droite, sur l'épaule.

208. — JEUNE FILLE DANS LES FLEURS (Esquisse). Vente Manet. N° 69 (larg., 95 cent.; haut., 1 m. 14 cent.).

Debout, vêtue d'une robe verte, coiffée d'un chapeau de paille, une jeune fille se prépare à la promenade. A gauche, quelques fleurs se mêlent à des arbustes.

Vente Chabrier, mars 1896. N° 11.

209. — FEMME DANS UN JARDIN. Vente Manet. N° 60 (larg., 72 cent.; haut., 1 m. 10 cent.).

Elle est vue de profil, debout, tournée vers la droite, coiffée d'un chapeau couleur marron, avec bride attachée sous le menton. Vêtue d'une jaquette également couleur marron, jupon quadrillé jaune. Les deux mains ramenées sur le devant du corps. Fond d'arbres verts.

M. Albert Moullé, Paris.

210. — M. HOSCHEDE ET SA FAMILLE (Esquisse). (Larg., 1 m. 30 cent.; haut., 97 cent.).

Il est assis en plein air sur un banc, vu de face, coiffé d'un chapeau de paille, le bras gauche appuyé sur une petite table en fer. La fille debout, placée à sa gauche, s'appuie des deux bras, sur le dossier d'un banc.

211. — CHANTEUSE DE CAFE-CONCERT. Vente Manet. N° 48 (larg., 65 cent.; haut., 81 cent.).

Elle est vue de face, en cheveux, décolletée, les bras pendant droit, debout devant le trou du souffleur.

212. — PORTRAIT D'ALBERT WOLFF (larg., 71 cent.; haut., 89 cent.).

Il est assis le corps renversé dans un fauteuil, vêtu d'une redingote noire, le col de chemise rabattu, et cravate violette. Les mains seulement esquissées tiennent une canne, appuyée sur les deux bras du fauteuil.

Vente Théodore Duret, mars 1894. N° 23.

213. — LA TOILETTE DEVANT LA GLACE. Vente Manet. N° 43 (larg., 74 cent.; haut., 93 cent.).

Une jeune femme, cheveux blonds, décolletée, vue de dos, est à même de lacer son corset bleu, devant une glace ou psyché, arrondie par le haut.

New-York.

214. — JEUNE FEMME EN COSTUME ORIENTAL (larg., 73 cent.; haut., 93 cent.).

Elle est debout, vue de face, vêtue d'une longue chemise blanche transparente, coiffée d'un foulard jaune, avec collier de corail. Les bras tombent de chaque côté le long du corps, un éventail oriental à la main droite. Un narghileh au coin, à droite.

Vente Roger Marx, mai 1914.

215. — LE SUICIDE (larg., 45 cent.; haut., 36 cent.).

Il est renversé sur un lit, les jambes pendantes, les pieds sur le plancher, un revolver à la main droite. Fond d'appartement gris.

Ancienne collection Pellerin, Paris.

216. — HUITRES (Nature morte). Vente Manet. N° 81 (larg., 35 cent.; haut., 55 cent.).

Sur le premier plan, à gauche, un citron coupé et une huitre. Par derrière, sept huitres dans une assiette blanche. Une bouteille de champagne dans une vase réfrigérant et partie d'un éventail japonais.

Madame Ernest Rouart, Paris.

217. — NANA. Vente Manet. N° 11 (larg., 1 m. 16 cent.; haut., 1 m. 50 centimètres.).

Une jeune femme en corset, à sa toilette. Assis derrière elle, un monsieur le chapeau sur la tête.

Ancienne collection Pellerin, Paris.

218. — PORTRAIT DE M. FAURE. DANS LE ROLE DE HAMLET. Salon de 1877. N° 5 (larg., 1 m. 31 cent.; haut., 1 m. 96 cent.).

M. Durand-Ruel, Paris.

219. — Il existe une étude ou esquisse du motif de FAURE DANS LE ROLE DE HAMLET (larg., 1 m. 31 cent.; haut., 1 m. 76 cent.).

Le personnage est plus mince et plus élancé que dans la tableau définitif. Il n'a pas de ceinturon et de fourreau d'épée, ni manteau sur le bras, ni plume au chapeau, comme dans le tableau définitif.

220. — PORTRAIT DE STEPHANE MALLARME. Exposition 1884. N° 87 (larg., 34 cent.; haut., 26 cent.).

Il est assis, renversé de côté dans un fauteuil. La main droite, de laquelle il tient un cigare, est posée sur un papier. La gauche est dans la poche du veston.

Madame Bonniot, Paris.

221. — JEUNE FEMME AU CHAPEAU ROND. Vente Manet. N° 36 (larg., 46 cent.; haut., 55 cent.).

Elle est vue de profil, coiffée d'un chapeau rond noir, à petit bord, un voile lui descendant au milieu du visage. Col blanc droit. Robe bleue. Un parapluie dans la main droite. Mi-corps.

222. — JEUNE FEMME EN ROSE (Esquisse). Vente Manet. N° 35 (larg., 66 cent.; haut., 82 cent.).

Elle est tournée vers la gauche, debout, nu-tête. Les cheveux, qui tombent en partie sur le front, sont séparés par une raie, au milieu. Elle est vêtue d'une sorte de peignoir rose clair, à peine indiqué. Le bras gauche tombe le long du corps.

LA BRIOCHE. — Il existe deux tableaux, de dimensions différentes, avec variantes dans les détails et ayant comme motif une brioche, dans laquelle une rose est piquée, placée sur une nappe blanche, elle-même sur une table. Des fruits et un couteau en accessoires.

223. — Le plus grand, Exposition 1884. N° 25 (larg., 79 cent.; haut., 63 cent.), a un fond neutre, uni, assez sombre.

224.— Le plus petit (larg., 54 cent.; haut., 46 cent.), a un fond gris clair, parsemé de feuillage.

Ancienne collection Pellerin, Paris.

225. — LE SKATING. Exposition 1884. N° 89. Vente Manet. N° 8 (larg., 92 cent.).

Dans le promenoir, une jeune femme, au corsage brodé, coiffée d'une toque de fourrure et accompagnée d'une fillette, qui lui donne la main. Sur le ring, par derrière, les patineurs que la foule regarde.

Vente Chabrier, mars 1896. N° 9.

226. — LE BOUCHON (larg., 91 cent.; haut., 73 cent.).

Un mastroquet, le brûle-gueule au coin de la lèvre, en cotte bleue, la casquette sur le nez. Devant lui des verres et des bouteilles. A côté de lui une femme assise et pliée sur la table.

Vente Ad. Tavernier, mars 1900.
M. Tschoukine, Moscou.

227. — LA PRUNE. Exposition 1884. N° 26.

Une jeune femme assise, en robe rose, coiffée d'un chapeau entouré d'une étoffe, s'appuie la tête sur la main droite, les bras accoudés sur une table de café, en marbre blanc. L'autre main est posée sur la table. Devant elle un petit verre, dans lequel se trouve une prune à l'eau-de-vie.

Madame Deudon, Nice.

LA SERVEUSE DE BOCKS. — Il existe deux tableaux de ce sujet, de dimensions différentes et avec variantes.

228. — Le plus grand, exposé à l'Exposition de 1884. N° 88 et ayant fait partie de la vente Manet. N° 10 (larg., 79 cent.; haut., 98 cent.) représente la servante tenant deux bocks de la main gauche levée, pendant qu'elle en pose un troisième sur la table. Fumant sa pipe un homme coupé à mi-corps, vêtu dune blouse et coiffé d'une casquette, regarde une chanteuse, qui apparaît à gauche, sur une scène formant le fond du tableau. A gauche de la servante et de l'homme en blouse, un spectateur à chapeau rond, gris.

M. Knœdler, New-York.

229. — L'autre tableau, dit *Au Cabaret de Reischoffen,* de moindres dimensions que le précédent (larg., 64 cent.; haut., 77 cent.).

Représente la servante et l'homme en blouse à peu près dans les mêmes poses, mais l'homme, moins développé, est coupé plus haut à mi-bras, le fond est formé par une tapisserie derrière la servante, au lieu de l'être par une scène avec figurante et, à gauche, au lieu d'un homme à chapeau rond gris, on en voit un à chapeau à haute forme, noir.

M. Denys Cochin, *Paris.*

230. — Il existe encore une première étude ou esquisse du même sujet, de moindres dimensions que les deux tableaux (larg., 37 cent.; haut., 45 cent.).

231. — FEMME EN ROBE DE SOIREE (larg., 85 cent.; haut., 1 m. 80 centimètres).

Elle est debout, en pied, de face, de grandeur naturelle. Vêtue d'une robe à raies grises-violettes. Les deux bras pendants. Les mains gantées. Tenant de la main gauche, un éventail japonais. Le haut de la robe échancré, laissant voir une chemisette blanche.

232. — COURSES A LONGCHAMP (larg., 21 cent.; haut., 12 cent.).

Cinq chevaux et cinq jockeys viennent en avant. A droite, un jockey à casaque bleue, puis un à casaque rose. Le turf vert. Le fond, à droite, monte jusqu'au haut, formé par un rideau d'arbres, au bas duquel se voient des spectateurs.

233. — PRES DE LA PLACE CLICHY (Etude). (Larg., 23 cent.; haut., 38 cent.).

Des maisons multicolores. Un ciel noir, des toits rouges, des hommes qui balayent.
Cette étude a fait partie de la vente Blot, mai 1900, cataloguée, par erreur, *Rue à Bayonne.* Manet n'a jamais peint à Bayonne.

PORTRAITS OU ETUDES

PEINTS D'APRES MADEMOISELLE LEMONNIER

Manet a fait, dans les années 1876, 77 et 78, six portraits ou études, dans des arrangements et costumes divers d'une jeune fille amie de sa famille et belle-sœur de l'éditeur Charpentier, Mlle Isabelle Lemonnier.

234. — Le tableau de la vente Doria, mai 1889. N° 189, catalogué la FEMME A L'EPINGLE D'OR en est un (larg., 71 cent.; haut., 91 cent.).

Une jeune femme, en noir, debout, de face. Le corsage est échancré en pointe et bordé d'une ruche de dentelles, l'ouverture est retenue par une épingle d'or. Les cheveux, avec une raie sur le côté et un bandeau arrondi, sur le milieu du front, portent un chapeau noir, posé sur le côté. La main gauche est gantée.

235. — Un second portrait est désigné comme la JEUNE FILLE AU FICHU BLANC.

Il représente l'orginal debout, tourné vers la gauche, la tête presque de face. Le cou est entouré d'un fichu blanc, formant un nœud bouffant sous le menton. Le vêtement est une sorte de pardessus, portant deux rangs de boutons. Toque ou chapeau noir. Main gauche seule visible, gantée.

MM. Agnew, Londres.

236. — Un troisième portrait (larg., 81 cent.; haut., 1 m. 01 cent.). Représente l'original debout, tourné vers la droite, la tête nue est légèrement inclinée sur l'épaule droite. Une sorte de justeaucorps ou paletot bordé de fourrure est jeté sur les épaules et enveloppe le corps. Elle tient devant elle, des deux mains, son chapeau rond, noir. Fond gris, bleu.

Ancienne collection Pellerin, Paris.

237. — Un quatrième portrait (larg., 81 cent.; haut., 1 m. 01 cent.).

Représente l'original debout, presque de face, tête nue, décolletée, en robe claire de soirée, les deux bras tombants, ramenés sur le devant et les mains gantées, croisées.

Madame Ernest Rouart, Paris.

238. — Un cinquième portrait (larg., 73 cent.; haut., 92 cent.).

Aucune main n'est visible. Le corps à peu près de profil, tourné vers la gauche, est enveloppé d'un grand mantelet avec fourrure, chapeau noir. Coupé à moitié du jupon.

239. — Enfin, il existe une esquisse ou étude, de moindres dimensions que les tableaux précédents (larg., 41 cent.; haut., 31 cent.).

La jeune fille est assise sur la gauche, dans un fauteuil, tête nue, légèrement décolletée, le corsage entouré de fourrure, les mains croisées. A droite, un vase à fleurs blanches.

1878-1879

240. — AU CAFE (larg., 83 cent.; haut., 77 cent.,).

Devant une table de marbre, sur laquelle se voient des chopes et un pot d'allumettes, un homme est assis entre deux femmes. Il est coiffé d'un chapeau à haute forme, la femme du fond est de profil nu-tête, celle du devant est coiffée d'un chapeau de feutre gris et se retourne. Par derrière ces trois personnages, se voit un homme de dos, coiffé d'un chapeau à haute forme. Signé et daté 1878. C'est le graveur Guérard, le mari d'Eva Gonzalès, qui a posé pour l'homme entre les femmes.

Ancienne collection Pellerin, Paris.

241. — LE 30 JUIN 1878, RUE DE BERNE. Vente Manet. N° 96, catalogué RUE PAVOISEE (larg., 81 cent.; haut., 65 cent.).

La rue ensoleillée, vue en profondeur. A gauche, au premier plan, un homme n'ayant qu'une jambe, appuyé sur deux béquilles. A droite, un fiacre arrêté contre le trottoir. Des drapeaux tricolores pendent aux maisons.

Ancienne collection Pellerin.

242. — LES DRAPEAUX, 30 JUIN 1878 (larg., 65 cent.; haut., 81 cent.).

A gauche, la partie rouge d'un drapeau tricolore, coupant la rue en biais. A droite, un coupé vu par derrière, avec la tête du cheval et le chapeau du cocher. Au fond, le côté droit de la rue, pavoisé de drapeaux.

Vente Blot, mai 1900. N° 188.

243. — LES PAVEURS DE LA RUE DE BERNE (larg., 79 cent.; haut., 63 cent.).

Une rue très lumineuse, vue en profondeur. Devant les maisons, des véhicules sont arrêtés. Au premier plan, un groupe de paveurs.

Vente Chocquet, juillet 1889.

Les deux tableaux du 30 JUIN 1868 et le tableau des PAVEURS DE LA RUE DE BERNE ont été peints par Manet de son atelier, au n° 4 de la rue de Saint-Pétersbourg, dont les fenêtres donnaient sur la rue de Berne, dans toute sa longueur.

244. — PORTRAIT DE MANET PAR LUI-MEME. Debout (haut., 63 cent.; haut., 94 cent.).

De face, debout, veston gris jaune. Calotte sur la tête. Les deux bras écartés et les mains dans les poches du veston.

Le Docteur Linde, Lubeck.

Ce portrait, resté en partie à l'état d'esquisse, est le seul que Manet ait fait de lui-même, avec celui qui suit.

245. — PORTRAIT DE MANET PAR LUI-MEME, dit le Portrait à la Palette (larg., 67 cent.; haut., 83 cent.).

Chapeau de feutre mou, noir, de face, tourné un peu vers la droite. Veston gris jaune. La palette à la main gauche. Mi-corps.

246. — PORTRAIT DE GEORGE MOORE. Vente Manet. N° 59. Catalogué *Jeune homme dans un jardin* (larg., 46 cent.; haut., 55 cent.).

Il est vu de face, nu-tête, assis à califourchon en plein air, sur un siège pliant, vêtu de bleu. Au fond, une clôture de jardin et un treillage couvert de plantes grimpantes.

M. Max Liebermann, Berlin.

247. — LE MELON (Nature morte). Exposition 1884. N° 93 (larg., 55 cent.; haut., 45 cent.).

Un gros melon sur une table de marbre, renversé un peu vers la gauche.

248. — TETE DE FEMME. Vente Manet. N° 26 (larg., 51 cent.; haut., 63 cent.).

La figure est de face, la tête nue avec quelques boucles de cheveux abaissées sur le front. Le cou entouré d'un fichu noir, noué et descendant sur la poitrine. Bras croisés et ramenés sur le devant.

M. Rosenberg, Paris.

249. — SOUS LES ARBRES (Esquisse). Vente Manet. N° 62 (larg., 81 cent.; haut., 65 cent.).

Sur le devant, au milieu, une femme en robe blanche, assise, l'ombrelle ouverte, près d'un homme en costume clair, étendu dans l'herbe. A droite de ce groupe, une femme en robe bleue se baisse pour cueillir des fleurs. Derrière, au second plan, un homme arrose des fleurs.

250. — FEMME NUE (Académie). Vente Manet. N° 41 (larg., 61 cent.; haut., 81 cent.).

Une jeune femme est assise nue, coupée par le cadre. Les bras relevés tiennent, de ses deux mains, la chevelure, qui lui couvre le front. Un bracelet au bras gauche.

251. — DANS LA SERRE. Salon de 1879.

National Galerie, Berlin.

252. — PORTRAIT DE Mme MANET, DANS LA SERRE (larg., 1 mètre; haut., 80 cent.).

Elle est nu-tête, en robe grise, assise sur un banc vert, à gauche de la toile, tournée vers la droite, les mains croisées sur les genoux. Fond de plantes vertes d'une serre.

252 *bis*. — Le portrait de Mme Manet, dans la serre, existe en double. Dans l'un des portraits, le visage est particulièrement coloré, rouge, et c'est probablement cette particularité qui, ayant indisposé le modèle, a amené Manet à répéter le portrait et à le peindre une seconde fois, avec un visage plus pâle.

253. — FEMME EN NOIR, A L'EVENTAIL (larg., 83 cent.; haut., 72 centimètres).

Elle est assise dans un fauteuil, sur la gauche de la toile, vue presque de face, vêtue de noir, les deux mains ramenées sur le devant du corps, la gauche tenant un éventail noir, déployé. Tête nue, cheveux noirs. Fond des plantes vertes d'une serre.

M. Gerstenberg, Berlin.

254. — BUSTE NU, d'après un modèle qui s'appelait Marguerite (larg., 49 cent.; haut., 59 cent.).

La figure, de profil, tournée vers la gauche. Le buste entouré d'une partie de chemise blanche. Cheveux blonds. Coiffée d'un chapeau de paille avec fleurs. Fond vert. Signé en bas, à gauche : E. M.
C'est le modèle que Manet a fait poser pour ses pastels *Femme dans un tub* et *Femme à la jarretière.*

M. Moreau-Nélaton, Paris.

255. — TETE DE FEMME. Exposition 1884. N° 92.

Elle est vue de trois quarts, tournée vers la gauche, tenant de ses deux mains gantées un journal illustré ouvert. Coiffée d'un petit chapeau ou toque, les cheveux lui descendant sur le front.

256. — PORTRAIT DE M. DE JOUY. Exposition 1884. N° 93 (larg., 64 cent.; haut., 79 cent.).

Il est tourné vers la gauche, en robe d'avocat. La main gauche s'appuie sur la robe. Sous le bras, un dossier, sur lequel on lit : 1879, A. J .de Jouy, E. Manet.

257. — CHEZ LE PERE LATHUILLE. Salon de 1880. Vente Manet. N° 6. Vente Théodore Duret, mars 1894.

Musée de Tournay, Belgique.

258 — PORTRAIT DE Mlle GAUTHIER-LATHUILLE (larg., 49 cent.; haut., 60 cent.).

Elle est vue de face. Les bras nus et croisés sont coupés à moitié par le bas. Elle est vêtue de mousseline blanche, et coiffée d'un chapeau de même étoffe.

Musée de Lyon.

259. — LA PROMENADE. Vente Manet. N° 64 (larg., 70 cent.; haut., 93 cent.).

Une jeune femme, debout, vue de profil, la tête un peu tournée, s'avance vers la gauche, en costume de ville, robe et mantelet noirs. Elle est coiffée d'un chapeau, orné d'un bouquet de fleurs mauves. Les mains gantées sont ramenées devant le corps et tiennent une ombrelle fermée.

Ancienne collection Pellerin, Paris.

260. — PORTRAIT DE M. BRUN (larg., 1 m. 16 cent.; haut., 1 m. 96 centimètres).

Grandeur naturelle. En pied, de face. Moustache blonde. Jaquette violette. Gilet jaune, pantalon blanc. Fond de verdure.

Vente Degas, mars 1918.

PORTRAITS DE M. CLEMENCEAU.

Il existe deux portraits commencés par Manet de M. Clemenceau, qui était alors député du XVIIIe arrondissement de Paris. Dans les deux l'original est en redingote boutonnée, les bras croisés, représenté comme à la tribune.

261. — L'un d'eux (larg., 94 cent.; haut., 1 m. 14 cent.), a été assez poussé pour que la tête ait tout son caractère.

Madame H. O. Havemeyer, New-York.

262. — Le moins poussé a : larg., 93 cent.; haut., 1 m. 16 cent.

1880-1881-1882-1883

263. — PORTRAIT DE M. ANTONIN PROUST. Salon de 1880.
Il est vu de face, le chapeau à haute forme sur la tête, la main droite appuyée sur une canne, la gauche sur la hanche.

Le baron Vitta, Paris.

264. — Avant de peindre ce portrait, du Salon de 1880, Manet en avait peint un autre en 1877 (larg., 1 m. 10 cent.; haut., 1 m. 80 cent.).

L'original est représenté debout, de grandeur naturelle. Nu-tête, tenant son chapeau de la main droite appuyée sur une canne. Gilet jaune clair. Jaquette noire. Pantalon gris. Fond gris.

M. Reber, Barmen.

265. — Il existe une première esquisse du portrait d'Antonin Proust en pied, où le corps et les jambes sont simplement indiqués par un trait et où la tête a été seule un peu poussée.

266. — ASPERGES. Exposition 1884. N° 96. Exposition universelle 1889. Exposition universelle 1900 (larg., 54 cent.; haut., 44 cent.).

Une grosse botte d'asperges placée sur un lit d'herbes vertes, les pointes tournées vers la droite.

M. Max Liebermann, Berlin.

266 *bis.* — Il existe une première étude de la botte d'asperges, où les pointes sont tournées vers la gauche et où la botte repose, non sur des herbes vertes, mais sur une surface blanche.

M. Choquard, Paris.

267. — JAMBON (Nature morte). Exposition 1884. N° 97 (larg., 40 cent.; haut., 32 cent.).

Un jambon, coupé à moitié, est dans un plat d'argent, sur une nappe blanche. Devant le plat un couteau.

Vente Pertuiset, *juin 1888. Vente Degas*, mars *1918.*

268. — PORTRAIT DE Mme EMILIE AMBRE (dans le rôle de Carmen). (Larg., 75 cent.; haut., 95 cent.).

Elle est vue de face, coupée à moitié du jupon, en costume espagnol, la tête entourée d'une mantille. Un bouquet de fleurs à la poitrine, le bras gauche appuyé sur la hanche, le bras droit ramené en avant du corps et tenant un éventail abaissé.

Madame A. Scott, Philadelphie.

269. — FILLETTE SUR UN BANC. Vente Manet. N° 24 (larg., 36 cent.; haut., 60 cent.).

Elle est vue des trois quarts, tournée vers la gauche, assise sur un banc de jardin vert. Col blanc retombant sur l'épaule, cheveux couvrant le front. Chapeau gris à larges bords, rejeté en arrière. Fond de feuillage. Vêtement peu fait.

270. — Il existe une seconde étude ou répétition de cette fillette sur un banc (larg., 49 cent.; haut., 59 cent.).

271. — CHANTEUSE DE CAFE-CONCERT. Vente Manet (larg., 74 cent.; haut., 93 cent.).

Elle chante, placée sur la scène, à droite de la toile, décolletée, robe claire, le bras droit avancé devant elle. En bas, à gauche, les spectateurs sommairement indiqués. Au fond, les arbres d'un jardin, globes de gaz en haut coupés par le cadre.

272. — Il existe une première étude ou esquisse, avec variantes de cette chanteuse, de moindres dimensions. (Larg., 35 cent.; haut., 53 cent.).

273. — LA MODISTE. Vente Manet. N° 51 (larg., 74 cent.; haut 85 cent.).

Elle est vue de profil, décolletée, la tête nue, tournée vers la gauche. Un mantelet lui tombe des épaules sur la robe. Elle tient dans ses mains un chapeau de femme. A gauche de la toile, chapeau de paille à ruban ronge.

274. — LA DAME ROSE (larg., 72 cent.; haut., 91 cent.).

Une dame, les bras nus et décolletée par devant, cheveux noirs, est assise, tournée vers la droite sur une chaise à dossier doré. Les bras sont ramenés l'un vers l'autre et les mains sont croisées. Bracelets aux poignets. Robe rose. Fond gris clair.

Ancienne collection Pellerin, Paris.

275. — Mme MANET, DANS LE JARDIN, A BELLEVUE (larg., 65 cent.; haut., 82 cent.).

Elle est assise de profil, tournée vers la droite, dans un fauteuil à bascule, coiffée d'un chapeau de paille à bords rabattus. Fond de feuillage.

M. Max Liebermann, Berlin.

276. — PROFIL DE JEUNE FILLE. Vente Manet. N° 25 (larg., 25 cent.; haut., 33 cent.).

La tête nue, de profil, est tournée vers la droite. Cheveux blonds encadrés. Boucle d'oreille. Robe bleu foncé, avec col et manchettes blancs. Assise sur un canapé rouge.

M. Blot, Paris.

277. — L'ARROSOIR (Panneau décoratif). Exposition 1884. N° 103. Vente Manet. N° 87 (larg., 60 cent.; haut., 98 cent.).

Un arrosoir à droite et à côté un râteau. Le fond est formé par le feuillage d'arbustes, avec partie d'une allée de jardin et quelques fleurs rouges.

278. — GRAND-DUC (Panneau décoratif). Exposition 1884. N° 10. Vente Manet. N° 88 (larg., 46 cent.; haut., 97 cent.).

Sur un fond de cloison d'appartement, l'oiseau de proie est cloué la tête en bas et l'aile étalée.

279. — LIEVRE (Panneau décoratif). Exposition 1884. N° 111. Vente Manet. N° 89 (larg., 60 cent.; haut., 97 cent.).

Attaché par les pattes un lièvre est suspendu au montant d'une fenêtre. A gauche, les vitres garnies de rideaux blancs.

Vente Chabrier, mars 1896.

280. — VASE DE FLEURS (Panneau décoratif). Vente Manet. N° 86 (larg., 61 cent.; haut., 98 cent.).

Un vase, sur un socle de bois, contenant une large gerbe de fleurs, roses et tulipes, est posé sur une table.

Vente Chabrier, mars 1896.

281. — Indépendamment de ces quatre panneaux décoratifs, ayant fait partie de la vente Manet, il en existe un cinquième, traité en esquisse ou étude (larg., 58 cent.; haut., 98 cent.).

Un arbuste à larges feuilles, au premier plan, à gauche, se détache sur le fond couvert de gazon et sur le feuillage vert d'arbres. Quelques fleurs rouges ça et là.

M. Max Liebermann, Berlin.

282. — PORTRAIT DE M. PERTUISET, LE CHASSEUR DE LIONS. Salon de 1881.

En Allemagne.

283. — PORTRAIT DE M. HENRI ROCHEFORT. Salon de 1881.

Musée de Hambourg.

284. — JEANNE (LE PRINTEMPS). Salon de 1882.

285. — LA JEUNE FILLE A LA PELERINE. Vente Manet. N° 22 (larg., 36 cent.; haut., 55 cent.).

De trois quarts, à droite, mi-corps. Elle est vêtue d'un manteau à pèlerine, de couleur beige. Une rose sur la poitrine, coiffée d'un chapeau garni de plumes et bordé d'un ruban violet.

Vente Doria, mai 1889, cataloguée JEUNE FEMME.

286. — JEUNE TAUREAU DANS UN PRE (larg., 1 mètre; haut., 79 cent.).

Il est vu de profil, tourné vers la droite, la tête abaissée, mais retournée et regardant en face. Au fond, la lisière d'un bois. Fait à Versailles, en 1881. Signé en bas, à droite, Manet.
Ce jeune taureau est le seul tableau de son genre que Manet ait peint.

287. — Il existe cependant une petite étude d'animaux rustiques, peinte en 1871, à Berck. (Larg., 21 cent.; haut., 12 cent.).

Trois vaches dans un pré. Celle de gauche vue par derrière, celle du milieu de profil et celle de droite presque de face.

M. Donop de Monchy, Paris.

288. — PORTRAIT DU JEUNE BERNSTEIN, EN MOUSSE (Esquisse) (larg., 79 cent.; haut., 1 m. 31 cent.).

Il est vu de face, en pied. Pantalon et chemise blancs. Col marin rabattu dans le dos et cravate nouée par devant. Chapeau rejeté en arrière.

Madame Bernstein, Paris.

289. — L'EVASION. Exposition 1884. N° 109. Vente Manet. N° 84 (larg., 73 cent.; haut., 80 cent.).

La mer bleue, qui monte vers l'horizon, remplit presque toute la toile. En haut, tout à fait au loin, comme un point, un navire qui va recevoir les évadés. Au milieu, un bateau qui les porte vers le navire.
Ce tableau est, comme l'*Exécution de Maximilien,* une de ces œuvres d'exception, où Manet a peint une scène qu'il n'avait pas vue. L'évasion représentée est celle de Rochefort et de ses compagnons, réussissant à s'échapper de la Nouvelle-Calédonie, où ils avaient été transportés après la Commune.

290. — Il existe une première étude ou composition de ce sujet de plus grandes dimensions (larg., 1 m. 16 cent.; haut., 1 m. 46 cent.), mais moins achevée que le petit tableau.

L'arrangement est le même, cependant les évadés, dans le bateau qui les emporte vers le navire, sont plus caractérisés et la figure de Rochefort à l'arrière est particulièrement reconnaissable.

M. Max Liebermann, Berlin.

291. — Etude faite, au moment où fut exécutée l'*Evasion*, d'Olivier Pain, un des évadés. La tête de profil, légèrement esquissée, sur une toile restée blanche (larg., 30 cent.; haut., 40 cent.).

292. — LE CLAIRON (Esquisse). (Larg., 81 cent., haut., 1 mètre).

Il est vu à peu près de profil, tourné vers la gauche. Il tient son clairon dans lequel il souffle. Coiffé d'un képi.

293. — UN BAR AUX FOLIES-BERGERE. Salon de 1882. Vente Manet. N° 7.

Vente Chabrier, mars 1896.
MM. Bernheim-Jeune, Paris.

294. — Il existe une étude préliminaire de ce motif du Bar (larg., 56 cent.; haut., 47 cent.).

295. — MERY (L'AUTOMNE). Exposition 1884. N° 113. Vente Manet. N° 21 (larg., 51 cent.; haut., 73 cent.).

Elle est nu-tête, de profil, tournée vers la gauche contre une tapisserie claire, parsemée de fleurs. Vêtue d'une pelisse marron. Les mains dans un manchon, soutenu par un ruban.

Musée de Nancy.

296. — L'AMAZONE. Exposition 1884. N° 114 (larg., 52 cent.; haut., 74 cent.).

Elle est debout, vue de face, coiffée d'un chapeau à haute forme. Un mouchoir blanc au corsage. Main gauche gantée.

Pendant les trois dernières années de sa vie, 1880, 1881, 1882, Manet a passé l'été auprès de Paris, successivement à Bellevue, Versailles et Rueil. Il a peint dans les jardins mêmes des maisons qu'il habitait, des tableaux de plein air, avec des personnages sur un fond de feuillage ou bien il a simplement pris pour motifs les bosquets et les arbres des jardins et la façade des maisons.

A BELLEVUE EN 1880

297. — JEUNE FILLE DANS UN JARDIN. Vente Manet. N° 65 (larg., 1 m. 15 cent.; haut,. 1 m. 51 cent.).

Au premier plan, une jeune fille assise sur l'herbe, de grandeur naturelle, coiffée d'un chapeau de paille avec rubans. Grande collerette blanche et vêtement bleu. Au-delà d'elle, un arrosoir. Comme fond les arbustes du jardin.
Cette jeune fille était la sœur de Mme Guillemet, du tableau *Dans la Serre.*

Madame Rouart, Paris.

298. — JEUNE FILLE DANS UN JARDIN (larg., 70 cent.; haut., 92 cent.).

La jeune fille du tableau précédent a été introduite dans un autre tableau et dans des conditions différentes.
Elle est très réduite de proportions. Elle se trouve assise sur l'herbe, au milieu du tableau, avec son chapeau de paille et son vêtement bleu. A sa gauche un arrosoir et un râteau. Le fond est formé par le feuillage de plantes et d'arbres, couvrant un mur et par-dessus le mur, le haut d'une maison. Ciel bleu.

A VERSAILLES 1881

299. — MON JARDIN OU LE BANC. Exposition 1884. N° 106 (larg., 81 cent.; haut., 61 cent.).

Une allée coupe le jardin de biais, par le milieu. Sur l'allée, à gauche, un banc avec pieds en fer. Au fond, un mur de clôture couvert de plantes vertes.

M. Durand-Ruel, Paris.

A RUEIL 1882

300. — LA MAISON (larg., 92 cent.; haut., 73 cent.).

La façade de la maison avec ses fenêtres et au milieu une porte avec colonnettes, surmontée d'un fronton triangulaire. Un grand arbre au milieu, devant la maison et des bosquets par devant et à droite.

National Galerie, Berlin.

301. — LA MAISON (larg., 73 cent.; haut., 92 cent.).

Même façade de maison que la précédente, avec la même porte à colonnettes et fronton triangulaire et le même gros arbre par-devant. Mais le tableau au lieu d'être en largeur comme le précédent est en hauteur.

302. — UNE ALLEE. Vente Manet. N° 72 (larg., 66 cent.; haut., 82 cent.).

Une allée de jardin commençant au coin à gauche et allant vers la droite, où elle s'enfonce sous des arbres. A gauche, massif de verdure d'où s'élève un gros tronc d'arbre. On entrevoit, surtout à droite, un mur surmonté de toits rouges. A droite, en haut, le feuillage d'arbres.

303. — UNE ALLEE. Vente Manet. N° 73 (larg., 31 cent.; haut., 82 cent.). Même motif, avec variantes, que le précédent.

L'allée part du coin gauche de la toile, pour s'en aller de biais vers la droite. Un gros arbre dans le milieu, dont le feuillage est coupé en haut de la toile.

M. le Docteur Robin, Paris.

304. — PAYSAGE A RUEIL (Etude). Vente Manet. N° 74 (larg., 65 cent.; haut., 81 cent.).

Même motif que l'*Allée*, N°s 72 et 73 de la Vente Manet, mais resté, surtout à la partie supérieure, à l'état d'ébauche.

305. — PAYSAGE A RUEIL (Esquisse). Vente Manet. N° 69 (larg., 46 cent.; haut., 56 cent.).

Au premier plan, des gazons et verdures. Un arbre à gauche avec quelques arbustes contre un mur. Par derrière, à droite, une maison avec contrevent vert.

M. Albert Moullé, Paris.

306. — ARBRES. Vente Manet. N° 71 (larg., 65 cent.; haut., 81 cent.).

Deux gros troncs d'arbres au milieu. Le feuillage est coupé en haut de la toile. Un banc sous les arbres à gauche et une muraille au fond.

Manet, dans les dernières années, s'est comme délassé à peindre des fleurs de toutes sortes, sur des toiles de petites dimensions. En 1871, il avait déjà peint, comme nature morte, des *Amandes*, et en 1880 il peint un *Melon* et des *Asperges*. Il peint encore cette année-là et années suivantes :

307. — PECHES. Vente Manet. N° 92 (larg., 40 cent.; haut., 34 cent.).

Quatre pêches. Trois placées côte à côte, surmontées de la quatrième, sur des feuilles vertes.

Madame Bernstein, Berlin.

308. — PECHES (larg., 38 cent.; haut., 28 cent.).

Des pêches mises les unes sur les autres, avec quelques feuilles vertes, sur une sorte de plateau ou support.

Vente Pertuiset, juin 1888.

309. — UNE CORBEILLE DE POIRES. N° 57 de la Vente Manet, substituée au moment de la vente à l'esquisse cataloguée (larg., 41 cent.; haut., 35 cent.).

Cinq poires, avec des feuilles de vigne, dans une corbeille à jour.

M. Hansen, Copenhague.

310. — UNE POIRE (larg., 16 cent.; haut., 20 cent.).

Vente Pertuiset, juin 1888.
Vente Degas, mars 1918.

311. — UNE CORBEILLE DE FRAISES (larg., 26 cent.; haut., 21 cent.).

Dans une corbeille de rustique vannerie, des fraises empilées sur des feuilles vertes.

MM. J. et G. Bernheim-Jeune, Paris.

312. — PRUNES (larg., 24 cent.; haut., 22 cent.).

Vente Pertuiset, juin 1888.
Madame C. C. Haynes, New-York.

313. — GRENADES (larg., 20 cent.; haut., 40 cent.).

Le baron Vitta, Paris.

314. — POMMES (larg., 23 cent.; haut., 17 cent.).

Trois pommes, deux à gauche, une à droite, vertes et rouges, se réflétant sur la table où elles sont posées.

MM. J. et G. Bernheim-Jeune.

315. — UN CITRON (larg., 21 cent.; haut.„ 13 cent.).

Un gros citron dans un plat d'argent. Signé en bas, à droite, par Mme Manet.

Collection de Camondo.
Musée du Louvre.

316. — BOCAL (larg., 25 cent.; haut., 33 cent.).

Sur un coin de table recouvert d'une serviette blanche, à côté d'un couteau d'argent, un bocal carré, contenant des pickles anglais Bouchon en cire rouge.

MM. J. *et* G. *Bernheim-Jeune, Paris.*

Les tableaux de fleurs, que Manet a peints à la fin de sa vie, ont figuré en partie à l'*Exposition des Beaux-Arts,* en 1884. N°° 100, 101, 102, 115, 116.

317. — ROSES (larg., 24 cent.; haut., 31 cent.).

Une rose rouge et une rose jaune avec quelques feuilles, dans une sorte de verre allongé à champagne. Fond gris clair.

318. — ROSES (larg., 24 cent.; haut., 18 cent.).

Sur une nappe blanche deux roses, avec tige et feuilles, sont étendues.

MM. J. *et* G. *Bernheim-Jeune, Paris.*

319. — BOUQUET DE FLEURS (larg., 34 cent.; haut., 52 cent.).

Fleurs multicolores, pivoines, glaïeuls, soucis avec feuilles, dans un vase de cristal allongé, des feuilles et des tiges dans l'eau.

320. — FLEURS (larg., 34 cent.; haut., 55 cent.).

Dans un verre de cristal, de forme carrée, baignent quelques branches de lilas. Le vase est posé sur une table couverte d'une nappe banche. Fond sombre.

321. — VASE DE FLEURS, LILAS BLANCS. A fait partie de la Vente Manet, sans être catalogué, à la place du numéro 27 (larg., 41 cent.; haut., 54 cent.).

Des lilas étendus latéralement des deux côtés de l'orifice d'un vase en cristal, de forme allongée.

322. — BOUQUET DE ROSES, TULIPES ET LILAS (larg., 34 cent.; haut., 54 cent.).

Les lilas sont à la partie supérieure à gauche. A droite, une tulipe et deux roses. Le tout dans un vase en verre carrée étroit, en partie rempli d'eau. A gauche du vase, sur la table, une tulipe rouge-blanc, avec sa tige et une feuille verte.

M. Max Liebermann, Berlin.

323. — BOUQUET DE PIVOINES (larg., 42 cent.; haut., 55 cent.).

Des pivoines. Celles de la partie supérieure d'un rouge foncé avec une, au-dessous, d'un ton rose plus clair. Par dessous les fleurs sont des feuilles étalées. Vase en verre, de forme oblongue arrondie, en partie rempli d'eau. Fond sombre.

M. Max Liebermann, Berlin.

324. — VASE DE FLEURS, ROSES ET IRIS (larg., 50 cent.; haut., 60 cent.).

Dans un vase de cristal allongé, de forme carrée, sur la paroi duquel est gravé un dragon, sont des roses et des iris, avec leurs feuilles. Au pied, à gauche un narcisse. Vase posé sur un marbre gris-bleu.

M. Théodore Duret, Paris.

325. — VASE DE FLEURS (larg., 35 cent.; haut., 55 cent.).

Vente Pertuiset, juin 1888, N° 5.

326. — LILAS (larg., 20 cent.; haut., 27 cent.).

Des branches de lilas sont placées dans un gros verre qu'elles dépassent et débordent des deux côtés. Le verre est à pied plat et rond

MM. J. *et G. Bernheim-Jeune, Paris.*

327. — VASE DE FLEURS (larg., 35 cent.; haut., 56 cent.).

Des roses dans un vase en cristal, de forme allongée, rempli en partie d'eau. Des feuilles s'entremêlent aux fleurs.
Ce tableau, achevé le 1er mars 1883, est le dernier que Manet ait peint. C'est vraisemblablement celui que possède Mme Havemeyer, à New-York, qui possède aussi — N° 328 — un autre tableau de fleurs de Manet, peint en 1870.

PASTELS

PORTRAITS DE FEMMES

1. — Mme MANET, étendue sur un canapé (larg., 49 cent.; haut., 60 cent.).

Vente Degas, mars *1918.*
Musée du Louvre.

2. — Mme MANET, en buste (larg., 49 cent.; haut., 61 cent.).

Elle est vue de profil, tournée vers la droite, coiffée d'un chapeau de paille aux bords rabattus, avec une bride pendant le long de la tête et de l'épaule. Tête et haut du buste.

3. — Mme ZOLA (larg., 44 cent.; haut., 52 cent.).

Tête nue. Corsage échancré, bordé d'une mince collerette blanche. Robe violette.

Madame Zola, *usufruitière,* Paris.
Musée du Louvre.

4. — Mme CLEMENCEAU (larg., 35 cent.; haut., 55 cent.).

Elle est presque de profil, tournée vers la droite. Nu-tête. Le front découvert et les cheveux arrangés en masse derrière la tête. Collerette blanche autour du cou. Robe sur le devant de la poitrine, crayonnée en une sorte de plissé.

Madame Clemenceau, *Paris.*

Mlle LEMAIRE.

Il existe deux portraits en arrangements différents, d'après Mlle Lemaire, fille de Mme Madeleine Lemaire, peintre.

5. — L'un exposé à l'Exposition de 1884. N° 126 (larg., 45 cent.; haut., 53 cent.).

Représente la jeune fille tête et buste de profil, tournée vers la gauche, vêtue d'une robe sombre, avec chemisette en sortant et entourant le cou. Elle est coiffée d'un chapeau ou capote couleur marron, au rebord allongé et relevé par devant, avec une garniture en dessous. Fond gris.

Madame Lemaire, Paris.

6. — L'autre (larg., 33 cent.; haut., 53 cent.).

Est une tête sans buste, de face, en cheveux, le cou entouré d'un fichu blanc, légèrement tombant, noué par devant. Quelques boucles de cheveux sur le front. Fond rose en haut, la toile non couverte en bas.

M. Paul Gallimard, Paris.

Mme LEVY.

Il existe deux portraits de Mme Lévy, d'arrangements différents.

7. — L'un très poussé, exposé à l'Exposition de 1884. N° 24.

Il représente l'original tourné vers la gauche, en robe légèrement échancrée sur le devant, un collier avec médaillon au cou. Nu-tête. Les bras tombants ramenés devant le corps. Les mains gantées. La robe boutonnée sur le devant par un rang de boutons.

M. Reber, Barmen.

8. — L'autre, qui n'est qu'une esquisse (larg., 54 cent.; haut., 65 cent.), ovale, a fait partie de la Vente Manet, sans avoir été catalogué.

Il représente l'original de face, en costume de soirée, un diadème dans les cheveux, la robe échancrée par devant, avec une guimpe en gaze, remontant vers le cou. Robe noire, corsage bleu. Fond de toile non recouvert, sauf un frottis bleu partiel, vers la tête.

Mademoiselle Diéterle, Paris.

9. — Mlle C. CAMPBELL. Exposition 1884. N° 131 (larg., 44 cent; haut., 54 cent.).

De profil, tournée vers la gauche, tête nue, cheveux noirs, tombant par derrière sur la nuque et le cou. Guimpe en baptiste couvrant la gorge et les épaules. Boucle d'oreille. Fond gris.

10. — JEUNE FILLE A LA ROSE (Mlle Lemonnier). (Larg. 45 cent.; haut., 54 cent.).

Tête nue, avec le haut de la poitrine. A peu près de profil, tournée vers la droite. Cheveux noirs descendant en deux coques sur le front, qu'ils couvrent en partie. Légères mèches frisant en bas du chignon sur la nuque.
Manet avait appelé ce pastel *La Jeune fille à la Rose,* d'après la rose qu'il avait mise dans le bas, à droite. Signé d'un M. en bleu.

11. — Mme GUILLEMET (larg., 33 cent.; haut., 53 cent.).

Elle est à peu près de profil, tournée vers la gauche, assise. Coiffée d'un chapeau noir, avec bride sous le menton et boucle de métal en haut, sur le devant du chapeau, passée dans un ruban. Des boucles de cheveux tombent sur le front.
C'est Mme Guillemet qui a posé pour la dame assise sur le banc, dans le tableau *Dans la Serre,* du Salon de 1877.

12. — LA PARISIENNE. Exposition 1884. N° 144. Vente Manet. N° 105 (larg., 36 cent.; haut., 56 cent.).

Est en réalité un second portrait de Mme Guillemet.
Buste tourné vers la droite. La tête nue retournée est vue de face. Les cheveux blonds, séparés au milieu, couvrant de chaque côté une partie du front. Col de chemise blanc droit. Col de la robe verte, forme tailleur. En bas de la robe, pèlerine de fourrure. Fond gris clair.

Madame Groult, Paris.

13. — Mme LOUBENS (larg., 55 cent.; haut., 46 cent.).

Elle est assise sur un divan rouge, nu-tête. La tête tournée vers la droite,, appuyée sur la main et le bras gauche. Le bras et la main droits ramenés sur les genoux. Large collerette blanche.

Madame Loubens, Paris.

14. — Mme LOUBENS SUR SON LIT. Exposition 1884. N° 135. Cataloguée *Femme couchée* (larg., 56 cent.; haut., 46 cent.).

Elle est de face, couchée, en peignoir blanc, le dos relevé contre un oreiller, s'appuyant la tête sur le bras droit. Une sorte de fichu sur la tête.
Mme Loubens était une amie de sa famille, que Manet a peinte malade sur son lit.

Madame Th. A. Scott, Philadelphie.

15. — Mlle EVA GONZALES (larg., 34 cent.; haut,. 42 cent.).

Tête sans buste. Vue presque de face, un peu tournée vers la droite. Les cheveux arrangés avec deux boucles, placées de chaque côté sur le front. Une longue boucle enroulée descendant le long de la nuque, sur l'épaule droite.

16. — Mme DU PATY. Exposition 1884. N° 129 (larg.; haut., 54 cent.).

Buste de face. La tête nue, un peu tournée vers la droite. Robe décolletée. Guirlande légère de fleurs, violettes et jaune clair en garniture, autour du corsage. Frottis gris au-dessus et autour de la tête.

Ancienne collection Pellerin, Paris.

17. — Mme M... (Esquisse). (Larg., 46 cent.; haut., 56 cent.).

Elle est de profil tournée vers la droite, les cheveux lui tombant en partie sur le front. Coiffée d'un chapeau rattaché sous le menton par une bride rouge.

18. — Mme M.., AU CHAPEAU NOIR (larg., 44 cent.; haut., 54 cent.).

Presque de profil, tournée vers la gauche. Coiffée d'un chapeau noir à larges bords, penché vers le côté droit du corps, surmonté d'un bouquet de roses. Cheveux noirs couvrant une partie du front et descendant en une mèche entre l'oreille et la joue. Mante ou pèlerine noire, avec un ruban sur le devant. Léger col de tulle. Fond gris.

Ancienne collection Pellerin, Paris.

19. — LA COMTESSE ALBAZZI (larg., 46 cent.; haut., 56 cent.).

Tête avec indication du haut des épaules. Elle est de face, les cheveux lui couvrant en partie le front, coiffée d'un chapeau rond, relevé en arrière. Une large collerette de tulle autour du cou. Un éventail ouvert devant la poitrine.

20. — DANS LA LOGE (Eva Gonzalès et Léon Leenhoff). (Larg., 73 cent.; haut., 60 cent.).

Une jeune femme, en robe de soirée décolletée, avec fleurs dans les cheveux, est assise, les bras appuyés sur le rebord rouge d'une loge, au théâtre. A droite, un jeune homme en habit se tient debout.

MM. Bernheim-Jeune, Paris.

21. — Mlle VALTESSE DE LA BIGNE. Exposition 1884. N° 138 (larg., 36 cent.; haut., 56 cent.).

Elle est de profil, tournée vers la droite. Nu-tête. Les cheveux blonds descendent sur le front qu'ils couvrent. Collerette de tulle. Boucle d'oreille. Le haut de la poitrine et le haut de l'épaule seuls crayonnés. Robe bleue avec taches d'or. Fond gris.

Madame H. O. Havemeyer, New-York.

22. — Mlle MASSIN (larg., 46 cent.; haut., 56 cent.).

Nu-tête. La figure de trois-quarts, tournée vers la gauche. Cheveux tombant sur le front. Mince col blanc. Buste avec les bras écartés de chaque côté. Ceinture avec boucle.

23. — Mlle MARIE COLOMBIER. Exposition 1884. N° 139 (larg., 34 cent.; haut., 53 cent.).

Buste tourné vers la droite, cheveux blonds, tombant en mèches sur le front. Tête nue retournée, vue des trois-quarts de face. Corsage échancré avec guimpe de tulle et de dentelle. Coin de la robe sur l'épaule droite, couleur marron. Fond gris.

24. — Mlle IRMA BLUMER. Vente Manet. N° 104. *Cataloguée La Viennoise* (larg., 36 cent.; haut., 57 cent.).

Elle est vue de profil, tournée vers la gauche, coiffée d'un chapeau rond à larges bords.

Collection de Camondo.
Musée du Louvre.

Manet a fait divers tableaux, pastels ou études d'après Méry Laurent, qui fut un temps actrice, une très belle personne, intelligente et instruite. Elle recherchait la société des écrivains et des artistes. C'était une sorte de Ninon de Lenclos au petit pied. Elle était particulièrement liée avec le poète Stéphane Mallarmé et elle a beaucoup fréquenté, ainsi que lui, l'atelier de Manet.

Manet a donc peint d'aprés elle un tableau, *Méry ou l'Automne,* et exécuté un certain nombre de pastels.

25.— MERY LAURENT, au chapeau noir. Exposition 1884. N° 136 (larg., 44 cent.; haut., 54 cent.).

Elle se présente presque de profil, tournée vers la gauche, vêtue d'une sorte de mante noire, avec des rubans bouffants sur la poitrine et remontant sur le cou. Avec un chapeau de paille à large bord penché en avant, plume et garniture couleur marron. Fond gris.

M. le Docteur Robin, Paris.

26. — MERY LAURENT au Paletot à col de fourrure (larg., 34 cent.; haut., 54 cent.).

Le buste et la téte dirigés vers la gauche, vus des trois-quarts de face. Elle est emmitoufflée dans un paletot à col de fourrure. Coiffée d'un chapeau à bord étroit, une sorte de toque, qui couvre en partie le front et descend jusque sur l'oreille.

27. — MERY LAURENT à la Toque (larg., 34 cent.; haut., 54 cent.).

Tête et buste presque de face, tournés légèrement vers la gauche. Une petite toque à bord de velours noir, avec plume et voilette relevée, à pois noirs. Un bout de gant jaune à la main gauche, coupé par le cadre.

28. — MERY LAURENT au Nœud de ruban (larg., 37 cent.; haut., 41 cent.).

De profil, tournée vers la gauche. Cheveux très blonds, venant couvrir le front et tombant sur la nuque, en une large boucle enroulée. Nœud de ruban rouge et blanc au sommet de la tête. Lèvres carmin.

MM. Bernheim-Jeune, Paris.

29. — LA FEMME AU CARLIN (Méry Laurent). Exposition 1884. N° 147. Vente Manet. N° 108 (larg., 46 cent.; haut., 56 cent.).

Elle est nu-tête, cheveux très blonds, tournée vers la droite. Vêtue d'une sorte de pardessus noir, dont le col entoure le cou. Bouquet de fleurs au devant du cou, tenant un caniche ou carlin, dans ses mains, devant elle.

Ancienne collection Pellerin, Paris.

30. — LA FEMME VOILEE (Méry Laurent). Exposition 1884. N° 150. Vente Manet. N° 103 (larg., 35 cent.; haut., 56 cent.).

Elle est vue de face, coiffée d'une sorte de petit chapeau rond, d'où descend un voile, qui lui enveloppe le visage et dérobe en partie les traits. Elle est vêtue d'une sorte de capeline et, de ses mains gantées, tient une ombrelle fermée.

M. Jules Strauss, Paris.

31. — JEUNE FEMME ACCOUDEE (Méry Laurent). Exposition 1884. Vente Manet. N° 104.

La figure vue de profil, tournée vers la gauche, est coiffée d'un chapeau rond à large bord, relevé en arrière. Les bras nus jusqu'aux coudes sont ramenés vers le menton, qui s'appuie sur les deux mains jointes. Au bras droit un bracelet, deux au bras gauche.

32. — Enfin, Manet a fait un portrait au pastel, une esquisse, d'Elisa, la suivante et femme de chambre de Méry Laurent, signé par Mme Manet, dans le bas, et daté 1882 (larg., 20 cent.; haut., 25 cent.). Tête de profil, tournée vers la gauche, coiffée d'une toque avec plumes, couvrant le front. Col blanc marin, rabattu.

Il existe trois portraits ou études au pastel d'après Mlle Hecht, une fillette de cinq ou six ans, fille d'Albert Hecht, un des premiers amateurs qui eût su apprécier Manet. Ces trois pastels sont parmi les tout derniers exécutés.

33. — Mlle HECHT. Vente Manet. N° 102. Catalogué *Petite fille* (larg., 35 cent.; haut., 56 cent.).

De face, nu-tête. Cheveux blonds-roux, ébouriffés. Nœud blanc sur la tête. Collerette blanche et cravate bleue. Frottis rose sur la toile, autour de la tête.

Madame A. Hecht, Paris.

34. — Mlle HECHT (larg., 39 cent.; haut, 49 cent.).

Tête nue, tournée vers la gauche. Cheveux blonds-roux, tombant sur la nuque. Nœud de ruban bleu foncé, au sommet de la tête. Collerette blanche. Nœud de ruban au cou. Fond bleu.

Madame A. Hecht, Paris.

35. — Mlle HECHT (larg., 44 cent.; haut., 54 cent.).

De profil, tournée vers la gauche. Chapeau de paille marron, avec ruban. Cheveux amassés sur la nuque et sur l'épaule. Petite robe décolletée avec volant blanc. Fond bleu.

Madame Pontremoli, Paris.

ANONYMES ET TITRES DIVERS

36. — L'INCONNUE (larg., 44 cent.; haut., 53 cent.).

Elle est de face, tête nue, décolletée, laissant voir le haut du sein gauche et par-dessus le haut de la chemise. Les épaules couvertes d'un manteau à collet de fourrure. Fond de plantes vertes.

Ancienne collection Pellerin, Paris.

37. — JEUNE FEMME (larg., 46 cent.; haut., 56 cent.).

Elle est vue de face, la tête légèrement inclinée vers la gauche. Nu-tête, les cheveux arrangés en une masse élevée sur la tête, encadrant les deux côtés du front. Décolletée avec indication de la chemise.

Collection de Camondo.
Musée du Louvre.

38. — TETE DE FEMME. Exposition 1884. N° 28. Exposition universelle de 1900. N° 1141. Cataloguée *Une Parisienne* (larg., 46 cent.; haut., 55 cent.).

Vue de face, légèrement tournée vers la gauche, coiffée d'une sorte de bonnet avec nœud de ruban bleuâtre sur le devant. Cheveux noirs, descendant en partie sur le front. Le cou entouré d'une fourrure. Haut de corsage noir. Signé d'un M. à droite.

M. Donop de Monchy, Paris.

39. — SUR LE BANC. Vente Manet. N° 111 (larg., 50 cent.; haut., 61 cent.).

Jeune fille, tête et buste. Elle est de profil, tournée vers la gauche, assise sur un banc, en plein air. Un chapeau de paille avec rose blanche au sommet. Chemisette blanche autour du cou. Nœud de cravate noir, gants jaunes. Fond de plantes vertes.

40. — TETE DE JEUNE FILLE. Vente Manet. N° 113 (larg., 55 cent.; haut., 56 cent.).

Elle est coiffée d'un chapeau de paille couleur marron, avec bride passant sous le menton. La tête tournée vers la gauche. Le vêtement est du même ton que le chapeau. Les cheveux coupés, lui descendent sur le front.

41. — JEUNE FILLE EN DESHABILLE. Exposition 1884 (larg., 35 cent.; haut., 56 cent.).

Elle est de face, nu-tête, avec les cheveux roux, qui descendent des deux côtés sur le front. Un léger peignoir bleu entr'ouvert laisse voir le haut du sein.

Madame A. Scott, Philadelphie.

42. — FILLE DE BAR AUX FOLIES-BERGERE (larg., 34 cent.; haut., 54 cent.).

Elle est vue de profil, la tête tournée vers la gauche, coiffée d'une sorte de chapeau de feutre tyrolien. Les cheveux blonds couvrant

le front par-dessous le chapeau et tombant derrière la nuque, contenus dans un filet. Col droit blanc. Rose au corsage. Vêtement noir. Fond de ciel bleu.
C'est le modèle que Manet a fait poser pour la fille de bar, dans son tableau *Un bar aux Folies-Bergère.*

M. le Docteur Robin, Paris.

43. — FEMME AU BORD DE LA MER. Vente Manet. N° 99 (larg., 50 cent.; haut., 72 cent.).

Elle est assise, tournée vers la gauche, coiffée d'un chapeau à large bord, qui lui couvre le front et est tenu, sous le menton, par une bride. Au fond, la mer s'élève vers le haut du cadre. A droite, à l'horizon, un bateau à vapeur indiqué.

M. Claude Monet, Giverny.

44. — LA FEMME A LA FOURRURE. Vente Manet. N° 109 (larg., 46 cent.; haut., 56 cent.).

Elle est presque de profil, tournée vers la gauche. Cheveux bruns, relevés en chignon et très lisses sur le front. Le cou entouré d'un épais col de fourrure.

M. Claude Monet, Giverny.

45. — TETE D'ENFANT (Fillette). Vente Manet. N° 122 (larg., 46 cent.; haut., 56 cent.).

Elle est de face, coiffée d'un chapeau de paille à large bord, rejeté en arrière. Un nœud de ruban rouge avec fleurettes, au haut du chapeau. Nœud de ruban bleu au cou. Frottis de pastel bleu autour du chapeau. Bas de la toile découvert.

M. Théodore Duret, Paris.

46. — TETE ET BUSTE DE FEMME (larg., 34 cent.; haut., 53 cent.).

Debout, de profil, tournée vers la gauche, revêtue d'une sorte de camail ou paletot noir. Fichu bleu autour du cou. Chapeau avec plume grise et bouquet de fleurs sur le derrière. Les mains ramenées sur le devant du corps.

47. — LE REPOS. Vente Manet. N° 97 (larg., 50 cent.; haut., 32 cent.).

Une jeune femme, coiffée d'un chapeau, vêtue d'une robe bleue, est assise tournée vers la droite, dans un fauteuil balançoire, les bras étendus en avant et posés sur ceux du fauteuil.

48. — TETE DE FEMME. Vente Manet. N° 213 (larg., 38 cent.; haut., 46 cent.).

Elle est vue de face, nu-tête, cheveux chatains, dont quelques mèches descendent sur le front. Col blanc masculin et nœud de ruban au cou de couleur marron. Le haut des épaules seulement. Fond gris perle.

49. — TETE DE FEMME (larg., 45 cent.; haut., 54 cent.).

Tournée vers la droite, vue de trois-quarts. Coiffée d'un chapeau noir. Collerette blanche en tulle. Vêtement sur le haut de l'épaule droite, gris-noir. Frottis gris autour de la tête. Bas de la toile non couvert.

M. Renoir, Paris.

50. — ESPAGNOLE. N° 107 (larg., 40 cent.; haut., 56 cent.).

Elle est presque de profil, tournée vers la gauche. Tête et cheveux noirs, en partie entourés d'une capeline ou mantille en gaze blanche, qui recouvre le cou et les épaules. Vêtement bleu. Fond gris foncé.

Vente Blot, mai 1900. Cataloguée *Femme à la mantille.*

51. — TETE DE FEMME (Esquisse). Vente Manet. N° 123 (larg., 50 cent.; haut., 61 cent.).

Vue de face, cheveux blonds-roux arrangés en un gros nœud au sommet de la tête et retenus par un ruban noir. Frottis bleu à gauche de la tête. Le reste de la toile non couvert.

Madame H. O. Havemeyer, New-York.

52. — TETE DE FEMME. Vente Manet. N° 110 (larg., 50 cent.; haut., 61 cent.).

Elle est de face, la tête légèrement inclinée vers la gauche. Coiffée d'un léger chapeau noir marron, surmonté d'une gaze blanche. Les cheveux tombent des deux côtés sur la nuque. Corsage légèrement échancré, avec indication de collerette. En haut, fond gris.

53. — PROFIL DE FEMME (Esquisse). Vente Manet. N° 100 (larg., 51 cent.; haut., 61 cent.).

De profil, tournée vers la gauche, cheveux noirs. Chapeau avec feuilles vertes au sommet, attaché sous le menton par une bride.

54. — TETE DE FEMME (Esquisse). Vente Manet. N° 117 (larg., 50 cent.; haut., 61 cent.).

Elle est de face, nu-tête. Les cheveux blonds lui couvrent en partie les deux côtés du front. Décolletée, avec habillement blanc. Yeux bleus. Fond gris.

55. — FEMME LISANT. Vente Manet. N° 115 (larg., 46 cent.; haut., 55 cent.).

Elle est de profil, tournée vers la gauche, coiffée d'un chapeau noir, tenant de la main gantée un journal qu'elle lit. Vêtue d'un paletot couleur olive. Fond clair, lambris d'appartement.

56. — TETE DE JEUNE FILLE. Tête nue, de profil, tournée vers la gauche, avec une légère collerette et dessus de guimpe de batiste. Une mèche claire de cheveux tombe sur le front. Signé, à gauche, Manet, en rouge. Le fond de la toile intact, sans application de pastel.

57. — TETE DE FEMME. Vente Manet. N° 118 (larg., 46 cent.; haut., 56 cent.).

Vue de profil, tournée vers la gauche, nu-tête. Cheveux en coques sur le front et tombant en une grosse masse sur la nuque. Décolletée, avec un nœud de rubans noirs sur le devant de la poitirine. Ce portrait est resté à l'état de frottis, légèrement indiqué.

58. — TETE DE FEMME. Vente Manet. N° 119 (larg., 46 cent.; haut., 55 cent.).

Elle est de profil, tournée vers la gauche, coiffée d'un chapeau, dont les bords rabattus lui couvrent complètement le front et le haut de la joue. Col droit blanc. L'avant-bras et la main gauche relevés vers le haut de la poitrine semblent tenir une étoffe à peine indiquée.

59. — FEMME A L'OMBRELLE. A fait partie de la Vente Manet, sans être cataloguée (larg., 50 cent.; haut., 60 cent.).

Elle est debout, en pied, tournée vers la gauche, coiffée d'un chapeau à large bord, rabattu et attaché sous le menton par une bride, formant un nœud. Elle tient de la main gauche, gantée, une ombrelle ouverte. Bras droit et bas de la robe à peine esquissés.

60. — TETE DE JEUNE FILLE. Exposition de 1884. N° 114 (larg., 35 cent.; haut., 56 cent.).

Elle est tournée légèrement vers la gauche, avec un chapeau d'été, à grands bords, rabattu des deux côtés de la tête. Les cheveux venant en manière de bandeaux sur le front. Un léger cordon ou collier autour du cou. Le haut des épaules est seul indiqué. Quelques frottis seulement autour du chapeau et de la figure.

61. — TETE DE FEMME. Exposition 1884. N° 128 (larg., 46 cent.; haut., 56 cent.).

Elle est de face, nu-tête. La bouche ouverte laisse voir les dents. Boucles d'oreilles La robe légèrement échancrée au cou. Fourrure sur les épaules, remontant derrière la nuque. Les épaules seules indiquées.

Manet a fait au pastel un certain nombre d'études ou d'arrangements de ce que l'on pourrait appeler des demi-nus, pris à l'observation de la vie et débarrassés de toute réminiscence de la tradition.

62. — FEMME NUE (Etude). Vente Manet. N° 98 (larg., 46 cent.; haut,.

Elle est vue de dos, la tête de profil, coiffée d'un bonnet blanc, garni d'un ruban bleu. Fond crème.

63. — PETITE FILLE SE COIFFANT. Vente Manet. N° 106 (larg., 46 cent.; haut., 56 cent.).

Elle est de profil, tournée vers la gauche, en chemise. Les bras nus relevés et les mains derrière la tête, tenant la chevelure. Le fond gris-bleu, semé de quelques fleurettes.

64. — LA FEMME A LA JARRETIERE. Exposition 1884. N° 127 (larg., 44 cent.; haut., 53 cent.).

Vue de face, la tête nue, penchée en avant. Décolletée, les bras nus, en jupon et corset. La jupe relevée laisse voir le bas d'une jambe, appuyée sur un fauteuil pouf, avec bas bleu, où la femme attache sa jarretière. Fond de papier peint.

M. Pacquement, Paris.

65. — FEMME AU TUB (larg., 54 cent.; haut.,, 45 cent.).

A droite de la toile une femme, aux cheveux blonds dénoués, à même de faire sa toilette, nue, avec bas noirs, recourbée vers un large tub, dont elle tient le rebord de la main droite. Dans le tub, une éponge. Fond de tenture clair.

66. — FEMME DANS UN TUB (larg., 45 cent.; haut., 55 cent.).

Une femme blonde, nue, tournée vers la gauche, est dans un tub. Elle tient de la main gauche une éponge, dont elle fait couler l'eau, le long du bas de sa jambe. Au fond, ustensiles de toilette, avec draperie à fleurs, très claire.

MM. J. *et* G. B*ernheim*-J*eune, Paris.*

PORTRAITS ET ETUDES D'HOMMES

67. — GEORGE MOORE. Exposition 1884. N° 153. Vente Manet. N° 96 (larg., 32 cent.; haut., 15 cent.).

Tête nue, de face, cheveux et barbe blonds-roux. Col de chemise blanc. Nœud de cravate gris-lilas. Redingote noire. Fond gris.

Madame H. O. Havemeyer, New-York.

68. — LE MUSICIEN CABANER. Exposition 1884. N° 134 (long., 34 cent.; haut., 53 cent.).

Il est vu presque de face, nu-tête, barbe noire. Col de chemise blanc, rabattu, avec cravate noire. Fond gris foncé en haut, non recouvert en bas. Figure hâve et amaigrie. Ce portrait a été fait très peu de temps avant la mort de l'original, qui était phtisique.

M. Michon, Paris.

69. — CONSTANTIN GUYS. Exposition 1884. N° 159. Catalogué *Vieillard* (larg.,; haut., 54 cent.).

Tête nue et buste. La tête vue de trois-quarts, légèrement inclinée vers la gauche. Front chauve. Cheveux blancs. Grande barbe blanche. Vêtement noir.

Madame H. O. Havemeyer, New-York.

70. — LE PEINTRE LA ROCHENOIRE (larg., 34 cent.; haut., 55 cent.).

Tête et buste. Vu presque de profil, tourné vers la gauche. Front découvert. Moustaches. Col de chemise droit avec nœud de cravate. Redingote noire. Fond de papier clair.

M. Maurice Joyant, Paris.

71. — LE DOCTEUR MATERNE. Exposition 1884. N° 152. Vente Manet. N° 95 (larg 35 cent.; haut., 56 cent.).

Tête avec le commencement de l'épaule gauche. Tête nue, les cheveux séparés par une raie, vers le milieu du front. Grande barbe noire.

Collection *Moreau.*
Musée des Arts décoratifs.

72. — M. RENE MAIZEROY (larg., 34 cent.; haut., 55 cent.).

Il est debout, vu de face, vêtu d'un complet gris-bleuté. Pardessus marron, passé sur le bras gauche. La main dans la poche du pantalon. Petit chapeau rond. Le bras droit appuyé sur une canne.

73. — M. GAUTHIER-LATHUILLE (larg., 46 cent.; haut., 56 cent.).

Il est de face debout, nu-tête, en jaquette, les deux mains ramenées croisées derrière le corps. Une serviette sous le bras gauche. C'est le jeune homme qui a posé pour l'amoureux, dans le tableau *Chez le Père Lathuille,* du Salon de 1880.

M. Gauthier-Lathuille, Paris.

74. — L'HOMME AU CHAPEAU ROND (M. Moreau). Vente Manet. N° 121 (larg., 46 cent.; haut., 56 cent.).

Il est coiffé d'un chapeau de feutre, gris-marron. La tête vue presque de profil, tournée vers la droite. Moustache. Nœud de cravate au cou. Vêtement noir. Fond de papier peint clair.

75. — L'HOMME BLOND (larg., 34 cent.; haut., 54 cent.).

Tête de profil, tournée vers la gauche. Cheveux, barbe et moustaches blonds. Col de chemise blanc. Nœud de cravate et haut du vêtement noirs. Fond de la toile, en haut, gris foncé. Bas de la toile non recouvert.

76. — HAMLET (Esquisse). Vente Manet. N° 94 (larg., 56 cent.; haut., 46 cent.).

Hamlet est placé à droite de la toile, l'épée à la main, se mettant comme en défense, contre le spectre, indiqué par un espace laissé en blanc, à gauche. En haut, fond de ciel.

77. — PORTRAIT (Ebauche). (Larg., 35 cent.; haut., 56 cent.).

L'original est debout, vu de face, coiffé d'un chapeau à haute forme, vêtu d'un long pardessus à col de fourrure, ayant à sa gauche, devant lui, un gros chien.

78. — TETE D'HOMME. Vente Manet. N° 116 (larg., 46 cent.; haut., 56 cent.).

Tête sans buste. La figure presque de face, tournée légèrement vers la droite et inclinée vers l'épaule gauche. Tête nue, avec raie séparant les cheveux, au côté droit. Barbe avec moustache. Col de chemise blanc.

SUPPLÉMENT

1. — TETE DE FEMME, AVEC LES EPAULES (larg., 50 cent.; haut., 80 cent.).

Elle est vue des trois-quarts, de face. La droite de sa figure dans l'ombre, la gauche éclairée. La tête couverte d'une mantille ou capeline noire, qui est ramenée sur la poitrine. Au cou, un ruban noir en collier, auquel est suspendue une croix noire. Figure exécutée dans la manière de l'*Angelina,* au Musée du Luxembourg, vers 1859.

Madame Cheyssial, Paris.

2. — LE DANSEUR ESPAGNOL CAMPRUBI.

De petites dimensions, debout, de face. Peint au moment où Manet introduisait l'original, comme une des figures principales, dans le *Ballet espagnol* et où il lui consacrait, en outre, une de ses eaux-fortes.

M. Camentron, Paris.

3. — JEUNE FEMME EN COSTUME DE TOREADOR (larg., 43 cent.; haut., 66 cent.).

Elle est debout, dans l'acte d'attirer l'attention d'un taureau, en agitant devant lui l'étoffe colorée. De profil, tournée vers la gauche. Le bras gauche dans l'air, en mouvement. Signé : Ed. Manet, en bas à droite.
Peint vers 1860-1862, à la même époque que le *Camprubi* du numéro précédent et que le *Ballet espagnol.*

4. — LE JEUNE LANGE (larg., 72 cent.; haut., 1 m. 16 cent.).

Il est debout, de face, un cerceau à la main. Exécuté vers 1862.

5. — TETE D'HOMME (Esquisse). (Larg., 37 cent.; haut., 46 cent.).

Tête nue, tournée vers la droite, front découvert. Indication de vêtement et de cravate noirs. Léger frottis de couleur autour de la tête. Signé : E. M. à gauche, en bas.

6. — PORTRAIT DE CAROLUS DURAN (larg., 1 m. 72 cent.; haut., 1 m. 90 cent.).

Debout, nu-tête. La main droite, tenant le chapeau, appuyée sur une canne, la gauche dans la poche du veston. Grandes bottes jaunes. Fond de paysage.

M. Rosenberg, Paris.

7. — LA FEMME AU CHAT (Portrait de Mme Manet). (Larg., 73 cent.; haut., 92 cent.).

C'est une esquisse puissante. La femme, vue de face, est vêtue d'une robe rose et tient un chat sur ses genoux.

Vente Degas, mars 1918.

8. — INDIENNE (Mexicaine?). (Larg., 73 cent.; haut., 91 cent.).

Elle est vue de face, la tête appuyée sur le bras droit recourbé. Elle fume une cigarette. A droite de la toile, une tête de cheval.

Vente Degas, mars 1918.

9. — PORTRAIT DE FAURE (larg., 38 cent.; haut., 46 cent.).

Tête nue, de grandeur naturelle, tournée vers la gauche, de trois-quarts. Le vêtement sous la tête non peint, ainsi que le fond. Toile coupée et rabattue sur le châssis.

M. Faure, Paris.

10. — LILAS ET ROSES (larg., 23 cent.; haut., 31 cent.).
Deux roses, rouge et jaune, et des lilas, dans un verre de forme ramassée. Tableau reproduit en couleur, dans ce volume.

MM. J. et G. Bernheim-Jeune, Paris.

11. — VASE DE FLEURS (larg., 33 cent.; haut., 54 cent.).

Rose et tulipe avec feuilles, dans un vase de cristal carré, de forme allongée.

Vente de Fourcaud, mars 1917.
M. Halvorsen, Paris.

12. — QUATRE POMMES (larg., 24 cent.; haut., 18 cent.).

Collection J. et G. Bernheim-Jeune, Paris.

13. — ASPERGE (larg., 21 cent.; haut., 16 cent.).

Même collection.

14. — AU CAFE (larg., 7 cent.; haut., 9 cent.).

Dans un format minuscule, c'est une réplique libre du n° 240, mais avec deux personnages seulement (Henry Guérard et la femme au feutre gris).

Même collection.

15. — HUITRES (larg., 46 cent.; haut., 38 cent.).

Sur la nappe, un plateau d'huîtres, un couteau, un citron coupé, etc.

Même collection.

16. — PORTRAIT DE CHABRIER (Pastel). (Larg., 35 cent.; haut., 55 cent.).

Vu de face des trois quarts, tête et buste. Tête nue. Barbe et moustache. Col blanc.

17. — IRMA BLUMER (Pastel). (Larg., 46 cent.; haut., 55 cent.).

De profil, tournée vers la gauche, chapeau noir, renversé sur le côté droit de la tête. Robe rose. Col de chemisette gaze. Fond gris.

BIBLIOGRAPHIE

Emile Zola. *Mon Salon.* Librairie centrale, Paris, 1866.

Emile Zola. *Ed. Manet* Etude biographique et critique. E. Dentu, Paris, 1867.

Manet, par Edmond Bazire. Un volume. A. Quantin, Paris, 1884.

Edouard Manet (Souvenirs, par Antonin Proust), documents publiés par A. Barthélemy. Un volume, Henri Laurens, Paris.

L'Art de notre temps, Manet, par Louis Hourtic. Un volume. Librairie centrale des Beaux-Arts, Paris.

Etienne Moreau-Nélaton. *Manet, graveur et lithographe.* Un volume. Chez Loys Deltheil, Paris, 1906.

Edouard Manet, von Hugo von Tschudi. Un volume. Bruno Cassirer, Berlin, 1902. Deuxième édition, 1909.

La première édition de ce livre, *Histoire d'Edouard Manet et de son œuvre,* avec un catalogue des peintures et des pastels, du même format que la présente édition, a paru, en 1902, chez H. Floury, Paris.

Une édition de format réduit, in-12, et sans le catalogue des peintures et des pastels, a paru, en 1906, chez Eugène Fasquelle, Paris.

Une traduction allemande de ce livre, comprenant le catalogue des peintures et des pastels, a paru, en 1910, chez Paul Cassirer, Berlin.

Une traduction anglaise de ce livre, comprenant le catalogue des peintures et des pastels, à laquelle on a joint, pour former un seul volume, une traduction du livre de l'auteur sur les *Peintres Impressionnistes,* a paru chez Grant Richards, Londres, en 1910. Seconde édition, 1912.

TABLE DES ILLUSTRATIONS

TABLE DES MATIÈRES

CATALOGUE DES PEINTURES ET DES PASTELS

PEINTURES

PASTELS

SUPPLÉMENT AU CATALOGUE

CPSIA information can be obtained
at www.ICGtesting.com
Printed in the USA
BVHW05*1746060818
523683BV00015B/1007/P

9 780260 240118